LEÇONS CLINIQUES

SUR LES

MALADIES CHRONIQUES

DE

L'APPAREIL LOCOMOTEUR

PAR

M. LE DOCTEUR H. BOUVIER,

MÉDECIN DE L'HOPITAL DES ENFANTS,
MEMBRE DE L'ACADÉMIE IMPÉRIALE DE MÉDECINE,
DE LA SOCIÉTÉ DE CHIRURGIE, ETC.

ANNÉE 1857.

Déviations de la colonne vertébrale.

PARIS

J. B. BAILLIÈRE ET FILS,

LIBRAIRES DE L'ACADÉMIE IMPÉRIALE DE MÉDECINE,

RUE HAUTEFEUILLE, 19.

1857

LEÇONS CLINIQUES

SUR LES

MALADIES CHRONIQUES

DE

L'APPAREIL LOCOMOTEUR

PAR

M. LE DOCTEUR BOUVIER,

MÉDECIN DE L'HOPITAL DES ENFANTS,
MEMBRE DE L'ACADÉMIE IMPÉRIALE DE MÉDECINE,
DE LA SOCIÉTÉ DE CHIRURGIE, ETC.

ANNÉE 1857.

Déviations de la colonne vertébrale.

PARIS

CHEZ J.-B. BAILLIÈRE,

LIBRAIRE DE L'ACADÉMIE IMPÉRIALE DE MÉDECINE,

RUE HAUTEFEUILLE, 19.

1857

PARIS. — TYPOGRAPHIE HENRI PLON,
RUE GARANCIÈRE, 8.

Les *Leçons cliniques* que je publie font suite à celles des deux années précédentes, recueillies en 1855 par M. le docteur Bailly, en 1856 par M. le docteur Richard-Maisonneuve. J'ai été secondé, dans la rédaction de mes leçons de 1857, par M. Moilin, interne de mon service, dont le zèle et l'instruction m'ont été fort utiles. Je lui en adresse ici mes sincères remercîments.

Les *déviations du rachis* ont rempli à elles seules mon cadre de cette année. On n'en sera pas surpris si l'on a égard, non-seulement à l'importance du sujet, mais encore au petit nombre de notions exactes que l'on possède généralement sur cette affection. Il fallait tout à la fois, dans cet enseignement, mettre en lumière des connaissances trop peu répandues et combattre des erreurs accréditées. Je me suis efforcé de remplir cette double tâche, en résumant aussi brièvement qu'il m'a été possible les résultats de trente années d'observations et de recherches spéciales.

J'ai puisé en grande partie les matériaux de ces *Leçons* dans un mémoire très-étendu, encore inédit, que j'ai présenté, en 1836, au concours ouvert par l'Académie des sciences, qui a bien voulu distinguer honorablement mon travail. J'avais déjà consigné plusieurs des faits principaux qu'il renferme dans les thèses de mes anciens élèves MM. les docteurs Goussy (1828), Loret (1829), Loir (1834), et dans l'article VERTÉBRALE (déviations de la colonne) du *Dictionnaire de médecine et de chirurgie pratiques* (1836). Je me suis attaché depuis à compléter, à rectifier au besoin, à vérifier de nouveau des doctrines aujourd'hui confirmées par le temps et par des luttes qui ont eu quelque retentissement.

Je renvoie, dans plusieurs articles de ce volume, à un atlas que j'ai annexé à mes *Leçons* cette année seulement ; ces planches jettent de la clarté dans l'exposition des faits, sans être toutefois indispensables pour l'intelligence du texte.

DÉVIATIONS

DE LA COLONNE VERTÉBRALE.

ARTICLE Ier.

COURBURES ANTÉRO-POSTÉRIEURES DU RACHIS.

DIVISION DES COURBURES PATHOLOGIQUES DU RACHIS (1). — Le pied bot, et le rachitisme, qui ont fait l'objet de mes leçons de 1856, me conduisent assez naturellement à vous entretenir cette année des courbures pathologiques du rachis.

J'ai parlé en 1855 des courbures symptomatiques du mal vertébral. Ce n'est pas de celles-là qu'il s'agit maintenant.

Les courbures vertébrales dont nous allons nous occuper se produisent sans érosion du tissu des vertèbres ou des ligaments intervertébraux. Cet état du rachis est moins une maladie, dans le sens ordinaire de ce mot, qu'un simple vice de conformation, qu'une difformité comparable jusqu'à un certain point au pied bot.

Les courbures pathologiques du rachis dérivent en grande partie de ses courbures physiologiques. Or celles-ci sont de deux sortes. Les unes sont le produit du mouvement réciproque des vertèbres, et disparaissent avec ce mouvement; ce sont les *inflexions normales fonctionnelles* du rachis. Les autres sont permanentes, et résultent de la conformation même de cette tige osseuse; ce sont les *courbures normales* proprement dites.

De là aussi deux genres de courbures pathologiques : 1° la courbure que j'appellerai *par flexion*, produite par l'inclinaison réciproque des vertèbres, dont la mobilité est simplement mise en jeu ; 2° la courbure *par déformation*, résultant de la forme particulière des pièces du rachis.

(1) Première leçon, 22 mai 1857.

Dès le temps d'Hippocrate, on a divisé les courbures de l'épine en plusieurs espèces, selon le sens dans lequel elles ont lieu. Trois noms grecs nous ont été transmis par les anciens pour désigner trois genres de courbure ; ce sont les noms de *kuphosis*, *lordosis* et *scoliosis*, ou *cyphose*, *lordose*, *scoliose*, c'est-à-dire courbures en arrière, en avant et sur le côté (1).

Je ne sais pourquoi ces dénominations, très-usitées à l'étranger, le sont encore peu chez nous, quoique déjà, au seizième siècle, Daléchamps (2) et Ambroise Paré (3) les aient rappelées dans des ouvrages écrits en langue vulgaire, comme on disait alors. C'est peut-être parce qu'elles sont de pure convention, et que chacune d'elles aurait pu avoir un sens contraire, aussi bien que le sens qu'on lui a attribué. Et, en effet, ce sens paraît avoir varié chez les Grecs mêmes : Σκολίωσις désigne quelquefois une courbure vertébrale quelconque, même dans les œuvres hippocratiques (4) ; Λόρδωσις signifiait, dans le langage ordinaire, non une courbure à convexité antérieure, comme dans les écrits d'Hippocrate et de Galien, mais l'inclinaison de la partie supérieure du corps en avant. C'est ce qu'on voit par certains passages d'Aristophane (5), du scoliaste de Théocrite, de Procope (6), qui dit de l'impératrice Théodora, femme de Justinien : « *Sæpe, cum vestes inter mimos exuisset, in mediis stabat lumbos incurvata* (λορδουμένη). » Aussi, dans les temps modernes, Sauvages (7), et, après lui, Palletta (8), ont-ils étendu le nom de *lordose* à toute espèce de courbure des os, ce qui pourtant n'est pas à imiter.

Je distinguerai les courbures pathologiques du rachis en celles qui sont comprises dans un plan antéro-postérieur et celles qui se font d'un côté à l'autre.

(1) Voy. OEuvres d'Hippocrate, *Des articulations*, trad. de Littré, t. IV, p. 177 et suiv. ; et Galien, *Comment.* sur ce traité, édit. de Kühn, t. XVIII, 1re partie, p. 492 et suiv.

(2) *Chirurgie française*, Lyon, 1570.

(3) *OEuvres complètes*, édition Malgaigne. Paris, 1840, t. II, p. 365.

(4) *Loc. cit.*, p. 200 ; et *Comment.* de Galien, *loc. cit.*, p. 553.

(5) Dans sa pièce des *Harangueuses*.

(6) Procopii *Historia Arcana*, 9.

(7) *Nosologie méthodique*. Paris, 1771, t. I, p. 205.

(8) *Exercitat. pathol.*, cap. 10, art. 6, 1820.

DES COURBURES ANTÉRO-POSTÉRIEURES EN GÉNÉRAL. — Jetons d'abord un coup d'œil sur les courbures physiologiques; nous pourrons étudier ensuite avec plus de fruit les courbures antéro-postérieures pathologiques.

Courbures physiologiques. — Le rachis du fœtus décrit dans l'utérus une courbe à concavité antérieure, mais il est droit lorsqu'on le pose sur un plan horizontal. Les courbures antéro-postérieures normales ne se forment que lentement après la naissance. Elles sont dues à l'action combinée de plusieurs causes, qui presque toutes se rattachent à l'état de station propre à l'homme.

L'équilibre de la colonne vertébrale dans la station est un problème de mécanique que je ne puis exposer ici; je me bornerai à rappeler les points suivants.

Cet équilibre résulte d'une égalité d'action entre deux puissances placées au-devant du rachis, la pesanteur, l'action des fléchisseurs de la tête et du tronc, et deux résistances placées en arrière, la résistance passive ou élastique des ligaments, la contraction des extenseurs. Pour être complet, je devrais ajouter aux forces situées en arrière la pesanteur, qui se contre-balance elle-même en grande partie dans l'équilibre de la tête sur la colonne vertébrale.

L'équilibre est le mieux assuré quand les principales sections du squelette sont placées directement les unes au-dessus des autres, et un instinct admirable, guidé par la sensation du poids des parties et par la perception de l'action musculaire, apprend à l'enfant lui-même à leur donner cette situation. L'attitude droite, attribut de notre espèce, est la plus convenable pour la station, la progression, ainsi que pour l'exercice d'une foule d'autres actes des organes des sens et du mouvement. Il suit de là que, de même que dans cette ligne brisée que vous avez sous les yeux, s'il se produit un angle dans une des brisures du squelette, il se formera un angle opposé dans une autre brisure pour corriger l'inclinaison qui en résulte et pour conserver les mêmes conditions d'équilibre. Cependant, dans plusieurs circonstances, nous adoptons de préférence une équilibration anormale vicieuse, tendant à déformer le squelette. Je ne parle pas encore des cas où nous pouvons être forcés de recourir à une équilibration semblable.

C'est par ce mécanisme des compensations des courbures que

s'expliquent les inflexions physiologiques du rachis, et notamment la courbure à convexité antérieure de sa région lombaire, qui est surtout déterminée par la situation du bassin.

On a cru longtemps le bassin autrement situé dans la station qu'il ne l'est réellement. On lui a attribué une inclinaison telle que son articulation avec le rachis se trouvait plus en arrière que ses articulations avec les fémurs. C'était une erreur. Déjà, dans sa thèse inaugurale, mon bien regrettable maître Béclard avait établi le contraire. Nægele (1) et MM. Weber (2) ont mis depuis ce fait hors de doute. Le bassin, chez l'homme debout, est placé de telle sorte que l'articulation sacro-vertébrale correspond directement au-dessus d'une ligne qui joindrait les deux têtes des fémurs.

Or, dans cette attitude du bassin, la base du sacrum s'incline fortement en avant, et elle entraînerait le rachis dans le même sens si les vertèbres lombaires n'étaient reportées en arrière afin de rester dans le prolongement de la verticale élevée sur la ligne interfémorale. De là la courbure lombaire, qui relève les vertèbres sur le sacrum en formant un angle avec la courbe inverse décrite par les vertèbres sacrées.

Cet angle et la courbure lombaire elle-même sont peu marqués chez l'enfant, parce que le bassin est encore très-peu développé et le sacrum presque vertical. En même temps que se prononce l'ampliation de la cavité pelvienne, l'action des muscles résiste de plus en plus à la tendance produite par la direction du sacrum, et la courbure lombaire devient de plus en plus manifeste.

La courbure en sens contraire de la région dorsale augmente d'ailleurs manifestement la courbure lombaire, en exagérant l'inclinaison en arrière des premières vertèbres des lombes.

Il est difficile, malgré l'opposition de Bichat (3), reproduite par M. Hirschfeld (4), de ne pas attribuer la courbure dorsale au poids des membres supérieurs, de certains viscères et de la tête elle-

(1) *Des principaux vices de conformation du bassin.* Paris, in-8°, 1840.

(2) *Encyclopédie anatomique. De la mécanique des organes de la locomotion*, traduit par Jourdan, in-8°, 1843, p. 312 et suiv.

(3) *Anatomie descriptive*, 1829, t. Ier, p. 130.

(4) *Sur les conditions anatomiques des courbures de la colonne vertébrale. Gazette des hôpitaux* du 4 août 1849.

même, agissant dans la station sur les vertèbres dorsales supérieures de manière à les attirer en avant. Les muscles postérieurs n'ont pas, en effet, une action tellement constante que le poids porte toujours également sur les parties antérieure et postérieure des vertèbres dorsales et des ligaments intervertébraux.

L'action musculaire courbe la région cervicale dans le même sens que la région lombaire, et par une raison semblable, pour ramener le centre de gravité de la tête dans la verticale avec laquelle doit coïncider l'axe du tronc.

Les trois courbures normales, dans le sens antéro-postérieur, ne sont d'abord que des flexions passagères que subissent les parties flexibles de la colonne vertébrale. Elles disparaissent avec leurs causes, quand l'état de station vient à être remplacé par le décubitus horizontal, à moins qu'elles ne soient maintenues ou reproduites par la seule action musculaire. Mais, à la longue, ces courbures deviennent permanentes; les pressions constantes exercées par l'action musculaire au cou et aux lombes, par la pesanteur au dos, modifient la nutrition du côté concave des courbures; les os et les ligaments prennent moins de hauteur dans ce sens, et le rachis devient flexueux par sa propre conformation, après l'avoir été uniquement par l'effet de sa mobilité.

Cette déformation physiologique, qui augmente avec l'âge, est pour ainsi dire un commencement de l'état pathologique. Nous l'avons trouvée le moins prononcée chez des nègres, qui, plus que nous, se rapprochent de la nature primitive.

On a fait des recherches intéressantes pour déterminer dans ce cas l'état anatomique des pièces du rachis. MM. Weber (1) ont reconnu qu'au dos, c'étaient surtout les corps vertébraux qui perdaient un peu de leur hauteur en avant ou du côté concave de la courbure; tandis qu'au cou et aux lombes, ce sont principalement les disques ligamenteux qui s'affaissent en arrière. C'est ce que vous pouvez constater, quant aux corps vertébraux, sur cette moitié de rachis scié longitudinalement. Cette figure de MM. Weber montre l'exactitude de leurs assertions, quant à l'état des ligaments. Elle a été faite d'après une pièce enveloppée de plâtre

(1) *Loc. cit.*, p. 293.

coulé et sciée avec son enveloppe, afin qu'il ne pût y avoir le moindre changement dans la disposition des parties.

D'après les expériences de M. Ludovic Hirschfeld (1), les ligaments jaunes jouent ici un rôle actif, dont on ne s'était pas douté : resserrés sur eux-mêmes au cou et aux lombes, ce sont eux principalement qui maintiennent les vertèbres de ces régions inclinées en arrière les unes sur les autres. Sépare-t-on par un trait de scie la série des corps vertébraux de la série des arcs formés par les lames et les apophyses, on voit les convexités cervicale et lombaire s'effacer en grande partie par le ressort des ligaments intervertébraux, jusqu'alors comprimés par l'action des ligaments jaunes.

Même après que le rachis a définitivement contracté ses trois courbures alternatives, il subit encore dans la station l'influence de la pesanteur et de l'action musculaire, qui ajoutent un surcroît de courbure *par flexion* à la courbure *par conformation*, devenue inhérente à l'épine dorsale. On peut en effet déduire des expériences de M. Chassaignac (2), que les courbures normales du rachis augmentent par la pression de haut en bas qui agit sur lui dans la station, et qu'elles diminuent lorsqu'il est soustrait à cette pression par l'effet de la position horizontale. Ainsi s'expliqueraient la diminution de la taille le soir et son augmentation le matin, observées par divers auteurs dès le commencement du siècle dernier, et étudiées avec un soin particulier par l'abbé de Fontême (3).

Courbures pathologiques. — Les courbures antéro-postérieures pathologiques sont le plus souvent l'exagération des courbures normales ; plus rarement elles ont lieu dans une direction opposée et résultent du renversement des courbures physiologiques.

Trois conditions sont nécessaires pour que le rachis conserve sa direction naturelle :

1° L'intégrité de l'organisation et des propriétés de ses parties constituantes ;

2° L'activité normale des muscles qui le meuvent ;

3° L'état physiologique des autres sections du squelette, qui concourent avec la colonne vertébrale à l'équilibre de la station.

(1) *Loc. cit.*

(2) *Bulletin de la société anatomique*, 1834.

(3) *Mémoires de l'Académie des sciences*, 1725.

C'est en détruisant l'une ou l'autre de ces conditions qu'agissent toutes les causes de courbures anormales.

§ Ier. — CYPHOSE.

L'une des courbures les plus fréquentes, si ce n'est même la plus commune, parmi les antéro-postérieures, c'est l'exagération de la courbure dorsale physiologique. On peut la regarder comme le type de la cyphose ou courbure en arrière, dont nous allons nous occuper.

Il faut ici prévenir une équivoque. Je désigne chaque courbure par le sens de sa convexité. Delpech faisait le contraire ; pour lui, la cyphose était une courbure en avant. Cette manière de rapporter les déformations à leurs centres de courbure n'est pas moins correcte ; cependant le langage opposé a prévalu, et je m'y conformerai, quoiqu'il soit peut-être moins exact. Il n'en est pas de même pour le mot *flexion*, que l'on détermine par le côté de la concavité, par le centre de flexion.

Au lieu de cyphose, quelques-uns disent excurvation. Pravaz, Delpech, à l'imitation des auteurs anglais, ont introduit cette expression. Elle nous fournira un synonyme. Mais je ne puis accepter le mot *incurvation*, opposé à *excurvation*, et désignant la lordose. Il en résulterait de la confusion, ce mot, de même que le latin *incurvatio*, se prenant depuis longtemps dans le sens plus général de *courbure*, sans qu'on ait égard à la direction.

La cyphose est encore appelée *voussure*, *dos voûté*, lorsqu'elle est étendue et d'un degré moyen. Est-elle circonscrite et très-prononcée, c'est une bosse, une gibbosité. Mais cela se dit de toute saillie analogue, quels que soient son siége et sa direction, de même que le ὕϐος des Grecs, et le *gibbus* des Latins, dont on voit tout de suite la ressemblance avec les mots français correspondants.

Je distinguerai une cyphose spontanée, et une cyphose symptomatique.

Eu égard à l'âge où elle se manifeste, la cyphose est encore : 1° infantile ; 2° juvénile ; 3° sénile. J'examinerai, en particulier, ces trois formes, puis la cyphose symptomatique.

I. CYPHOSE INFANTILE. — Elle est presque toujours symptomatique du rachitisme quand elle ne dépend pas du mal vertébral. J'ai parlé de ces courbures, et j'en ai montré des exemples dans mes leçons sur le rachitisme (1). Déjà, en 1855 (2), j'avais parlé de la cyphose rachitique, en la comparant à celle que produit le mal vertébral. J'ajouterai donc ici peu de chose à ce sujet.

Le siége spécial de cette cyphose rachitique est à la réunion des régions dorsale et lombaire. Cela tient à plusieurs causes : 1° c'est, après la région cervicale, le point le plus mobile du rachis; 2° il a à supporter plus de poids que les parties situées au-dessus; 3° cet inconvénient n'est pas encore compensé, chez l'enfant, par l'augmentation du volume des vertèbres lombaires, comme cela se voit chez l'adulte; 4° les courbures physiologiques sont alors peu marquées; la région dorsale n'a pas la même tendance que chez l'adulte à s'infléchir en avant, et la région lombaire ne présente pas, par sa configuration, la même résistance à se fléchir dans ce sens. On pourrait admettre que le ramollissement rachitique est plus prononcé dans les vertèbres infléchies que dans les autres; mais je ne crois pas, d'après mes observations, qu'il en soit ainsi.

Comme je l'ai montré dans mes leçons de 1856 (3), la cyphose rachitique n'est d'abord qu'une courbure par flexion; plus tard, quelques corps vertébraux, quelques disques intervertébraux perdent de leur épaisseur en avant, et il s'établit une courbure par déformation. On distingue le premier cas du second à ce que la flexion disparaît complétement, tandis que la déformation persiste au moins en partie, quand on renverse avec précaution le bassin en arrière. Cet enfant, qui a une cyphose rachitique, n'est encore qu'à la première période, et vous voyez qu'à l'aide de la manœuvre que j'indique, j'ai pu faire disparaître la convexité du rachis, et même produire un commencement de lordose.

Chez cet autre enfant, la lésion est plus avancée, et la même manœuvre ne peut réduire entièrement la déformation.

La faiblesse des muscles sacro-spinaux concourt, avec la lésion rachitique, à la production de cette forme de cyphose. Ces muscles sont incapables de maintenir la rectitude du tronc, surtout dans la

(1) Voy. p. 283 et 285.
(2) Voy. p. 24.
(3) Voy. p. 283.

position assise ; car alors le bassin bascule facilement en arrière, et pour que l'équilibre soit maintenu, il faut que le corps se fléchisse en avant, ce qui augmente la cyphose. La position horizontale, au contraire, rétablit plus ou moins la rectitude.

Cette attitude du tronc, dans la cyphose rachitique, est une des causes qui gênent les mouvements de progression ; elle diminue l'espace occupé par les viscères et contribue ainsi au volume du ventre, au peu d'amplitude de la respiration. Elle peut laisser à sa suite une difformité incurable ; souvent elle s'efface d'elle-même à mesure que les os reprennent plus de consistance, les muscles plus de puissance contractile. Il importe seulement dans ce cas de placer le tronc le plus possible dans la position horizontale. Les autres indications thérapeutiques ont été développées à propos du rachitisme.

II. CYPHOSE JUVÉNILE. — Elle n'est que l'exagération de la légère voussure dorsale qui s'établit dans la période d'accroissement du corps. Cette déformation reconnaît pour cause la plus ordinaire la flexion habituelle du rachis en avant, qui détermine une pression plus considérable sur la partie antérieure des vertèbres et des disques intervertébraux, et qui met plus fortement en jeu l'extensibilité des ligaments postérieurs. Or, cette flexion antérieure du cou et du dos, ou seulement d'une de ces régions, est une attitude qu'une foule de causes tendent à produire chez l'enfant et surtout chez l'adolescent.

La plus fréquente est la faiblesse de constitution primitive ou acquise, qui dispose les muscles extenseurs du rachis à se fatiguer promptement, surtout si la croissance est rapide, la stature élevée, le corps mince et grêle. La simple convalescence d'une maladie aiguë, *à fortiori* la débilité qu'entraîne une maladie chronique, peuvent avoir le même résultat. La constitution moins robuste des filles les expose plus que les garçons à subir l'effet de ces influences.

Dans tous ces cas, la déformation est favorisée par un manque de tonicité musculaire, et causée par le poids du corps. D'autres fois, la déformation est active et dépend de contractions musculaires. Ceux qui ont la vue courte baissent la tête pour regarder les objets de plus près ; d'autres le font par un excès de timidité. Un sentiment exagéré d'humilité produit le même effet dans quelques maisons religieuses. Certaines occupations trop prolongées, telles que l'écriture, le dessin, la broderie, etc., peuvent faire contracter aux enfants l'habitude de cette voussure.

Quelquefois, c'est une disposition héréditaire, qui, soit par une conformation particulière du squelette, ou par un mode spécial de l'action musculaire, développe la cyphose juvénile.

Une souffrance viscérale, même légère, peut amener à tout âge, lorsqu'elle se prolonge, une déformation persistante du rachis.

Comme la courbure normale, comme la courbure rachitique, la voussure des jeunes gens commence par une simple flexion physiologique. Elle peut ne pas aller plus loin et disparaître avec le retour des forces, le développement naturel du sujet, le changement de ses habitudes. Mais si les causes morbides persistent, la déformation se produit, la partie antérieure des vertèbres et des disques intervertébraux s'amincit, s'atrophie, et c'est alors une véritable difformité, ce qu'on a appelé le *dos voûté*.

Cette cyphose ne porte qu'accessoirement sur les vertèbres cervicales; la région lombaire y participe rarement; sa courbure physiologique s'exagère même quelquefois pour rétablir l'équilibre.

L'aspect de tout le tronc se trouve changé par la cyphose juvénile; en arrière, tout le dos décrit de haut en bas une convexité assez régulière, plus marquée dans le haut au voisinage du cou. Les épaules sont élevées, portées en avant à leur partie supérieure, saillantes et soulevées vis-à-vis l'angle inférieur des omoplates; elles sont, comme l'on dit, *ailées*.

A la région antérieure, le cou est tendu obliquement en avant, le menton abaissé sur le sternum; les moignons des épaules sont saillants; ils tendent à se rapprocher, ce qui fait paraître la poitrine comme rentrée et plus étroite; le ventre est reporté en arrière ou en avant, suivant la direction qu'affecte la région lombaire. On voit des enfants rejeter le tronc en arrière, tout en inclinant sa partie supérieure en avant, de manière à présenter à la fois la saillie abdominale de la lordose et la voussure de la cyphose.

Cette conformation n'est pas seulement disgracieuse; elle est, de plus, peu favorable au jeu du cœur, des poumons, de l'estomac, et en tout cas elle tend à s'accroître avec l'âge et à atteindre un degré peu compatible avec l'exercice régulier des fonctions.

Quand la cyphose juvénile n'est pas héréditaire et qu'elle n'est pas liée à la souffrance de quelque organe intérieur, il est facile de l'arrêter à son début ; il est moins aisé de rétablir la conformation naturelle quand la déformation est confirmée, mais on peut du moins en ralentir ou en suspendre les progrès.

Lorsqu'il y a débilité générale, la seule indication est de fortifier la constitution, et en particulier le système musculaire, au moyen des bains stimulants, des douches, des frictions, du massage et de la gymnastique générale.

Lorsqu'il n'y a qu'une habitude vicieuse, il faut supprimer les causes qui lui ont donné naissance, puis chercher à faire contracter les muscles extenseurs du tronc de manière à corriger la déformation. Mais ce n'est pas toujours chose facile ; la débilité chez les uns, l'indocilité chez les autres, l'inattention et la légèreté chez tous, sont des causes qui perpétuent l'attitude que l'on veut détruire, indépendamment de la résistance des parties, lorsqu'il existe une déformation.

On ne réussit donc dans ce cas que par une grande persévérance, une surveillance assidue, une certaine habileté à exciter la volonté, l'amour-propre des enfants, pour les amener à corriger d'eux-mêmes leur maintien, à redresser peu à peu, par le seul effort des muscles, un rachis déjà courbé d'une manière permanente.

La gymnastique rend ici de grands services ; je ne décrirai pas les nombreux exercices qui conviennent en pareil cas ; vous les trouverez dans les ouvrages spéciaux de Clias (1), de M. Laisné (2), notre habile professeur de l'hôpital des Enfants, et dans ceux de quelques autres gymnasiarques. Je dirai seulement que des exercices très-efficaces peuvent être pratiqués sans gymnase, sans instruments, au sein de la famille. Ce sont surtout ceux-là que le médecin doit connaître, parce qu'il peut les prescrire partout.

On sait depuis longtemps que l'escrime, l'exercice militaire, la natation, même certains jeux de l'enfance, sont dans cette circonstance de très-bons moyens de redressement.

Je ferai une dernière remarque générale à ce sujet. Ne vous

(1) *Gymnastique rationnelle*. Genève, 1853.

(2) *Gymnastique pratique*, in-8°. Paris, 1850.

laissez pas trop guider par des vues théoriques dans la prescription de ces exercices ; ne vous contentez pas de juger *à priori* de l'effet qu'ils doivent produire ; assurez-vous toujours de l'effet réellement obtenu.

Andry, le créateur de l'orthopédie (1), et après lui Shaw (2), Pravaz (3), Delpech (4), ont donné, dans la cyphose, le conseil très-rationnel d'exciter les contractions des extenseurs du cou en leur faisant surmonter la résistance d'un poids tendant à fléchir la tête en avant ; j'ai moi-même fait construire plusieurs appareils ayant le même but ; mais ici les prévisions de la science sont démenties par les faits ; bon nombre d'enfants, fatigués sans doute par l'effort du poids, ne redressent nullement la tête et conservent leur position vicieuse, ou même l'aggravent.

La gymnastique suédoise (5) fournit des procédés utiles dans l'excurvation juvénile, celui-ci, par exemple :

Une personne, appuyant la main sur l'occiput de l'enfant, l'engage à la repousser en arrière par un effort des extenseurs de la tête, en répétant ce mouvement plusieurs fois de suite ; la main oppose alors une résistance croissante de manière à augmenter l'intensité des contractions, et l'on comprend que cet exercice finisse par accroître la puissance des muscles et par vaincre leur inertie habituelle. Le même moyen peut s'appliquer aux muscles des épaules, du dos, des lombes, etc.

L'attitude du corps pendant la nuit doit favoriser le redressement produit pendant le jour. Le lit sera assez résistant et assez droit pour ne pas faire décrire une courbe au rachis, et on veillera à ce que, dans le décubitus, le tronc soit autant que possible dans la rectitude.

Il peut devenir nécessaire de recourir à des bandages, à des moyens mécaniques, pour effacer la courbure du rachis, particulièrement dans la station, et en même temps de placer le corps dans la position horizontale une partie du jour.

(1) Andry, l'*Orthopédie*. Bruxelles, 1743, t. 1er, p. 80.

(2) *On the distorsions of the spine*. London, 1823, p. 212.

(3) *Déviation de la colonne vertébrale*, 1827, p. 164 et suiv.

(4) *De l'orthomorphie*, 1828, atlas, p. 100.

(5) Voy. Neumann, *Heilgymnastik* ou *Gymnastique thérapeutique*. Berlin, 1852, p. 384.

Ce mode de traitement, qui peut se combiner avec l'emploi de la gymnastique, est particulièrement applicable lorsque les exercices paraissent insuffisants à cause de la résistance des parties, ou bien lorsque leur effet n'est que momentané, et qu'on ne peut obtenir quelque continuité dans les efforts des muscles. En maintenant alors la tête ou le tronc dans une meilleure attitude par des liens ou des supports artificiels, on modifie peu à peu les résistances du squelette, on rompt l'habitude vicieuse des muscles, et on fait prendre en quelque sorte aux organes un nouveau pli. Les mêmes moyens conviennent encore comme palliatifs, si la courbure n'est pas de nature à céder aux efforts de l'art; ils maintiennent au moins le *statu quo.*

A la tête, on emploie spécialement des bandeaux qui la tirent en arrière, des cols qui la soutiennent et la relèvent. L'appareil connu sous le nom de *Minerve*, quoique plus compliqué, est parfois préférable comme étant d'un effet plus sûr.

Au tronc, on a recours à des corsets, qui agissent : 1° sur les épaules, en les tirant en arrière, en pressant sur leur partie inférieure; 2° sur le rachis, en repoussant sa convexité en avant; 3° sur tout le tronc, en soutenant sa partie antérieure et supérieure, et en la repoussant en arrière.

Il ne faut pas se dissimuler d'ailleurs les inconvénients très-réels reprochés par les médecins de tous les temps à l'usage de ces moyens mécaniques. On ne les emploiera donc qu'avec réserve, et seulement sur des indications formelles; on surveillera leurs effets, et l'on sera toujours prêt à y renoncer pour peu que leurs avantages ne semblent pas évidents. Mais ce serait, je pense, tomber dans une exagération fâcheuse que de les proscrire aveuglément, et de se priver ainsi des services qu'ils rendent incontestablement dans certains cas.

III. CYPHOSE SÉNILE. — La cyphose sénile est une suite nécessaire de l'affaiblissement du système musculaire. Le rachis, mal soutenu par ses extenseurs, retombe en avant comme il retombe chez l'enfant débile; mais rien de plus variable que le degré de courbure qui se produit et l'âge auquel il apparaît. Indépendamment des circonstances accidentelles qui peuvent, chez l'adulte, déterminer la flexion antérieure du rachis, on sait que l'habitude exerce à cet égard une puissante influence ; que les militaires, par exemple, qui se sont longtemps exercés à tenir l'épine dorsale dans la rectitude, restent droits fort longtemps ; tandis que ceux qui, par état, se sont tenus habituellement penchés en avant, comme les gens de bureau, les laboureurs, les vignerons, etc., se voûtent de très-bonne heure. Chez les femmes, l'usage des corsets, dont on a dit tant de mal, contribue certainement à conserver longtemps la rectitude du tronc. Winslow (1) et Portal (2) ont fait, il y a longtemps, la remarque, souvent vérifiée depuis, que les femmes sont très-sujettes à contracter la cyphose au moment où elles cessent de porter des corsets.

La cyphose sénile peut atteindre un degré considérable et réellement pathologique, si des causes actives de courbure ou une conformation irrégulière dès la jeunesse s'ajoutent aux circonstances amenées par l'âge. Vous en voyez ici plusieurs exemples.

L'un est la colonne vertébrale de Séraphin, personnage très-connu, victime du travail incessant auquel il se livrait pour l'amusement de notre enfance. Cet homme, toujours courbé dans son petit théâtre d'ombres chinoises, finit par arriver à cette énorme cyphose, accompagnée en outre de l'ossification des ligaments extérieurs, de la fusion de quelques corps de vertèbres, de la plupart des arcs vertébraux, et de la soudure des côtes avec le rachis. Cette colonne vertébrale est encore remarquable par la grande régularité de son unique courbure (3).

Sur cette autre colonne, la déformation est limitée à un petit nombre de vertèbres ; mais elle est encore plus considérable, et forme presque un angle droit dans la région dorsale supérieure.

Voici un exemple d'une déformation intermédiaire aux deux précédentes.

Vous voyez que le siége de la déformation est variable ; elle portait tout à l'heure sur les cervicales inférieures et les premières dorsales ; ici, au contraire, elle affecte les dernières dorsales.

Voici un dernier exemple fort curieux : les courbures normales sont simplement exagérées, et la cyphose dorsale est compensée par une lordose lombaire ; de plus, il y a, comme chez Séraphin, ossification des ligaments vertébraux.

(1) *Mémoires de l'Académie des sciences*, 1740.

(2) *Ibid.*, 1772.

(3) Voy. l'Atlas, pl. 1, fig. 1.

Enfin, vous trouverez au Musée Dupuytren, sous les nos 533 et 534, deux pièces fort remarquables sous ce rapport.

Sur plusieurs de ces pièces, la cyphose est compliquée de scoliose.

Un caractère particulier à ces cyphoses considérables, c'est la perte de l'équilibre du tronc. Le vieillard simplement voûté conserve encore son équilibre; il lui suffit de porter le bassin en arrière par la demi-flexion des cuisses et des genoux. Dans les cas graves, il n'en est plus de même : le centre de gravité tombe en avant et fort au delà de la base de sustentation; la marche n'est plus possible qu'à l'aide d'un bâton; parfois même les muscles ne peuvent maintenir l'équilibre.

La cyphose, à ce degré, déplace et déforme tout le tronc; la tête touche au sternum, les regards fixent la terre, ou même sont dirigés en arrière; le cou est horizontal, recourbé; la démarche fort gênée. Vous verrez à la Salpêtrière et à Bicêtre de ces pauvres vieillards; leur squelette tout entier participe à la déformation; les côtes sont rapprochées, le thorax rétréci transversalement, raccourci, projeté en avant; le sternum est souvent courbé sur lui-même, comme on le voit sur cette pièce et sur le n° 538 du Musée Dupuytren.

De pareils spectacles donnent à réfléchir, et l'on comprend l'empereur Antonin qui, sur ses vieux jours, plaçait sur sa poitrine une planchette de sapin, un vrai busc, pour prévenir des désordres semblables (1).

IV. Cyphose symptomatique. — La cyphose symptomatique se rapproche de l'excurvation sénile par l'étendue de la courbure. Je fais abstraction de la cyphose produite par le mal vertébral, que j'ai examinée à part.

La cyphose dont nous nous occupons est symptomatique dans trois circonstances principales :

1° Dans les paralysies — je ne fais que les mentionner, elles produisent plutôt la lordose —;

2° Dans les contractures;

3° Dans le rhumatisme.

On a cité dans des ouvrages déjà anciens des cas de contracture

(1) J. Capitolinus, *Vie de l'empereur Antonin.*

subite ou lente occupant les fléchisseurs de la tête et du tronc, et donnant lieu à une cyphose persistante. On a signalé une contracture des muscles abdominaux s'opposant au redressement de la colonne vertébrale. Ces faits sont rares; mais il faut en tenir compte.

Le rhumatisme est une cause importante de la cyphose; il est musculaire ou articulaire : dans le premier cas, il agit tantôt à la manière des contractures, tantôt par suite des attitudes du malade pour éviter la contraction des muscles douloureux. Le rhumatisme articulaire, rare dans la colonne vertébrale, s'y limite le plus souvent à un petit nombre d'articulations; cependant il devient quelquefois général. La courbure tient à l'état douloureux des jointures; Delpech a rapporté un bel exemple de cette courbure, dont je fais passer la figure sous vos yeux (1). Si les douleurs persistent, la colonne vertébrale peut finir par s'ankyloser; mais cet accident, qui est assez fréquent aux membres, est très-rare au rachis, et c'est d'une tout autre manière que se font les ossifications séniles de la colonne vertébrale; c'est par l'effet d'une sorte de diathèse calcaire, jointe à l'influence de l'immobilité, bien démontrée par M. Teissier, de Lyon (2).

Je me borne à cette indication sommaire relativement à la cyphose symptomatique, l'attention du médecin devant se porter ici, avant tout, sur l'affection principale.

§ II. — Lordose.

(3) Je distinguerai, comme pour la cyphose, une lordose spontanée et une lordose symptomatique. Je considérerai la première, en particulier, dans les trois régions du rachis, mais surtout au cou et aux lombes ; car, de même que la cyphose est beaucoup plus fréquente aux vertèbres dorsales, disposées à cette forme de courbure par leur direction normale, de même la lordose se voit bien plus souvent aux régions cervicale et lombaire, à cause de leur

(1) *Orthom.*, Atlas, p. 52.

(2) *Mémoire sur les effets de l'immobilité des articulations. Gazette médicale*, 1841.

(3) Deuxième leçon, 29 mai 1857.

convexité naturelle en avant, dont ce genre de courbure n'est que l'exagération.

I. LORDOSE CERVICALE. — Cependant la lordose cervicale spontanée est peu commune ; on ne la voit guère que passagèrement, chez des enfants au maillot, dont la tête volumineuse, ne pouvant être encore soutenue par ses muscles, retombe en arrière quand elle n'a pas de support, comme elle retomberait dans tout autre sens si les enfants n'étaient pas placés sur le dos. Le progrès des forces suffit pour faire disparaître cette disposition permanente à une courbure par *flexion*. Elle n'exige d'autres soins que de donner jusque-là à la tête un support artificiel.

II. LORDOSE LOMBAIRE. — La lordose lombaire, ou plutôt *lombo-sacrée,* existe plus souvent par elle-même ; elle se confond par des nuances insensibles avec les variétés individuelles de cambrure que présente la région lombaire, de sorte qu'il est difficile de dire quelles sont ici les limites de l'état normal, et où commence la courbure réellement pathologique. La lordose n'est évidente que dans son degré le plus prononcé.

Cette conformation du rachis peut se développer graduellement par suite d'une disposition originelle, comme tout autre trait de la forme extérieure du corps, comme les traits du visage, par exemple.

Elle peut être due à des causes accidentelles, à un excès de contraction des muscles sacro-spinaux, au relâchement des ligaments.

C'est ce qu'on voit chez les marchandes ambulantes, chargées d'un éventaire qui les oblige de renverser le corps en arrière. La courbure *par flexion* qui se produit alors, temporaire d'abord, devient plus tard permanente, surtout chez les jeunes sujets ; il y a dans ce cas raccourcissement des ligaments postérieurs du rachis, notamment de ces ligaments jaunes dont l'influence a été démontrée par M. L. Hirschfeld, et de plus, amincissement exagéré de la partie postérieure du corps des vertèbres lombaires et des ligaments inter-vertébraux.

Wenzel (1) parle d'un homme qui contracta une lordose pour

(1) *Krankheiten*, etc., ou *Maladies de la colonne vertébrale,* in-folio. Bamberg, 1824, p. 334.

avoir reçu aux lombes, dans son enfance, de fréquents coups de poing dont son père avait coutume d'accompagner ses réprimandes.

L'espèce de lordose physiologique déterminée par l'état de grossesse ne laisse pas ordinairement de traces sensibles après l'accouchement. Mais si cette influence se répète, si la constitution générale donne peu de résistance aux systèmes osseux et ligamenteux, si l'état de grossesse est accompagné de travaux pénibles, de station prolongée, la colonne lombaire peut se déformer et la lordose pathologique se produire.

Dans deux cas rapportés par M. Maisonabe (1), cette lordose de la gestation, persistant après l'accouchement, était accompagnée de douleurs aux lombes, d'une inclinaison du corps en arrière, qui rendait l'équilibre difficile et déterminait des chutes fréquentes sur le dos.

L'articulation sacro-vertébrale, celles des dernières vertèbres lombaires étaient-elles alors le siége d'un ramollissement et d'un relâchement analogues à ceux que les symphyses pelviennes subissent si souvent dans la grossesse? De nouvelles observations seraient nécessaires pour résoudre cette question.

Dans la lordose lombo-sacrée, la colonne lombaire décrit un arc plus prononcé que dans l'état normal ; sa différence de hauteur en avant et en arrière devient plus marquée ; les apophyses épineuses, les lames, sont rapprochées, serrées les unes contre les autres ; les apophyses transverses sont séparées par des intervalles moins étendus ; les apophyses articulaires ont moins de hauteur. Au contraire, les corps vertébraux sont écartés par l'allongement de la partie antérieure des ligaments inter-vertébraux, et ils forment une courbe très-étendue, très-saillante du côté de l'abdomen, où elle a été prise quelquefois pour une tumeur d'une autre nature. Les dernières vertèbres dorsales peuvent faire partie de la courbure, qui est en général d'autant plus élevée qu'elle est plus considérable.

Les premières vertèbres du sacrum continuent inférieurement l'arc lombaire en se relevant fortement en arrière ; la face inférieure de la cinquième vertèbre lombaire est coupée encore plus obliquement qu'à l'ordinaire, et le ligament qui la sépare de la

(1) *Journal des difformités*, n° 2, 1825.

première pièce du sacrum offre une disposition cunéiforme plus prononcée. L'angle sacro-vertébral est rendu ainsi plus saillant à l'intérieur du bassin, et plus profond en arrière ou du côté rentrant.

Il résulte de là que le bassin tout entier change de direction ; son *inclinaison*, comme on l'appelle, augmente, c'est-à-dire que le plan qui passe par sa circonférence approche davantage de la verticale ; la ceinture pelvienne bascule sur les têtes des fémurs, de manière que sa partie postérieure s'élève en arrière, tandis que l'antérieure ou la région pubienne s'abaisse.

Le mécanisme de cette inclinaison du bassin est fort simple. Pour que l'équilibre ait lieu dans la station, il faut que la verticale du centre de gravité tombe sur la ligne qui joint les deux cavités cotyloïdes. La lordose porte le centre de gravité en arrière de cette ligne ; il faut donc qu'un mouvement inverse le reporte en avant, et c'est ce qui arrive quand le bassin prend la position que j'ai indiquée.

Les parties molles suivent ces divers déplacements ; le ventre, poussé en avant, est très-saillant, fortement convexe ; les fesses sont portées en arrière, relevées en forme de *croupe ;* leur partie supérieure, presque horizontale, augmente encore la concavité lombaire. Cette concavité est telle que, lorsque le sujet est couché sur le dos, un grand vide existe entre les lombes et le plan qui supporte le corps. Cela donne à cette région l'apparence d'une selle ; de là le nom d'*ensellure*, sous lequel on désigne cette conformation. Cette expression est empruntée à la médecine vétérinaire. La lordose se voit en effet chez les animaux comme chez l'homme, et en quelque sorte par des causes analogues. Les jeunes chevaux que l'on monte de trop bonne heure, ou que l'on charge trop tôt de lourds fardeaux, les génisses que l'on fait vêler trop jeunes, contractent un excès de concavité supérieure de la région lombaire, et même dorsale, du rachis, que l'on attribue au poids extérieur qui presse sur les vertèbres, ou au poids intérieur, à celui des viscères, qui les attire de haut en bas (1).

Les viscères pelviens s'inclinent avec le bassin ; les organes génitaux, l'anus se dirigent plus en arrière ; l'utérus gravide penche

(1) Wenzel, *loc. cit.*, p. 331.

davantage en avant par sa partie supérieure, et les femmes sont plus exposées à cet excès d'inclinaison antérieure de l'organe, qui peut constituer un obstacle à la parturition.

Les muscles se moulent, comme les ligaments, sur les espaces qui les circonscrivent. Ceux de la paroi abdominale, les psoas, habituellement distendus, s'allongent; les sacro-spinaux se raccourcissent en même temps qu'ils s'enfoncent dans la concavité lombaire avec les vertèbres auxquelles ils s'insèrent.

Le haut du tronc, la tête, les épaules, tout le membre supérieur, sont droits ou portés en arrière dans la lordose lombaire, à moins qu'elle ne soit compliquée de cyphose dorsale.

On a parlé de troubles des fonctions digestives, d'indispositions, de malaises produits par la compression que les vertèbres lombaires exerceraient sur les viscères abdominaux; j'ignore jusqu'à quel point cette remarque est fondée; il est plus certain que la lordose, à un degré considérable, nuit à la démarche et rend le sujet peu agile dans ses mouvements.

Ce vice de conformation, quoique lié dans le principe à un excès de mobilité dans les vertèbres lombaires, finit par gêner leurs mouvements. La flexion en avant perd de plus en plus de son étendue; l'inclinaison croissante des vertèbres les unes sur les autres s'oppose à leur mouvement de rotation et même de flexion latérale. L'extension ou la flexion en arrière atteint à la longue des limites qu'elle ne peut dépasser. Avec le temps, l'immobilité des pièces du rachis est suivie, comme dans la cyphose, d'ankylose des vertèbres, ankylose *périphérique* d'abord, puis *par fusion*, tant aux arcs et aux apophyses qu'aux corps vertébraux eux-mêmes. Duverney, dans ses *Maladies des os*, Wenzel (*Maladies de la colonne vertébrale*), ont décrit chacun un fait de cette espèce. A. Roy, élève de Sandifort, en a fait connaître, en 1774, un troisième qu'il tenait de son maître (1). Ces cas sont beaucoup plus rares que dans la cyphose, soit parce que la lordose est une déformation moins commune, soit parce que la mobilité du rachis subsiste plus longtemps aux lombes qu'au dos. On ne voit pas non plus la courbure parvenir à un degré aussi considérable que dans la cyphose, ni affecter, comme dans celle-ci, sans érosion, sans mal vertébral, une forme presque anguleuse.

(1) A. Roy, *De Scoliosi*, p. 61.

L'un et l'autre fait trouvent leur explication dans la résistance de la partie postérieure des vertèbres, qui ne se laisse pas affaisser ni déformer aussi aisément que leur partie antérieure, et qui n'est pas d'ailleurs exposée aux mêmes pressions.

Il est plus facile de prévenir la lordose lombaire que de la guérir. La nature de ses causes indique d'elle-même ce qu'il faut éviter pour empêcher qu'elle ne se développe. Lorsqu'on ne peut éloigner complétement ces causes, on atténue ou on neutralise leur influence.

Ainsi, dans la grossesse, une lordose commençante sera arrêtée dans sa marche si la femme a soin de rester peu debout, de se reposer souvent couchée ou assise, le dos soutenu, les cuisses relevées, à demi-fléchies, pour ramener le haut du bassin en arrière et effacer la cambrure lombaire.

Les exercices du corps convenablement dirigés sont un excellent moyen de remédier à un excès de cambrure lombaire, tant qu'il consiste en une simple attitude habituelle plutôt qu'en un véritable vice de conformation.

L'auteur du plus ancien traité d'orthopédie, Andry, a déjà établi, il y a plus de cent ans, les principes qui doivent nous guider dans l'emploi de ces exercices. « Si la taille fait un creux, dit-il, en sorte que l'épine soit tournée en dedans, ce qui est le contraire de la bosse du dos, faites souvent courber l'enfant. Jetez-lui pour cela des cartes ou des épingles sur le plancher, il se fera un plaisir de les ramasser. La situation qu'il sera obligé de prendre pour en venir à bout contraindra, à la longue, l'endroit creux de son épine à revenir en devant (1). »

Le même écrivain montre ailleurs comment il faut comprendre, dans ce cas, l'effet des poids ajoutés à la masse du corps. « Lorsqu'un enfant avance trop le ventre, dit Andry, on croit bien faire de lui mettre sur le ventre un plomb ou quelque autre poids; mais on oblige par là l'enfant à se renverser encore davantage... Il faut, au contraire, lui charger le derrière. Il ne manquera point alors de reculer le ventre, et il ne se renversera plus (2). »

Les modernes n'ont fait qu'étendre et développer l'application de

(1) Andry, *l'Orthopédie*. Bruxelles, 1743, t. I, p. 125.
(2) *Loc. cit.*, t. I, p. 73.

ces principes, fondés sur l'observation et la connaissance des lois de l'équilibre dans le corps de l'homme. C'est ainsi que l'on a conseillé, pour remédier à la cambrure exagérée des lombes, de faire gravir un plan incliné, qui force à pencher le corps en avant. En le descendant à reculons, on est encore obligé de conserver la même attitude. Dans la cyphose, au contraire, on ferait descendre ce plan en avant et on le ferait monter à reculons. Les cloches muettes, ou dumbells, agissent d'une manière analogue; c'est ce que les anciens appelaient *haltères.* Ce sont des masses en bois ou en métal, rétrécies dans le milieu, renflées aux deux bouts. On en charge les mains; et, suivant que les mouvements exécutés par les membres supérieurs portent ces poids en avant ou en arrière du tronc, en haut ou en bas, on produit la flexion du rachis en avant ou son renversement en arrière. On exerce ainsi à volonté les muscles antérieurs ou postérieurs de la colonne vertébrale.

La gymnastique dite *suédoise*, la gymnastique de Ling, est applicable ici comme dans la cyphose; seulement, au lieu de faire effort contre la partie postérieure de la tête ou du tronc de l'enfant, c'est en avant que les mains lui présentent une résistance que l'on varie suivant le besoin, et qu'il doit surmonter en contractant les fléchisseurs du tronc. Placez, par exemple, vos mains contre les siennes, dans une position telle qu'il soit obligé de faire effort de haut en bas avec les membres supérieurs dans l'attitude du scieur de long placé au-dessus d'une pièce de bois, vous donnerez au rachis une courbure contraire à celle de la lordose.

Malheureusement, quand la lordose lombaire est devenue permanente à cause des changements anatomiques qui se produisent dans le rachis, les exercices sont loin d'être aussi efficaces; ils peuvent même nuire, en déterminant une courbure dorsale dirigée en sens contraire de la courbure des lombes, en ajoutant une cyphose à la lordose. On préviendra cet inconvénient en observant attentivement l'attitude du sujet pendant les exercices, en examinant la région postérieure du tronc, afin de reconnaître la forme qu'ils lui impriment. On peut quelquefois, dans ce cas, arriver à combiner les efforts de manière qu'ils s'opposent à un excès de courbure du dos en arrière, tout en effaçant en partie la courbure des lombes en avant.

L'attitude du bassin et les mouvements des membres inférieurs dont elle dépend fournissent encore ici un secours utile. En effet, nous avons vu que la situation des vertèbres lombaires influe immédiatement sur la direction du bassin; réciproquement, la position du bassin exerce une influence directe sur celle de la colonne lombaire.

Il suffit, pour s'en convaincre, de considérer la direction de cette partie du rachis successivement dans la station debout et dans l'attitude assise. Le bassin se reporte en arrière, son inclinaison diminue, lorsqu'on est assis, et en même temps le creux des lombes disparaît en tout ou en partie. L'effet est encore plus marqué et une convexité est substituée à la concavité des lombes, si l'on est assis très-bas, si les membres inférieurs sont allongés sur un même plan horizontal, s'ils sont relevés et fortement fléchis sur le tronc, si l'on est accroupi comme dans la *marche des nains* d'Amoros, comme dans certains exercices de voltige. On peut tirer parti, dans le traitement de la lordose, de toutes ces attitudes et des exercices susceptibles de les produire.

L'orthopédie proprement dite sera associée avec avantage aux exercices quand ceux-ci seront insuffisants; elle devra même être employée seule lorsqu'ils seront à peu près inapplicables, comme chez les femmes récemment accouchées.

La position horizontale est déjà dans ces sortes de cas un très-bon moyen orthopédique. En soulageant les vertèbres lombaires du poids des parties supérieures, en faisant cesser les contractions musculaires nécessitées par les besoins de l'équilibre, elle diminue notablement la courbure du rachis. Vous savez déjà que la courbure normale s'efface ainsi en partie par le repos de chaque nuit. Pour ajouter à l'action du décubitus, on place le corps sur un lit mou, où il tend à décrire une courbe inverse de celle de la région lombaire; on élève la tête, et surtout le bassin et les membres inférieurs.

On peut, dans cette attitude, fixer le bassin d'une part, la tête, le haut des membres supérieurs ou la poitrine, de l'autre, et exercer sur ces parties de légères tractions continues dirigées en sens opposé, de manière à faire effort, au moyen de poids ou de ressorts, pour étendre les extrémités de l'arc lombaire et pour diminuer sa courbure. C'est ce qu'on appelle l'*extension du rachis*; les lits disposés à cet effet sont les *lits à extension*; j'aurai occasion de vous en parler de nouveau dans la suite ; ces lits sont également applicables à quelques cas de cyphose.

On peut encore placer une large bande de toile ou de peau sur l'abdomen et le bas du thorax, en même temps que la région des épaules et le bassin sont relevés et appliqués sur des plans résistants ; la courbure lombaire est ainsi soumise à des efforts perpendiculaires opposés, qui tendent à la redresser. Il est clair que ce petit appareil ne peut agir avec beaucoup de force, à cause du peu de résistance de son point d'appui antérieur et des graves inconvénients qu'entraînerait une trop forte pression de l'abdomen. Il peut, du moins, servir à prévenir des mouvements contraires au but qu'on se propose.

Des bandages analogues à ceux qui conviennent dans la cyphose, mais agissant en sens inverse, sont aussi employés dans la lordose. Les corsets forment déjà par eux-mêmes une sorte d'étui rigide s'opposant jusqu'à un certain point aux courbures exagérées du tronc. Ils doivent être construits, dans la lordose, de manière à presser à la fois sur la partie antérieure du tronc, vis-à-vis la convexité lombaire, et sur sa partie postérieure, vis-à-vis des points les plus capables de transmettre l'effort aux deux extrémités de l'arc, du côté de sa concavité, c'est-à-dire sur la région dorsale et les épaules d'une part, et sur la partie postérieure du bassin de l'autre. Je mets sous vos yeux le dessin d'un appareil de ce genre. Tout en reconnaissant, comme je l'ai dit à l'occasion de la cyphose, que ces moyens ont une action bornée, qu'ils peuvent présenter des inconvénients dans certains cas, tout en professant que le traitement gymnastique leur est, en général, préférable, je répète que ce serait réduire les ressources de l'art que d'en proscrire entièrement l'usage.

Quelques auteurs ont conseillé des onctions huileuses relâchantes sur les muscles des lombes, comme d'autres en ont pratiqué sur les muscles abdominaux dans certains cas de cyphose avec rétraction musculaire. Ce moyen ne serait indiqué que si la contraction et la tension des muscles paraissaient de nature spasmodique, et si elles persistaient dans la position horizontale.

Secondé, dans la jeunesse, par une bonne hygiène, par les médicaments appropriés à l'état général des sujets, par les forces de la nature et le développement spontané des organes, ce traitement conduit souvent à une conformation régulière et prévient ainsi les suites fâcheuses que la lordose peut entraîner avec l'âge, surtout chez les femmes.

III. LORDOSE DORSALE. — Il n'est pas démontré que la région dorsale soit jamais atteinte primitivement de lordose *spontanée* ou *essentielle*.

Une pièce de Duverney que j'ai déjà citée semblerait un exemple de lordose générale primitive ; mais la description en est trop incomplète pour dissiper tous les doutes. Duverney se contente de dire : « J'ai vu la portion d'une épine courbée de cette manière ; elle contenait les vertèbres du dos, des lombes et de l'os sacrum..... Les cartilages de *toutes* les vertèbres étaient ossifiés, et *elles* ne faisaient qu'un corps continu courbé en devant, et tout à fait inflexible (1). » Les côtes existantes étaient aussi soudées aux vertèbres, comme dans la colonne de Séraphin.

Je ne comprends pas qu'on ait cité comme un exemple de lordose dorsale (2) la description, communiquée à Renard par Siebold, d'un squelette rachitique de la collection de Wurtzbourg, description dans laquelle ce qui a trait au rachis se réduit à ceci : « La colonne vertébrale est courbée à la *première* vertèbre dorsale très-considérablement *en arrière* (3). »

Delpech a publié comme un cas de lordose dorsale l'observation d'un jeune homme de seize ans, d'une taille démesurée, atteint de courbure vertébrale avec déformation du thorax et affection pulmonaire chronique. Quinze mois de traitement rétablirent la rectitude du tronc, ainsi que la santé générale (4). Mais il est aisé de voir, par la description du torse et par la figure qui l'accompagne, que c'était un cas de scoliose à courbure latérale triple, et non une lordose.

Mon excellent collègue, M. Houel, a désigné une des pièces du musée Dupuytren, le n° 539, sous le titre de « colonne affectée de

(1) Duverney, *Maladie des os*, 1751, t. II, p. 117.

(2) Humbert et Jacquier, *Traité des difformités*, 1838, t. I, p. 175.

(3) Cl. Renard, *Ramollissement des os d'une femme*. Mayence, 1804, p. 15.

(4) Delpech, *Orthomorphie*. Paris, 1828, t. I, p. 350; et Atlas, p. 19.

lordose *générale* (1). » Je dois à sa complaisance de pouvoir mettre cette belle pièce sous vos yeux. Il manque le sacrum, cinq vertèbres cervicales et quatre lombaires. On ne possède point de renseignements sur l'origine de cette pièce. Il est donc possible qu'il ait existé dans un autre point du rachis une déformation qui aurait précédé celle de la région dorsale, et qui en serait la cause déterminante.

D'après les seuls faits qui soient à ma connaissance, je ne puis, vous le voyez, vous parler de la lordose dorsale essentielle ; je ne vous entretiendrai que de la lordose dorsale symptomatique.

IV. LORDOSE SYMPTOMATIQUE. — Je réunis dans une description commune les lordoses symptomatiques du cou, du dos et des lombes.

Je ne fais que rappeler la lordose cervicale, produite par le mal sous-occipital. J'en ai parlé dans mes leçons de 1855.

Je ne ferai également qu'indiquer la lordose dépendant de cicatrices vicieuses; toutes les formes de courbure du rachis peuvent être déterminées par cette cause, fréquente surtout à la région cervicale. Mais leur histoire se rattache dans ce cas à celle de ces cicatrices elles-mêmes.

Je ne considérerai ici que trois sortes de lordoses symptomatiques : la lordose par contracture ; la lordose de compensation; la lordose paralytique. Je dirai, en terminant, quelques mots de la lordose congénitale, qui me paraît rentrer dans la même catégorie.

A. La contracture des muscles de la nuque est assez commune chez nos enfants ; elle donne lieu à une véritable lordose cervicale. Mais c'est une affection aiguë dans laquelle la difformité, l'inclinaison de la tête et des vertèbres ne jouent qu'un rôle très-secondaire. Cette contracture se montre-t-elle à l'état chronique sous la forme permanente ? La chose est possible, mais je n'en connais pas d'exemple. Les rétractions des muscles du cou sont généralement latérales, et non directement postérieures.

La contracture du dos et des lombes est fort rare, même à l'état aigu, lorsqu'elle ne dépend pas du rhumatisme; je ne m'y arrêterai pas. Le spasme tonique de l'opisthotonos, malgré la lordose qu'il produit, est manifestement étranger à mon sujet.

(1) Houel, *Manuel d'anatomie pathologique.* Paris, 1857, p. 756.

B. La lordose la plus fréquente de toutes est sans contredit la lordose de *compensation*. Je donne ce nom à celle qui doit son origine aux efforts destinés à *compenser* une autre inclinaison du squelette pour la conservation de l'équilibre.

A la région cervicale, cette lordose symptomatique est ordinairement l'effet du mal vertébral des premières vertèbres dorsales.

Hippocrate disait déjà que « les individus atteints de gibbosité sont forcés de tenir le cou saillant en avant, λορδὸν, afin que la tête ne soit pas pendante (1). » Et Galien explique clairement dans son *Commentaire*, qu'en raison de l'inclinaison des vertèbres dorsales dans ce cas, les malades auraient la tête penchée vers la terre s'ils ne relevaient le cou en arrière (2). C'est, en effet, autant pour l'exercice de la vision que pour l'équilibration du corps, que la lordose cervicale se produit dans le mal vertébral avec cyphose du haut de la région dorsale.

Le renversement de la tête est alors d'autant plus prononcé, que la lésion est plus rapprochée du cou et l'inclinaison en avant plus considérable. Un pli profond se forme à la nuque, qui est très-courte ; la face est dirigée en haut ; le larynx et le corps thyroïde font saillie en avant ; les jugulaires externes sont gonflées ; toutes les parties molles de la région antérieure du cou sont tendues ; l'allongement, le rétrécissement des voies aériennes et alimentaires gênent la déglutition, rendent la respiration difficile.

Malgré la gêne de cette attitude, elle se maintient avec tant de persistance, que la lordose ne tarde pas à être confirmée par l'accommodation des vertèbres et de leurs ligaments à cette nouvelle position. C'est ce que l'on voit sur ce squelette, où la partie inférieure du cou décrit une forte courbure permanente, qui change brusquement la direction du rachis, fortement incliné dans la région dorsale.

Il faut souvent quelque attention pour ne pas confondre cette attitude, chez les enfants, avec celle qui dépend de l'affection sous-occipitale.

La lordose dorsale se voit presque uniquement dans les cas de cette espèce, lorsque la cyphose occupe les régions cervicale ou

(1) OEuvres d'Hippocrate, trad. par Littré, t. IV, p. 178.

(2) Galeni Opera, édit. de Kühn, t. XVIII, part. 1, p. 503.

lombaire, ou bien un point de la colonne dorsale elle-même.

Vous en voyez ici plusieurs exemples. Je range parmi eux le n° 539 du Musée Dupuytren, quoique j'ignore, comme je l'ai déjà dit, la véritable cause de la courbure dans ce cas.

Cette lordose dorsale symptomatique présente des caractères assez semblables à ceux de la lordose lombaire, si ce n'est que la courbure ne devient pas, en général, aussi considérable, étant ordinairement limitée par les résistances qu'elle rencontre, notamment par la pression réciproque des apophyses épineuses.

C'est assurément une chose merveilleuse que de voir la seule action musculaire renverser ainsi la courbure naturelle du rachis, changer la configuration, non-seulement des ligaments, mais des vertèbres elles-mêmes, affaissées en arrière, — comme on le voit sur ces pièces, — et faire enfin d'un dos naturellement un peu voûté, non pas seulement un dos *plat*, mais encore un dos *creux*. Rien ne saurait mieux nous donner une idée de la puissance des muscles pour modifier les os; rien n'est plus propre à nous inspirer une juste confiance dans l'efficacité des mouvements bien dirigés, lorsqu'il s'agit de corriger, chez les jeunes sujets, les défauts de conformation du squelette.

L'influence de la lordose sur la figure du thorax, sur sa cavité, sur les viscères thoraciques et leurs fonctions, a été fort exagérée par certains auteurs. On s'est appuyé sur des observations qui n'avaient rien de général. On ne rencontre ces complications que dans quelques cas. Le sternum peut être déformé, mais moins fréquemment que dans la cyphose.

La lordose symptomatique de la région lombaire se produit dans la cyphose sacrée, dorsale ou même cervicale. Dans ce dernier cas et dans le premier, elle existe avec la lordose dorsale et lui fait suite.

Elle se produit encore toutes les fois que le bassin vient à changer de direction. Il y a, comme nous l'avons dit, entre le bassin et la colonne vertébrale, une réciprocité parfaite; les déviations de l'un sont corrigées par les déviations de l'autre, quel que soit le siége de la lésion primitive.

Les causes qui agissent en premier lieu sur le bassin sont nombreuses. Ce sont toutes celles qui produisent un certain degré de flexion permanente des cuisses, attitude dans laquelle les fémurs ne peuvent être placés verticalement sans que le haut du bassin s'incline en avant. Telles sont les coxalgies, les luxations du fémur non réduites ou congénitales, les courbures rachitiques des membres inférieurs, les abcès par congestion, les rétractions musculaires, etc., siégeant d'un seul côté ou des deux ; la lordose est plus marquée dans ce dernier cas. La déformation du rachis n'arrive alors que lentement, parce que la cause qui la produit est intermittente et n'agit que pendant la station. Cette cause est le plus souvent facile à reconnaître, pour peu qu'on la cherche avec soin ; elle se trahit par les signes de l'affection primitive.

Voici quelques exemples de lordose de compensation :

Ier *cas.* — Ce malade me fournit l'occasion assez rare de compléter une observation. C'est le nommé E. Goizet, dont j'ai parlé dans mes leçons de 1855 (1), et dans un mémoire *sur l'absorption des abcès par congestion* (2). Je l'ai cité comme un exemple de guérison d'un abcès de ce genre par l'absorption du pus. Aujourd'hui il présente un nouvel abcès dans la même région, dans la fosse iliaque droite ; mais je ne désespère pas de le voir encore se résorber. Pour revenir au sujet qui nous occupe, vous voyez que cet enfant présente une lordose lombo-dorsale causée par la flexion permanente de la cuisse ; en le faisant asseoir et courber en avant, vous remarquez qu'il ne se forme plus de voussure physiologique.

IIe *et* IIIe *cas.* — Ces deux autres enfants présentent chacun une lordose lombaire ; chez l'un, elle est due à une cyphose de la partie supérieure du dos ; chez l'autre, c'est la partie inférieure de cette région qui a été primitivement affectée.

IVe *cas.* — Chez ce quatrième malade, la cyphose occupe les lombes et le sacrum, et la lordose est à la hauteur de la région des reins.

V^e^ *cas.* — Cet autre présente la disposition contraire. La cyphose est au niveau des premières lombaires, et il y a deux lordoses, l'une au-dessus, l'autre au-dessous de la lésion.

(1) Voy. p. 80 de mes *Leçons* de 1855.

(2) *Archives générales de médecine*, janvier 1857.

VIe *cas.* — Chez cet autre enfin, le mal vertébral occupe un siége très-élevé, les premières dorsales. Il y a également deux lordoses de compensation, l'une au cou, l'autre aux lombes. Cet enfant présente en outre une disposition remarquable du thorax qui est liée à la cyphose dorsale. Ce sont deux gouttières assez profondes situées de chaque côté du thorax, et dues à la saillie et au déplacement de deux côtes. Celles-ci, basculant avec leurs vertèbres, ont passé en dehors et au-dessus des côtes qui leur étaient naturellement supérieures, et ont donné lieu à l'apparence bizarre que vous remarquez.

VIIe *cas.* — Enfin, chez cette petite fille, vous voyez un exemple de lordose symptômatique d'une coxalgie. Celle-ci est unique et siége à droite. Lorsque l'enfant est debout, le bassin se relève en arrière, à cause de l'obliquité de la cuisse en avant, et il se produit une lordose lombaire très-marquée; mais lorsque l'enfant est assise, tout disparaît; lorsqu'elle se courbe en avant, il se forme une cyphose dorsale physiologique, ce qui prouve que le rachis n'est point encore altéré dans sa conformation.

C. (1) J'entends par *lordose paralytique* celle qui est produite par une paralysie du tronc, paralysie qui porte sur les muscles extenseurs ou fléchisseurs de la colonne vertébrale. Je dois à mon excellent confrère et ami M. le docteur Duchenne (de Boulogne) la communication de faits intéressants à ce sujet.

Je vous parlerai bientôt peut-être des paralysies en général; je me bornerai pour le moment à ce qui a trait à mon sujet.

Les muscles abdominaux, principaux fléchisseurs du rachis, peuvent perdre leur contractilité, alors que les extenseurs, les sacro-spinaux conservent la leur; et réciproquement les sacro-spinaux peuvent être atteints d'*acinésie* complète ou incomplète, tandis que leurs antagonistes, les fléchisseurs, restent sains.

Chacun de ces états opposés donne lieu à une attitude spéciale.

Les muscles de l'abdomen sont-ils paralysés, les sacro-spinaux agissent avec trop d'énergie dans la station et renversent le rachis en arrière; il se produit une lordose lombaire avec les caractères que vous lui connaissez, avec le renversement du bassin en avant,

(1) Troisième leçon, 5 juin 1857.

nécessaire à la conservation de l'équilibre. Il arrive alors, en effet, le contraire de ce qu'on observe dans la lordose de compensation occasionnée par l'inclinaison exagérée du bassin : dans ce dernier cas, c'est parce que le bassin s'incline en avant que le rachis se courbe et se renverse en arrière; dans la paralysie des fléchisseurs du tronc, c'est parce que le rachis s'infléchit en arrière que le bassin bascule et s'incline en avant sur les fémurs. Le résultat est le même en définitive, et la configuration du torse diffère peu dans les deux cas, quoique produite par un mécanisme inverse. Aussi est-on exposé à confondre ces deux sortes de lordose, si l'on n'en recherche pas attentivement la cause.

Voici le moule d'une femme qui a reçu les soins de M. le docteur Duchenne pour une acinésie occupant une partie des muscles du tronc et, en particulier, ceux de l'abdomen. Vous reconnaissez la lordose lombaire, l'ensellure portée à un haut degré (1).

Même aspect sur cette figure, qui représente une jeune fille que j'ai soignée autrefois à l'Hôtel-Dieu, sans savoir alors la véritable cause de l'attitude extraordinaire qu'elle présentait dans la station (2). J'ai dit un mot de ce fait dans mes leçons de 1855 (3).

Cette lordose ne diffère en rien de celle que je vous ai fait voir dans des cas d'inclinaison primitive du bassin. Mettons à côté de ce moule cette figure d'un jeune garçon parfaitement musclé, dont la lordose dépendait d'une luxation congénitale des deux fémurs, qui faisait basculer le bassin en avant dans la station; nous ne verrons pas de différence dans la conformation apparente des lombes.

Si ce sont les muscles sacro-spinaux que le mal a envahis, on observe un singulier phénomène découvert par M. Duchenne, et qui m'a fort étonné la première fois qu'il a bien voulu m'en rendre témoin.

On s'attendrait dans ce cas à voir, comme chez les vieillards, la faiblesse des muscles postérieurs suivie de flexion en avant, de cyphose. Point du tout; c'est encore une lordose qui se produit, et voici comment.

Menacé incessamment de tomber en avant, entraîné irrésisti-

(1) Voy. Duchenne, *Électrisation localisée*, p. 312.
(2) Voy. pl. 1, fig. 2.
(3) Voy. p. 163 de mes *Leçons* de 1855.

blement dans ce sens par la moindre surcharge, par un léger mouvement des membres supérieurs qui déplace le centre de gravité, le malade réunit toutes ses forces pour rejeter le tronc en arrière jusqu'à ce que son propre poids le porte dans cette direction, jusqu'à ce que les muscles antérieurs valides soient appelés à leur tour à maintenir l'équilibre, à prévenir la chute en soutenant l'effort de la pesanteur. Les rôles sont alors intervertis ; ce sont les fléchisseurs qui deviennent les principaux agents de la station, et les extenseurs sont déchargés d'une fonction qu'ils sont hors d'état de remplir. De là la lordose.

Mais ce genre de lordose diffère de celles dont je vous ai entretenus jusqu'ici : son aspect est tout autre; au lieu d'une courbe assez régulière, assez uniforme, les vertèbres lombaires présentent une flexion brusque, une sorte d'angle arrondi, au-dessus duquel le rachis forme une ligne presque droite, fortement inclinée en arrière. C'est ce que vous voyez dans cette photographie d'un porteur de la halle observé par M. Duchenne (1).

Remarquez bien qu'ici il n'y a pas d'ensellure ; le bassin est porté en avant et les fesses sont effacées (2) ; au contraire, sur le moule de la femme à la paralysie abdominale, l'ensellure est considérable et le bassin fait saillie en arrière.

Il en résulte qu'un fil à plomb qui part de l'occipital tombe au-dessus du bassin même dans la première variété, et en arrière de cette cavité dans la seconde.

La lordose paralytique disparaît dans la position horizontale, comme la lordose provoquée par l'inclinaison du bassin ; l'attitude assise la modifie également. En un mot, ce n'est qu'une courbure par flexion ; mais cette flexion paraît dépasser les limites de l'état normal, et elle pourrait, à la longue, être suivie de déformation.

Guérir la paralysie est l'indication essentielle à remplir dans cette forme de lordose. Ne laisser le sujet debout que le moins possible, le soutenir au besoin par des supports artificiels, tels sont les seuls soins que la courbure réclame par elle-même.

La paralysie des fléchisseurs ou des extenseurs du cou, considérée en particulier, se comporte comme celle des muscles du tronc

(1) *Loc. cit.*, p. 834.
(2) Voy. pl. 1, fig. 3.

et donne lieu à des inclinaisons toutes semblables de la tête et des vertèbres cervicales. La cyphose résultant de la paralysie des extenseurs, très-pénible pour les malades, lorsqu'ils ne peuvent la prévenir, est transformée de même en lordose. Je place sous vos yeux la photographie d'un malade de M. Duchenne, dont la tête est ainsi renversée par suite d'une paralysie de ses extenseurs. Cet homme n'évitait la flexion forcée de la tête et la suffocation qui en eût été la suite, qu'en la laissant tomber en arrière de tout son poids dans l'attitude de la lordose cervicale. Un support factice, un collier convenablement rembourré, serait utile en pareil cas.

D. La *lordose congénitale* est en général une circonstance très-accessoire d'états fort complexes; on l'a principalement rencontrée sur des monstres, où elle était presque toujours réunie au spina bifida.

On voit la lordose lombaire dans des cas d'éventration avec développement imparfait des viscères abdominaux, la lordose cervicale dans des monstruosités partielles de la tête.

Il est une lordose congénitale *générale*, remarquable en ce qu'elle forme à elle seule le trait le plus saillant de la monstruosité. Il n'y en a encore que peu d'observations, mais elles se ressemblent toutes; on les dirait calquées sur le même modèle. Jetez les yeux sur ces figures de M. Bouteiller, qui a publié une observation de ce genre (1). Vous y trouverez les mêmes caractères que dans une observation analogue de Dugès (2), que dans une autre de Gerdy (3), les mêmes que dans un cas observé par M. Giraldès (4) et dans d'autres recueillis par des auteurs plus anciens. Cependant ces observations sont restées à l'état de faits isolés, bien qu'elles constituent réellement un genre dont un des caractères est la lordose générale du rachis.

En effet, dans tous ces cas, la colonne vertébrale, ouverte à sa partie postérieure, est relevée en arrière et recourbée au point que le sacrum remonte derrière l'occiput et que le coccyx atteint l'in-

(1) *Bulletin de la société anatomique*, 1855.

(2) *Des altérations intra-utérines de l'encéphale*, dans *Éphém. méd. de Montpellier*, t. II, juillet 1826.

(3) *Bulletin de la Faculté de médecine*, t. VI, p. 346.

(4) Observation inédite.

tervalle des pariétaux. Les pièces de l'occipital séparées laissent entre elles un écartement occupé par les vertèbres, qui forment ainsi une partie de la paroi crânienne. Le thorax, renversé en arrière par sa partie inférieure, est sous la base du crâne. Les membres inférieurs sont suspendus sous la tête à des os iliaques imparfaitement développés et séparés du sacrum. D'autres anomalies compliquent ces désordres. Le cerveau est en partie déplacé en arrière. C'est l'*iniencéphale* de M. Is. Geoffroy-Saint-Hilaire (1) (cerveau à l'occiput, de ἰνίον, nuque). Dans le cas de M. Bouteiller, il y avait de plus transposition des viscères. Le cerveau a paru normal, mais la pièce était trop altérée pour qu'on pût étudier complétement sa disposition.

Comment expliquer ce renversement bizarre du rachis? Quel est ici le rôle des muscles?

D'abord qu'est-ce qu'un monstre? Dans beaucoup de cas, ce n'est autre chose que le produit d'une altération pathologique, d'une maladie embryonnaire ; et, pour le cas particulier qui nous occupe, il est bien difficile de ne pas se ranger à l'opinion de Haller (2) et de Morgagni (3), si bien développée par mon maître, Béclard (4), et par Dugès (5); il est difficile de ne pas voir avec ces auteurs, dans l'état d'imperfection du crâne et du rachis, les suites d'une hydropisie crânio-rachidienne. La colonne vertébrale, privée de résistance et facile à courber en tous sens, suivant la juste remarque de Wenzel (6), quand elle est réduite ou à peu près aux corps vertébraux, a aisément obéi aux impulsions qui tendaient à la rapprocher du crâne, avec lequel elle a contracté d'étroites connexions, et celles-ci ont apporté un nouvel obstacle au développement du squelette.

Il serait assez naturel de penser que les muscles postérieurs du tronc contribuent par leur contraction tonique, peut-être par un spasme dépendant de la lésion encéphalique, à attirer l'un vers l'autre la tête et le train inférieur du corps, et à amener au contact

(1) *Histoire des anomalies*, 1836, t. II, p. 308.
(2) *De monstris*, op. minora, 1768, t. III.
(3) Epist. XII.
(4) *Bulletin de la Faculté de médecine*, t. V, p. 506.
(5) *Loc. cit.* dans *Éphém. de Montpellier*, t. I et II.
(6) *Loc. cit.*, p. 333.

l'occiput et la région du dos, des lombes et du sacrum. Cependant quelques objections s'élèvent contre cette interprétation.

Déjà, en 1826, Dugès (1) lui opposait, à l'occasion d'un fait de lordose fœtale moins considérable, le changement de direction des muscles, rejetés sur les côtés avec les lames vertébrales, et leur état de relâchement comparé à la tension des muscles antérieurs. Il est difficile de comprendre comment l'extrémité des sacro-spinaux pourrait à elle seule renverser la courbure du sacrum et du coccyx, et les accoler à la partie postérieure du crâne. La pression du liquide céphalo-rachidien repoussant les vertèbres en avant, alors que la poche n'est point encore rompue, exerce une influence pour le moins aussi réelle que celle des muscles. Ne faut-il pas aussi tenir compte de la rétraction de la poche elle-même après son évacuation?

Une pièce décrite par M. Houel (2) et déposée au Musée Dupuytren sous le n° 160 (lésions de l'appareil digestif), semble encore démontrer la réalité des influences mécaniques dans les cas de ce genre. C'est une lordose du sacrum, devenu convexe en avant dans un spina-bifida des vertèbres sacrées. Cet os, probablement repoussé en avant par la tumeur aqueuse de l'hydro-rachis, est venu se mettre en contact avec le pubis, et il en est résulté un défaut de développement de la paroi abdominale et une exstrophie de la vessie. En même temps les membres inférieurs ont éprouvé une rotation en dehors d'une demi-circonférence, dont la raison se trouve dans le déplacement du sacrum, qui a changé la direction des os coxaux. Ainsi voilà toute une série de désordres qui paraissent dériver d'une même cause, d'une pression mécanique!

ARTICLE II.

COURBURES LATÉRALES DU RACHIS.

On réunit sous le nom de *scoliose* toutes les courbures latérales du rachis, que leur convexité soit tournée à droite ou à gauche.

Je n'en excepterai que les courbures de la région cervicale avec

(1) *Loc. cit.*

(2) *Loc. cit.*, p. 28; et *Bulletin de la Société anatomique*, 1849.

rotation de la tête et de l'atlas sur la deuxième vertèbre du cou; elles constituent une affection distincte, le *torticolis*. J'en ai indiqué les espèces dans mes leçons de 1855 (1), et j'espère y revenir plus tard.

Je décrirai séparément la scoliose par flexion et la scoliose par déformation, qui diffèrent plus l'une de l'autre que les formes correspondantes de la cyphose. Ces deux espèces sont, à la vérité, très-souvent réunies; mais il nous sera facile de tenir compte de cette circonstance, tout en les étudiant chacune en particulier.

§ Ier. — Scoliose par flexion.

La courbure latérale par flexion mérite à peine le nom de *scoliose*, qu'il faudrait peut-être réserver pour la courbure permanente qui se lie à l'état anatomique du rachis.

Cette fausse scoliose n'est en effet qu'une simple attitude semblable à celles qui se produisent dans les mouvements ordinaires du tronc; elle ne tend même pas d'une manière absolue à devenir une scoliose vraie, quoiqu'elle favorise le développement de la courbure par déformation.

Une connaissance exacte des attitudes physiologiques de la colonne vertébrale, produites par ses inflexions latérales, est nécessaire pour l'intelligence de cet ordre de faits.

I. Flexions latérales physiologiques. — Les inclinaisons latérales du rachis diffèrent suivant que l'on est assis, debout ou couché; suivant que le tronc n'a pour support, dans la situation droite, que sa base de sustentation inférieure, ou qu'il est, en outre, soutenu par des appuis latéraux; suivant que la base de sustentation est horizontale ou inclinée, unique ou composée de plusieurs plans; suivant les positions diverses, le repos ou l'action des membres supérieurs, etc.

Le rachis, cette *carène* du squelette, comme l'appelle Galien, est d'ailleurs, vous le savez, étroitement lié dans tous ses mouvements aux autres sections du corps et surtout à la tête, au thorax, aux membres supérieurs et au bassin.

A notre point de vue, ce qui nous intéresse spécialement, c'est

(1) Voyez page 109 de mes *Leçons* de 1855.

la forme, la direction de l'axe du rachis dans ses divers mouvements.

Or cet axe peut se courber latéralement dans sa totalité ou seulement vers une de ses extrémités céphalique ou pelvienne; sa courbure est simple, en forme de C, ou double, en forme d'S; elle peut être verticale ou plus ou moins oblique, cette direction étant appliquée non pas à l'arc que représente la courbure, mais à la corde de cet arc, c'est-à-dire à la ligne qui joint ses deux extrémités. La courbure *verticale* se termine donc par ses deux extrémités sur une ligne verticale. La courbure *oblique* a son extrémité supérieure en dehors de cette ligne verticale; elle est oblique droite, oblique gauche, suivant qu'elle se dirige à droite ou à gauche, en partant du bassin. Celui-ci, dans tous ces cas, peut conserver sa direction normale ou s'incliner sur l'axe du corps, soit dans le sens où cet axe s'incline, soit en sens contraire.

Les attitudes du tronc qui résultent de ces inflexions latérales de l'épine sont, les unes régulières, habituelles, les autres anormales, accidentelles; je ne m'arrêterai qu'aux principales.

A. La plus simple consiste dans la flexion latérale de la partie supérieure du tronc, à droite ou à gauche, toutes les vertèbres étant inclinées dans le même sens. Le rachis décrit un arc très-oblique, à courbure un peu inégale, comme vous le voyez sur ces dessins et sur cette pièce anatomique (1). La région cervicale s'infléchit le plus, puis vient la région lombaire ou plutôt dorso-lombaire; car, suivant la remarque de plusieurs anatomistes, confirmée par les recherches de M. Weber (2), les dernières dorsales et les premières lombaires sont plus mobiles que les autres vertèbres; mais, d'après ces mêmes recherches, la flexion latérale des dernières lombaires sur elles-mêmes et sur le sacrum est pour le moins aussi prononcée que celle de la région dorso-lombaire, de sorte qu'il y a comme deux angles dans la partie inférieure de la courbe, angles très-peu marqués à la vérité, l'un dorso-lombaire et l'autre lombo-sacré. On comprend d'ailleurs que, suivant la volonté du sujet ou d'autres circonstances, la flexion peut être plus prononcée au cou ou aux lombes.

(1) Voy. pl. 2, fig. 1 et 4.
(2) *Journal complém. des sciences médic.*, t. XXIX, p. 271, 1828.

On remarquera que, dans ce mouvement du rachis, les vertèbres s'inclinent directement sur le côté, sans tourner le moins du monde autour de leur axe. Les courbes antérieure et postérieure, comme vous le voyez sur cette pièce, sont exactement parallèles; la courbure a la même étendue et la même forme, que l'on considère le rachis du côté des corps vertébraux ou du côté des apophyses épineuses (1). C'est une erreur de Pravaz (2) d'avoir cru *à priori* à une torsion du rachis dans ce cas, d'après la direction des apophyses articulaires. La torsion physiologique de la colonne vertébrale est un mouvement tout à fait distinct de sa flexion latérale.

Dans cette attitude du tronc, la tête, le cou, l'une des épaules, un côté du thorax s'abaissent et se rapprochent du côté correspondant du bassin. L'autre épaule, la moitié opposée du thorax s'élèvent et s'éloignent, au contraire, de l'os iliaque. D'un côté, le flanc rentre et s'efface, les espaces intercostaux diminuent, l'abdomen et le thorax perdent de leur capacité, les mouvements respiratoires deviennent plus bornés, les viscères thoraciques et abdominaux sont comprimés. Du côté opposé, le flanc s'étend, les côtes s'écartent, le diamètre des cavités s'accroît, les viscères se dilatent; la mensuration fait reconnaître une plus grande circonférence du demi-thorax dans ce second sens que dans le premier. Un des côtés du dos est un peu plus bombé que l'autre; les muscles des gouttières vertébrales sont soulevés, tendus d'un côté, ramassés et effacés de l'autre; les téguments forment un ou plusieurs plis au-dessus de la hanche du côté où penche le tronc (3).

Si le bassin reste horizontal d'un côté à l'autre, le haut du corps s'éloigne considérablement de son aplomb (4). Si le bassin se relève d'un côté et concourt ainsi à la flexion du rachis, l'arc est moins incliné, à égalité de courbure, et l'équilibre est moins compromis (5). L'arc peut même devenir tout à fait vertical lorsque le bassin est très-oblique, comme sur ces deux plâtres de filles bien conformées que j'ai fait mouler autrefois dans cette attitude.

(1) Pl. 1, fig. 4 et 5.
(2) *Des déviations de la colonne vertébrale*, 1827, p. 96.
(3) Pl. 2, fig. 1.
(4) Pl. 2, fig. 1 et 4.
(5) Pl. 2, fig. 2.

La flexion latérale de la partie supérieure du tronc est une attitude anormale dans la station, à moins que le membre supérieur abaissé ne trouve un appui; elle est moins rare dans l'attitude assise avec supports latéraux; mais elle est surtout très-régulière et habituelle dans la position horizontale, quand le corps, par exemple, est soulevé à demi sur un coude, attitude familière aux anciens dans leurs repas et dans d'autres circonstances. Vous en observerez tous les détails sur plusieurs figures représentées couchées dans nos musées et nos jardins publics.

B. Il peut arriver, même sans que le bassin s'incline, que l'arc décrit par les vertèbres soit droit, que sa corde soit perpendiculaire au sacrum. Il suffit pour cela que la cinquième lombaire seule, ou en même temps la quatrième, se meuvent latéralement et s'inclinent sur le bassin en sens contraire de la flexion des autres vertèbres. Cette flexion est moins prononcée que dans l'attitude précédente; elle ne fait que ramener l'extrémité supérieure de la courbe à la ligne médiane. Les enfants, les femmes encore jeunes prennent aisément cette pose; les hommes adultes ne la produisent guère qu'en étendant à toutes les lombaires le mouvement d'inclinaison des dernières vertèbres de cette classe sur le sacrum. C'est une attitude anormale dans l'état physiologique; mais elle joue un rôle important dans l'état pathologique.

C. Ajoutez à une légère flexion latérale, en C vertical, un petit mouvement du bassin qui la rend plus facile, vous aurez une attitude des plus communes, que chacun de nous prend sans cesse dans la station : c'est le *hancher*, comme disent les peintres (1). Toutes les fois qu'on reste quelque temps debout immobile, on ne tarde pas à ressentir de la fatigue aux lombes, et pour se soulager, on fait porter le poids du corps alternativement sur chacun des membres inférieurs; l'autre membre est alors légèrement fléchi et porté un peu en avant; le bassin, abaissé du côté de ce membre, incline dans le même sens l'extrémité inférieure du rachis. Le mouvement qui se produit pour ramener les vertèbres sur la ligne médiane donne lieu à une courbure verticale, formée surtout par les vertèbres inférieures. L'équilibre est assuré par cette pose, dont le nom vient de la saillie de la hanche du côté où le tronc s'infle-

(1) Pl. 2, fig. 3.

chit, c'est-à-dire du côté du membre qui soutient le corps. Elle a en outre pour effet de déprimer le flanc correspondant et d'élever l'épaule opposée. Le soulagement qu'elle fait éprouver résulte de ce que l'action de la pesanteur est principalement contre-balancée par les muscles d'un seul côté, ce qui repose ceux de l'autre côté, et aussi de ce que cette action est en partie supportée par la résistance des tissus fibreux.

D. Si l'on se hanche fortement, et si en même temps on penche la tête du côté de la hanche qui s'abaisse, on pourra faire décrire au rachis deux courbures opposées mais inégales, la supérieure cervico-dorsale étant toujours moins marquée que la dorso-lombaire (1). C'est là une attitude anormale.

Shaw (2) et Pravaz (3) se sont mépris en admettant cette disposition du rachis dans l'attitude habituelle du hancher. Il vous sera facile de constater, sur le vivant comme sur le cadavre, et dans toutes les œuvres d'art qui offrent cette pose, qu'il ne se forme généralement alors qu'une seule courbure.

E. Cette courbure en S, qui ne se montre qu'accidentellement dans l'action de se hancher, caractérise une autre attitude, anormale aussi, il est vrai, mais intéressante pour la pathologie. On la produit en inclinant les lombes sur une hanche, le bassin étant droit comme dans la flexion latérale simple du tronc, et en ramenant en sens inverse le haut du corps vers la ligne médiane; ou bien en courbant d'abord le haut du corps et en redressant, par un mouvement inverse des lombes, la courbure oblique qui a été ainsi formée (4). C'est cette attitude que l'on obtient le plus souvent chez l'homme adulte, au lieu de la courbure simple, verticale, dont j'ai parlé tout à l'heure, sans doute à cause de la souplesse moindre des ligaments des dernières lombaires et de l'articulation lombo-sacrée. Il est facile, chez les jeunes sujets, de faire prédominer à volonté la courbure inférieure ou la supérieure, et de rapprocher ainsi la courbure en S de la courbure simple.

(1) Pl. 2, fig. 6.

(2) J. Shaw, *Nature and treatment of the distorsions*. London, 1823, p. 54.

(3) *Loc. cit.*, p. 95.

(4) Pl. 2, fig. 5.

En raison de la différence de mobilité des trois régions, c'est surtout, comme Shaw (1) en a déjà fait la remarque, vers le cou et les lombes que ces deux courbes opposées se produisent. Sur ces figures faites d'après nature, de même que sur ce dessin d'une colonne vertébrale ainsi repliée artificiellement, on voit les deux courbures séparées par une portion intermédiaire, presque droite, qui répond à une partie de la région dorsale.

La forme du tronc tient à la fois, dans ce cas, des courbures droite et gauche qui constituent cette double flexion. C'est l'épaule correspondante à la concavité dorsale qui devient la plus basse; son abaissement est même nécessaire pour que le sujet puisse prendre cette attitude. Les deux flancs présentent chacun une petite dépression, mais à des hauteurs inégales. La hanche la plus saillante est celle qui répond à la concavité dorsale, par conséquent à la convexité lombaire. C'est le contraire, quand la courbure en S accompagne le hancher.

F. Une dernière figure, parmi celles que vous avez sous les yeux, réunit à la flexion en S un abaissement du bassin du côté de la concavité des lombes (2) : c'est une attitude forcée et exceptionnelle.

II. Flexion latérale pathologique. — Les développements dans lesquels je viens d'entrer sur les attitudes physiologiques produites par les flexions latérales du rachis, me permettent d'être bref en ce qui touche les attitudes pathologiques de la scoliose *fausse*. Ces dernières sont en effet identiques aux premières; elles n'en diffèrent qu'en ce qu'elles constituent un fait anormal indépendant de la volonté du sujet.

Nous retrouvons ici à peu près les mêmes distinctions que pour la cyphose et la lordose. Ainsi je diviserai la flexion latérale pathologique du rachis en flexion spontanée ou essentielle et en flexion symptomatique.

A. La flexion latérale spontanée est ordinairement un simple résultat de l'habitude. C'est ce que des auteurs étrangers ont nommé *scoliosis habitualis*, bien qu'ils aient eu le tort d'y rapporter des faits appartenant à la véritable scoliose.

(1) *Loc. cit.*
(2) Pl. 2, fig. 7.

Une foule de circonstances, en provoquant la répétition fréquente des mêmes attitudes, finissent par les rendre habituelles. Je citerai l'habitude de pencher la tête en regardant de côté, qui détermine à la longue une inclinaison permanente du cou; l'élévation répétée ou prolongée d'une épaule, suivie de flexion latérale habituelle de la région dorsale; le port de fardeaux d'un même bras, produisant l'inclinaison du corps du côté opposé pour rétablir l'équilibre, par exemple, chez les jeunes filles qui portent des enfants, comme on le voit sur ce plâtre d'une fille de seize ans qui avait conservé cette attitude à la suite de ce genre d'efforts; l'action de se hancher debout ou assis, trop souvent répétée chez les enfants par fatigue, faiblesse ou nonchalance, et par suite la dépression habituelle d'un des flancs, la saillie de la hanche due à une flexion lombaire devenue presque constante.

Werner, médecin orthopédiste d'Allemagne, trop tôt ravi à la science, affirme qu'une jeune fille de dix-huit ans, à force de se tenir hanchée, parce que cette pose plaisait à son fiancé, contracta une scoliose habituelle des lombes (1).

On comprend qu'un défaut de symétrie, une inégalité de force des deux côtés du corps, des membres ou des organes des sens, puisse donner lieu à ces inflexions latérales habituelles, qui reconnaissent presque toujours une cause interne ou externe et sont moins souvent qu'on ne le croit l'effet d'un tic purement volontaire.

Le caractère commun de ces flexions latérales est de céder instantanément à de légers efforts du sujet ou d'une personne étrangère, sans laisser de conformation anormale, de disparaître même par un simple changement de position du corps. Si elles se reproduisent incessamment, c'est parce que le système nerveux tend à coordonner instinctivement l'action musculaire suivant l'habitude qu'il a contractée.

Rompre cette habitude, tel doit être l'effet des moyens à employer. Ces moyens sont du même ordre que ceux que l'on oppose aux flexions antéro-postérieures. Ils consistent à faire cesser d'abord les actes qui ont provoqué et qui entretiennent l'habitude prise; à

(1) Werner, *Grundzüge*, etc., ou *Principes d'orthopédie*, p. 64. Berlin, 1851.

substituer à celle-ci une habitude contraire par des mouvements et des attitudes opposés; à se servir au besoin de bandages pour vaincre une nature récalcitrante ou pour soutenir un corps débile, jusqu'à ce que le retour des forces les rende superflus.

Tout ce que j'ai déjà dit des exercices gymnastiques et des corsets trouve ici son application; la direction à imprimer au rachis est la seule chose qui diffère : il faut reporter sur les côtés les influences qui agissaient dans le sens antéro-postérieur. Les membres supérieurs, entraînant l'épine latéralement dans leurs mouvements de totalité, fournissent d'excellents moyens de modifier sa direction à volonté, de changer la hauteur comparative des épaules, etc. Les membres inférieurs, vous l'avez vu, exercent la même influence sur la région lombaire. Tout ce que nous savons maintenant des attitudes physiologiques peut être mis à profit pour combattre, dans ce cas, leurs propres effets.

B. La flexion latérale symptomatique compte autant de variétés qu'il existe de causes capables de la produire. J'indiquerai les suivantes :

1° *Flexion latérale par contracture.* — Commune au cou, mais accompagnée de rotation; très-rare aux régions dorsale et lombaire.

2° *Flexion latérale par paralysie.* — Dans l'hémiplégie, le haut du tronc penche ordinairement un peu de côté; le rachis décrit une courbure longue et peu profonde, dont la concavité est du côté malade, si le sujet a peu de vigueur, ou du côté sain, comme l'a déjà indiqué Vicq-d'Azyr (1), par un effort d'équilibration instinctif et par la prédominance d'action des muscles de ce côté. L'état du membre inférieur influe aussi, dans ce cas, sur l'attitude.

3° *Flexion latérale par douleur.* — Très-commune, elle revêt plusieurs formes qui rentrent dans les attitudes physiologiques que j'ai décrites. On la voit dans le torticolis aigu, le lombago, la pleurodynie, dans un grand nombre d'affections thoraciques et abdominales, à la suite de la pleurésie, — je reviendrai sur cette dernière espèce, — dans le mal vertébral, abstraction faite des inclinaisons dues à la destruction partielle des vertèbres.

(1) OEuvres, recueillies par Moreau, 1805, t. V, p. 360.

4° *Flexion latérale de compensation.* — Dans toutes les espèces de torticolis qui inclinent la tête latéralement, une courbure de compensation, qui n'est longtemps qu'une simple *flexion*, s'établit dans la région cervico-dorsale.

Dans toute claudication, quelle que soit la cause de l'inégalité de longueur des membres inférieurs, l'inclinaison du bassin, dans la station, donne lieu à une courbure dorso-lombaire, dont la concavité, de même que lorsqu'on se hanche, regarde le membre le plus élevé. Cette courbure disparaît dès que le malade se couche, s'assied, ou si l'on rétablit par quelque autre moyen la direction normale du bassin.

La durée de ces scolioses symptomatiques est subordonnée à celle de l'affection qui les produit. Elles persistent toute la vie, si cette affection est incurable et si l'on ne peut en pallier les effets statiques; elles disparaissent complétement d'elles-mêmes si leur cause s'évanouit. Cette disparition est quelquefois très-prompte ou même subite dans la flexion latérale par douleur, par contracture, comme on en trouve un exemple remarquable dans un excellent travail de M. O. Landry (1).

Terminons cette séance par l'examen de quelques malades.

Ier *cas.* — Voici un garçon de douze ans entré récemment dans nos salles. Il présente une lordose paralytique avec inclinaison considérable du tronc en arrière. C'est cette forme que M. Duchenne (de Boulogne) rapporte à la paralysie incomplète des sacro-spinaux.

IIe *cas.* — Voici une petite fille âgée de treize ans qui vous présente une inclinaison de la tête à droite due à une synovite cervicale, probablement rhumatismale. La région dorsale s'infléchit à gauche avec le bas de la région cervicale; c'est une scoliose *de compensation.*

IIIe *cas.* — Sur cet enfant, vous voyez une courbure lombo-dorsale de compensation semblable à celle du hancher. C'est une simple attitude habituelle; toute déformation disparaît lorsqu'on fait asseoir l'enfant.

IVe *cas.* — Sur cet autre enfant, atteint d'une tumeur blanche

(1) *Recherches sur les maladies nerveuses*, Paris, 1855, p. 69.

du genou, vous avez encore un exemple d'une scoliose symptomatique d'une lésion des membres inférieurs. Le sujet se tient sur la pointe du pied pour compenser le raccourcissement résultant de la flexion du genou. Cette flexion était autrefois plus considérable, et partant aussi la déformation; mais le père, cordonnier de son état, a eu l'heureuse idée de mettre une semelle de plomb au soulier droit, et le membre s'est notablement redressé. Il n'y a ici qu'une simple scoliose par flexion, qui disparaît complétement dans la position assise.

Voici deux enfants qu'on peut regarder comme des modèles de l'état normal, quoique l'un d'eux ait une scoliose très-légère. Je leur fais reproduire les diverses attitudes dont je vous ai montré les dessins (1). Vous reconnaissez la fidélité avec laquelle on a représenté toutes ces poses. Remarquez la saillie, la dureté des muscles lombaires d'un côté, fortement contractés pour soutenir le poids du corps, tandis que ceux de l'autre côté sont effacés et relâchés. Ce phénomène est important, et nous aurons fréquemment l'occasion de le constater dans les scolioses pathologiques, où sa véritable signification a été quelquefois méconnue.

§ II. — Scoliose par déformation.

(2) C'est la scoliose *vraie*, la scoliose proprement dite; on l'appelle encore *déviation latérale*, *courbure latérale* de l'épine. Quelques-uns veulent que *déviation* désigne la difformité de tout le rachis, et *courbure* chacun des arcs qui la composent; la langue n'autorise pas cette distinction arbitraire, qui n'a pas cours dans la science; on s'accorde à regarder ces mots comme synonymes.

La scoliose par déformation, une fois produite, est inhérente à la constitution du rachis; elle est permanente, et elle l'est par elle-même, indépendamment de toute circonstance étrangère à l'épine dorsale; elle peut offrir des variations, s'effacer partiellement, mais elle ne disparaît jamais en un instant comme les courbures par simple flexion.

C'est cette scoliose, portée à un haut degré, qui constitue le plus

(1) Planche 2.

(2) Quatrième leçon, 12 juin 1857.

grand nombre des difformités comprises sous le nom de *gibbosité* ou *bosse*.

Je n'ai trouvé, ni dans Hippocrate ni dans Galien, la preuve que ce fait fût connu des anciens. Je m'explique : les Grecs avaient leurs bossus comme nous, et ce vice de conformation avait certainement attiré leur attention ; mille témoignages l'attestent ; il me suffirait de citer Ésope, s'il ne paraissait démontré que la difformité du célèbre fabuliste n'est qu'une invention de Planude, moine du quatorzième siècle (1). Mais je ne sais si les médecins d'alors avaient reconnu que la gibbosité commune n'est pas médiane, qu'elle est située en arrière et sur le côté, et surtout qu'elle est le produit d'une courbure *latérale*. Quoique la scoliose soit définie dans le *Traité des articulations* d'Hippocrate et surtout dans le *Commentaire* de Galien sur ce traité, l'un et l'autre n'en disent que fort peu de chose. Ils s'étendent, au contraire, sur la cyphose, qui semble être pour eux la même chose que la gibbosité ou bosse. Homère a fait Thersite louche, boiteux et bossu ; or c'est encore une cyphose qu'il lui attribue. « Ses deux épaules, dit-il, τώ δέ οἱ ὤμω, étaient voûtées et se rejoignaient presque sur sa poitrine (2). »

Cependant les anciens connaissaient ce qu'on nomme la *grosse épaule*, l'*épaule haute*, témoin ce vers de l'*Art d'aimer* d'Ovide :

> Conveniunt tenues scapulis analectrides altis (3).
> « Il faut aux épaules hautes de légères analectrides. »

L'*analectride* ou *analectide* était un petit coussin destiné à remplir le vide d'un côté du dos et à égaliser, pour les yeux, la saillie des épaules.

Galien, dans un ouvrage autre que celui que j'ai cité, dit plus explicitement encore que, par la mauvaise application des bandes qui tenaient lieu de corsets aux jeunes filles, « le thorax devient proéminent en avant, ou la région opposée, celle du rachis, devient gibbeuse ; qu'il arrive encore quelquefois que le dos est pour ainsi dire brisé et entraîné de côté, *de sorte qu'une épaule est sou-*

(1) Voy. la *Vie d'Ésope*, par Méziriac. Bourg en Bresse, 1646.
(2) *Iliade*, chant II, v. 217.
(3) Ovide, *Art d'aimer*, ch. III.

levée, saillante et en tout plus volumineuse, tandis que l'autre est affaissée et aplatie (1). » Mais on voit par ce passage même que Galien distinguait la *gibbosité* de l'épaule *saillante et volumineuse*, et qu'il ne rapportait pas celle-ci à sa véritable cause, à la scoliose, dont il ne prononce pas même ici le nom.

Ces notions incomplètes furent longtemps les seules que la science eût en sa possession. A. Paré, répétant en cela les anciens, a bien dit que la cyphose était « la bosse relevée en dehors, » la scoliose « la bosse non-droite, mais tournée et entorsée, c'est-à-dire jetée à dextre ou à senestre (2) ; » mais immédiatement après il reproduit, en l'aggravant même, l'erreur de Galien. Il ajoute en effet que, par telle faute (d'étreindre la poitrine), les os de la poitrine sont contraints de se jeter trop en devant ou en arrière, *dont s'ensuit gibbosité et bosse*, et *quelquefois une épaule ne croît pas et demeure amaigrie*, et *l'autre croît et s'aggrossit par trop* (3). » Ce n'est que dans un autre passage que Paré, qui ne pouvait ignorer les dissections de bossus par Vésale (4), Fallope (5), et d'autres, établit enfin que « les filles deviennent *bossues* parce que leur épine n'est pas droite, mais en arc ou en *figure de S...*, (que l'épine) se contourne de *côté et d'autre*, et se ploye en figure de la lettre S, qui fait qu'elles (les filles) demeurent tortues et bossues (6). »

Il ne fallait en effet qu'une chose pour découvrir la vérité ; il fallait disséquer des bossus, et, comme Morgagni en fait la remarque, c'est ce qui manquait aux anciens. L'anatomie pathologique, à laquelle, malgré ses excès et ses erreurs, nul ne refusera d'avoir tiré la médecine du chaos, devait ici nous apporter ses lumières. Il faut voir dans la vingt-septième lettre de Morgagni comment, les observations se multipliant, la nature de la difformité fut enfin mieux connue.

Ce que les anciens devaient croire faute d'études anatomo-pa-

(1) *Des causes des maladies*, chap. 7.

(2) OEuvres d'Ambroise Paré, livr. XVI, c. 17.

(3) *Ibid.*

(4) *Epist. de rad. chyn.*

(5) *Epist.* 56, n. 36.

(6) *Loc. cit.*, liv. XXIII, c. 8.

thologiques, vous l'entendrez dire journellement aux malades et aussi, je ne puis le taire, à beaucoup de médecins eux-mêmes. Les premiers vous parleront de leur épaule qui *grossit*, d'un *côté fort*, d'un *côté faible*; les seconds d'un inégal développement musculaire, d'hypertrophie, d'atrophie, de muscles plus *saillants* et par conséquent plus *volumineux*, etc. Vous serez en garde contre ces méprises, guidés par l'anatomie pathologique.

L'état actuel de nos connaissances permet de suivre l'*évolution* de la gibbosité ou bosse produite par la scoliose, depuis son état rudimentaire jusqu'à son développement le plus avancé, le plus considérable.

Ce que je considère comme l'état *rudimentaire* de la scoliose, c'est la courbure latérale normale *permanente* du rachis, qu'il faut distinguer, vous le savez, de la flexion latérale fonctionnelle passagère, liée à ses mouvements physiologiques. Cette courbure latérale normale constitue pour ainsi dire le germe de toute vraie scoliose; il nous faut donc l'étudier avec quelque soin.

COURBURE LATÉRALE NORMALE OU SCOLIOSE PHYSIOLOGIQUE. — On doit à Sabatier un article court, mais intéressant, sur la courbure dont il s'agit (1). Sabatier, le premier, je crois, avait reconnu que, vers la fin de la crosse de l'aorte, à la hauteur de la cinquième vertèbre dorsale, l'épine décrivait souvent une courbure à concavité gauche, « courbure, dit-il, plus ou moins sensible et plus ou moins étendue, très-marquée en quelques sujets..., pendant qu'en d'autres il n'y avait qu'une sorte d'aplatissement. » Cette courbure, d'après les observations de Sabatier, s'étend de la troisième vertèbre du dos à la huitième ou à la neuvième; *souvent* aussi elle est bornée à un moins grand nombre de vertèbres. Il attribue cette incurvation à l'action de l'aorte sur les vertèbres; mais il dit avoir rencontré *beaucoup* de sujets chez qui elle n'existait pas, et se demande si elle ne se produirait pas exclusivement chez ceux « qui ont été faibles et délicats pendant les premières années de leur vie. » Enfin Sabatier ajoute que ce fait fournit une explication naturelle de la fréquence de la gibbosité à droite, puisque « la maladie qui altère la solidité des os doit plu-

(1) *Mémoire sur la situation des gros vaisseaux*, à la suite de l'*Anatomie* de Sabatier, t. III, p. 406, 1791. 3e édit.

tôt disposer la colonne vertébrale à se courber dans le sens où elle a déjà commencé à le faire, que dans tout autre. »

On a peu ajouté à ces remarques de Sabatier, malgré ce qu'elles laissent encore à désirer. J'ai repris ce sujet il y a une vingtaine d'années et, dans un travail encore inédit, j'ai étudié cette courbure du rachis à un nouveau point de vue.

D'abord, son existence est plus générale chez l'adulte que ne le croyait Sabatier, surtout si l'on tient compte, comme il paraît le faire lui-même, des cas où elle n'est représentée que par une sorte d'aplatissement d'un côté du rachis. Au delà de la vingtième année, c'est à peine si l'on trouve un cas sur cent dans lequel le rachis soit parfaitement symétrique à droite et à gauche. Il en est autrement, à la vérité, au-dessous de cet âge; plus on se rapproche de la naissance, plus les cas de rectitude complète deviennent nombreux, et l'on ne voit plus de courbure chez les enfants très-jeunes, à moins qu'ils n'offrent quelques traces de rachitisme.

Il faut distinguer deux degrés dans cette disposition anatomique : 1° la simple dépression, ou l'aplatissement latéral indiqué par Sabatier; 2° la courbure proprement dite. La dépression précède la courbure, et lui reste même associée lorsque celle-ci s'est formée; mais la courbure ne succède pas toujours à la dépression, bien que cela arrive à peu près constamment si les sujets vivent assez longtemps. La dépression se voit donc chez les individus jeunes, tandis que la courbure peut être regardée comme constante chez les vieillards.

Au reste la dépression rentre dans la courbure, car elle produit elle-même une courbe, mais seulement du côté où elle existe : aussi ne séparerai-je pas ces deux états dans la description.

Le siége ordinaire de l'un et de l'autre est celui qu'indique Sabatier, l'intervalle des troisième et huitième ou neuvième dorsales; mais, lorsqu'il y a courbure, celle-ci est presque toujours multiple, double, triple et même quadruple. Quand il existe deux courbures, la principale occupe le lieu indiqué; la seconde est ordinairement formée par les dernières dorsales seules ou conjointement avec les premières lombaires, plus rarement par les premières dorsales et les dernières cervicales.

Qu'il y ait simple dépression ou courbure, la concavité de l'arc est généralement tournée à gauche, et répond précisément à l'espace dans lequel l'aorte est en contact avec la partie latérale du rachis; telle est aussi la direction de la courbure principale, lorsqu'il y en a plusieurs. Mais il y a des exceptions à cette règle. La concavité de la courbure unique est quelquefois tournée à droite; cette particularité a été observée dans des cas d'inversion des viscères, l'aorte étant elle-même placée à droite du rachis. M. Grisolles a communiqué autrefois à la Société anatomique deux faits de ce genre (1). MM. Pétrequin (2), Desruelles (3), Brochin (4), en ont publié depuis quatre nouveaux cas, et il en existe d'autres semblables. Cependant cette coïncidence n'est pas constante; Béclard a vu la convexité du rachis dirigée à droite, quoique l'aorte fût placée de ce côté (5). Dans un cas observé par M. Desruelles (6), il n'y avait pas de crosse de l'aorte, et la courbure du rachis avait néanmoins la direction ordinaire. D'autres fois l'aorte conserve ses rapports normaux, et la courbure est renversée; c'est ce que Béclard a vu sur un gaucher (7). J'ai moi-même observé des cas semblables, mais les sujets n'étaient pas tous gauchers.

Quand il existe plusieurs courbures, la principale peut avoir sa convexité à gauche sans qu'il y ait renversement de la déviation. Dans ce cas, en effet, la courbure normale existe, mais elle est peu développée, et c'est une courbure secondaire qui devient alors prédominante. Ce genre d'exception doit être distingué du précédent.

L'étendue des arcs, leur degré de courbure sont loin d'être toujours les mêmes; en général, plus les courbures sont nombreuses, moins il y a de vertèbres comprises dans chacune d'elles. Les plus courtes, qui se voient surtout dans la région dorsale supérieure, ne comprennent que trois ou quatre vertèbres; les plus longues peuvent s'étendre à huit ou dix corps vertébraux. La dépression, simple à son début, n'occupe qu'un petit nombre de vertèbres dorsales supérieures; elle s'étend en longueur en devenant plus marquée.

(1) *Bull. de la Soc. anat.*, 1834.
(2) *Gazette médicale* du 1er avril 1837.
(3) *Gazette des hôpitaux*, 23 décembre 1841.
(4) *Gazette des hôpitaux*, 5 août 1854.
(5) *Bull. de la Faculté de médecine*, t. III, p. 434.
(6) *Loc. cit.*
(7) *Loc. cit.*

Un caractère générique commun à toutes ces petites déviations normales du rachis, c'est que les inclinaisons qu'elles produisent se compensent toujours, de manière que, dans la station verticale, l'extrémité supérieure du rachis répond directement au-dessus de son extrémité inférieure.

La configuration spéciale des parties constituantes du rachis, au niveau de ces courbures, offre des particularités que l'on n'a pas encore décrites, que je sache, et qui sont d'un grand intérêt pour le sujet dont nous nous occupons.

Toutes les courbures que nous avons étudiées jusqu'à présent, — j'excepte celles qui dépendent du mal vertébral, — commencent toujours par une flexion suivie plus tard de déformation. Ici, au contraire, le phénomène primitif est une déformation.

Qu'est-ce, en effet, que cet aplatissement latéral déjà mentionné par Sabatier, et constituant le premier degré de la courbure? C'est une altération de la symétrie des vertèbres, qui préexiste même à la courbure proprement dite.

Mais ce n'est pas tout. Cet aplatissement, qui est tout ce qui frappe les yeux dans une colonne entière, est accompagné d'autres changements de figure qu'on n'aperçoit distinctement que sur les vertèbres séparées. Prenez au hasard une colonne vertébrale d'adulte désarticulée; prenez-en dix, cent, si vous voulez, vous aurez bien de la peine à en trouver dont les pièces soient partout exactement symétriques. Vous en jugerez en jetant les yeux sur tous ces rachis. C'est surtout à la région dorsale que l'on observe le plus d'irrégularités, portant à la fois sur le corps des vertèbres, sur leurs apophyses et sur leurs ligaments.

Corps vertébraux. — Si l'on considère par sa face supérieure ou inférieure la circonférence du corps des vertèbres déprimées dans une courbure principale, que je supposerai à convexité droite, on voit que cette circonférence est moins courbée à gauche qu'à droite. La vertèbre est comme renflée du côté antérieur droit, comme aplatie du côté antérieur gauche. La courbe, dans ce dernier sens, peut se trouver redressée au point d'être transformée, en tout ou en partie, en une ligne droite, de sorte qu'une surface tout à fait plane, du côté gauche, contraste d'une manière remarquable avec la surface fortement courbée du côté droit. Le milieu de la face antérieure du corps vertébral éprouve alors un déplacement sensible : à l'état tout à fait normal, et dans les dorsales moyennes, cette partie médiane est le point le plus courbé et forme une saillie très-prononcée en avant; la circonférence des faces supérieure et inférieure offre par là, en avant, la figure d'une parabole dont le sommet répond à cette saillie médiane. Or, par l'effet de la déformation, ce sommet se dévie à droite. Il en résulte que tout le corps de la vertèbre semble dévié dans le même sens; l'axe dirigé suivant sa longueur n'est plus antéro-postérieur; il devient oblique d'arrière en avant et de gauche à droite. Cette déviation du corps des vertèbres, qui dérive uniquement d'un changement de configuration, produit à la partie antérieure du rachis la même apparence que si la vertèbre avait tourné horizontalement sur elle-même de gauche à droite. Il y a seulement cette différence que son corps a cessé d'être symétrique.

A mesure que la courbure s'accroît, ces modifications du corps des vertèbres deviennent plus prononcées, et il s'établit en même temps une différence de hauteur dans leurs côtés droit et gauche, ainsi que dans les parties correspondantes des ligaments intervertébraux. De même que dans la cyphose et la lordose avec déformation, le côté qui répond à la concavité de la courbure s'affaisse plus ou moins et présente moins d'épaisseur que le côté opposé. Chez les sujets un peu jeunes, et dans les courbures légères, les ligaments éprouvent seuls cet amincissement latéral; mais il est rare que quelque corps vertébral n'y participe pas chez l'adulte, pour peu que la courbure soit marquée.

Arcs apophysaires. — L'arc apophysaire ne reste pas plus symétrique que le corps des vertèbres; une de ses moitiés latérales présente moins de développement, surtout en hauteur. Lame, apophyses articulaires, pédicule, ligament jaune, ont moins d'étendue du côté concave de la courbure. Cette différence précède même, dans certains cas, celle qui se produit dans les corps vertébraux; on la trouve sur des vertèbres dont le corps n'est encore qu'aplati et dévié latéralement. L'apophyse transverse y participe peu; elle se dévie seulement, comme nous le verrons tout à l'heure.

L'apophyse épineuse est souvent irrégulière, asymétrique; sa direction est oblique, son sommet s'incline; c'est ordinairement du côté de la concavité de la courbure. Cette déviation de l'apophyse épineuse en sens contraire de la déviation du corps vertébral ferait croire à un mouvement de rotation de toute la vertèbre, si l'on n'avait égard qu'à l'obliquité apparente de son axe antéro-postérieur.

Toutes les vertèbres de la courbure principale ne sont pas également déformées et ne le sont pas de la même façon. L'amincissement des ligaments intervertébraux, et surtout du corps des vertèbres, ne se voit guère que vers le milieu de la courbure. La réduction d'une des moitiés de l'arc apophysaire n'a pas de siége aussi déterminé; elle peut être diversement répartie le long de la courbure. La déviation latérale du corps vertébral commence vers la quatrième ou cinquième dorsale, et se prononce de plus en plus jusqu'à la neuvième. La déviation des apophyses épineuses se montre déjà dans les premières dorsales, quelquefois dès le bas de la région cervicale, et on la retrouve jusque dans les dernières dorsales ou même dans les premières lombaires; mais elle semble si peu soumise à des règles fixes, qu'on est tenté de l'attribuer en partie à des anomalies indépendantes de l'influence des courbures.

Cet exposé suffit pour faire comprendre comment ces diverses déformations peuvent s'associer entre elles, former différentes combinaisons, ou se rencontrer isolément dans quelques vertèbres. En général, c'est la sixième ou la septième dorsale qui les réunit en plus grand nombre et de la manière la plus constante, parce que ces vertèbres répondent ordinairement à la partie moyenne de la courbure.

Les petites courbures secondaires placées au-dessus ou au-dessous de la courbure principale présentent des déformations plus ou moins analogues, mais moins prononcées. Ces déformations participent même souvent de celles de la courbure principale. D'un autre côté, il arrive très-fréquemment que les vertèbres des extrémités de la courbure primitive revêtent en partie les caractères des vertèbres appartenant aux courbures secondaires voisines. De ces deux circonstances résulte un état *mixte*, un mélange de petites déformations appartenant à la fois à la convexité et à la concavité des courbures, propre aux vertèbres de *transition* qui joignent une courbe à l'autre.

Si l'on examine la colonne vertébrale en arrière, on trouve en général que la série des apophyses épineuses a une direction différente de celle qu'offre la série des corps vertébraux. Quatre cas peuvent se présenter :

1° La courbure légère de la partie antérieure ne se voit nullement en arrière, où les apophyses épineuses sont placées sur une ligne sensiblement droite. C'est une disposition très-fréquente et presque générale dans les courbures les moins prononcées. Elle résulte de ce que celles-ci sont principalement produites par la déviation des corps vertébraux à droite ou à gauche, l'arc n'éprouvant qu'un très-léger changement de situation. Ce cas dépend encore de ce que les apophyses épineuses se dévient du côté de la concavité de la courbure et reviennent ainsi à la ligne médiane, dont l'inclinaison de la vertèbre tend à les écarter.

2° La courbure des corps vertébraux se reproduit dans la série des apophyses, mais moins prononcée, sa flèche étant, par exemple, la moitié, le tiers de la courbure antérieure. Ce cas est moins fréquent que le précédent; on le rencontre surtout dans les courbures les plus marquées auxquelles l'arc participe davantage. Il s'explique par une déviation des apophyses épineuses qui les rapproche de la ligne médiane, sans les y ramener complétement. Il est bon d'observer que le siége, les limites des courbures ne sont pas toujours exactement les mêmes en avant et en arrière.

3° La courbure apophysaire est semblable à celle des corps et de même profondeur. Cela est rare; je n'en ai vu qu'un petit nombre d'exemples. Les apophyses, dans ce cas, ne se sont pas déviées par rapport aux corps vertébraux, ou se sont déviées du côté de la convexité.

4° Les apophyses épineuses sont déjetées alternativement à droite et à gauche, au lieu de décrire une courbe régulière répondant à celle des corps vertébraux. C'est une anomalie assez rare qui tient à ce que ces apophyses offrent des déviations successives en sens contraire. De pareilles déviations peuvent se présenter comme de simples variétés anatomiques, sans courbure latérale du rachis dans le point correspondant.

La direction des apophyses transverses n'est pas toujours symétrique; l'apophyse du côté de la convexité de la courbure est souvent un peu plus inclinée en arrière, l'autre dirigée un peu plus transversalement. On dirait que la première a été repoussée en arrière, de sa base à son sommet, par le plus grand développement du corps vertébral dans le sens de la convexité de la courbure, ou qu'elle a été attirée par l'apophyse épineuse s'inclinant vers la concavité.

De même que pour le corps, de même que pour l'apophyse épineuse, ce n'est pas là l'effet d'un mouvement de rotation réel de la vertèbre, mais bien le produit d'un changement de configuration qui en déplace les parties principales et les dévie les unes à l'égard des autres. Les apophyses articulaires seules conservent sensiblement leur rapport normal avec l'axe du rachis.

Les apophyses transverses ne peuvent changer de direction sans entraîner avec elles les côtes; mais celles-ci, fixées par leurs extrémités aux vertèbres et au sternum, ne peuvent suivre le déplacement des apophyses transverses qu'à la condition de se déformer. Leur courbure postérieure augmente du côté où les apophyses se portent en arrière; du côté où les apophyses conservent leur position ou se portent un peu plus en avant, elle reste la même ou diminue. Or, le premier sens est celui de la convexité des courbures; le second, celui de la concavité. Le thorax cesse donc d'être symétrique; sa partie postérieure se bombe légèrement du côté convexe de la courbure vertébrale, et paraît légèrement aplatie du côté concave. L'épaule, à son tour, supportée par les côtes, est un peu plus soulevée du côté où leur excès de courbure les rend plus saillantes, et paraît plus déprimée de l'autre côté. C'est là la véritable raison du développement, en apparence plus considérable, de l'épaule droite chez le plus grand nombre des individus. En réalité, sauf quelques exceptions, l'omoplate et ses muscles sont tout à fait étrangers à cette apparente disproportion.

Les courbures secondaires peuvent donner lieu à des effets semblables. Les fausses côtes présentent ainsi une inégalité de saillie en arrière, dans les courbures normales inférieures. Aux lombes, les muscles seuls sont inégalement soulevés par les apophyses transverses, et l'on se gardera bien de prendre pour une inégalité réelle de volume la différence qui en résulte dans la saillie des masses musculaires à droite et à gauche.

On ne reconnaît, pendant la vie, la courbure latérale normale du rachis que lorsqu'elle est indiquée par une légère déviation des apophyses épineuses, ou quand l'obliquité des apophyses transverses produit une inégalité de saillie des deux côtés du dos ou des lombes. Cette déviation et cette inégalité sont toujours peu sensibles à l'œil, et il faut quelque attention pour les saisir. La saillie latérale, lorsqu'elle existe seule, n'est un signe de courbure que si elle est circonscrite, bornée à un étroit espace; elle constitue un indice à peu près certain, si elle est accompagnée d'une saillie opposée dans une région voisine. On a quelquefois pris cette saillie pour une anomalie propre au thorax, parce qu'on ne trouvait pas de déviation spinale. Mais vous comprenez maintenant que cette déviation puisse exister sans se traduire au dehors par aucun autre caractère extérieur.

Voici quelques exemples de courbure latérale normale :

Ier *cas.* — Ce garçon, qui paraît avoir seize ans, bien qu'il n'en accuse que quatorze, présente une légère voussure dorsale à droite et une saillie lombaire à gauche; le flanc droit est un peu plus échancré. Les trois ou quatre apophyses dorsales supérieures sont alternativement déjetées à droite et à gauche; mais elles ne décrivent pas de courbe sensible.

IIe *cas.* — Garçon de onze ans. Légère voussure dorsale droite, qu'on n'aperçoit que lorsque le dos s'arrondit par l'inclinaison du corps en avant; pas de déviation appréciable des apophyses épineuses.

IIIe *cas.* — Garçon de seize ans. Légère voussure dorsale droite; saillie lombaire gauche très-légère, presque inappréciable; ligne des apophyses normale.

IVe *cas.* — Garçon de onze ans et demi. Voussure dorsale droite; flanc droit un peu plus échancré; déviation très-légère des apophyses.

V[e] *cas.* — Garçon de quinze ans. Légère cyphose dorsale; épaules ailées; voussure dorsale inférieure gauche. Les apophyses dorsales inférieures sont un peu déviées à gauche.

VIe *cas.* — Garçon de quinze ans, bien conformé. Il a une ophthalmie depuis bientôt six semaines et incline la tête à droite; il en est résulté une très-légère voussure dorsale gauche, qui paraît plutôt due à une *flexion* latérale physiologique qu'à une courbure par déformation.

VIIe *cas.* — Garçon, douze ans. Très-légère voussure dorsale inférieure gauche; flanc droit un peu déprimé; saillie des muscles lombaires droits, due à une courbure secondaire inférieure.

VIIIe *cas.* — Garçon, neuf ans et demi. Légère voussure dorsale gauche, soulèvement du trapèze gauche, dus l'un et l'autre à une courbure secondaire supérieure gauche, qui s'est développée plus que les autres.

IXe *cas.* — Garçon, neuf ans. Voussure dorsale droite soulevant l'omoplate. Pas de déviation appréciable des apophyses.

X[e] *cas.* — Garçon, douze ans. Cas analogue au précédent; dos un peu voûté, épaule droite plus haute, flanc gauche plus plein; pas de déviation appréciable des apophyses épineuses.

XIe *cas.* — Fille, treize ans. Voussure latérale dorsale droite soulevant l'épaule, très-légère déviation des apophyses à droite, qui disparaît lorsque l'enfant vient à se courber en avant.

XIIe *cas.* — Fille, treize ans. Ophthalmie et perte d'un œil. Légère voussure latérale gauche par flexion habituelle à droite. Les apophyses forment une ligne onduleuse en S très-peu accusée, qui devient tout à fait droite quand le tronc se fléchit en avant.

XIIIe *cas.* — Fille, douze ans et demi. Ophthalmie déterminant la flexion de la tête à droite. Très-légère voussure dorsale du même côté.

XIVe *cas.* — Fille, huit ans. Légère voussure dorsale droite, soulevant l'épaule; série des apophyses sensiblement rectiligne.

XVe *cas.* — Fille, onze ans. Légère déviation à gauche des apophyses dorsales inférieures.

XVIe *cas.* — Fille, dix ans. Voussure légère dorsale gauche, soulevant l'épaule; pas de déviation des apophyses épineuses.

(1) Quelle est la cause de la courbure latérale physiologique? Bichat (2), Béclard (3), rejetant l'opinion de Sabatier, l'attribuent à la prédominance d'action du bras droit et nient l'influence de l'aorte. Dans cette supposition, une scoliose *par flexion* précé-

(1) Cinquième leçon, 19 juin 1857.
(2) *Anatom. descrip.*, 1846, t. I, p. 131.
(3) *Loc. cit.*

derait la déformation. Mais, s'il en était ainsi, la courbure siégerait aux lombes, où la flexion physiologique latérale est la plus grande, et non au dos, où cette flexion est presque nulle; la déformation primitive des vertèbres serait un affaissement, et non un aplatissement latéral.

Pour moi, je partage entièrement l'opinion de Sabatier. Remarquez, en effet, que la courbure se moule en quelque sorte sur l'aorte, et cesse précisément à l'endroit où le vaisseau devient antérieur au rachis. Voici une pièce fraîchement préparée, qui vous montre les rapports de l'aorte avec la colonne vertébrale. Vous voyez que cette artère correspond exactement au côté gauche des vertèbres, dans le point où se forme la courbure latérale normale. Cette déformation des os au contact des artères n'est point un fait extraordinaire; on l'observe presque partout où les artères sont en rapport immédiat avec les os. Cette action est toujours assez lente; aussi la courbure aortique n'existe-t-elle pas chez les jeunes sujets, où elle n'a pas encore eu le temps de se développer.

On a vu que la transposition de l'aorte retourne la courbure. Les exceptions sont des cas de courbures pathologiques venant renverser une courbure normale.

Au fait du gaucher observé par Béclard, et ayant le rachis courbé à gauche, on peut opposer un certain nombre de faits contraires. L'influence de l'aorte se retrouve dans les animaux, où l'on ne peut admettre celle de l'exercice exclusif d'un seul membre. Voici la colonne vertébrale d'un singe sur lequel s'est produite une courbure correspondant exactement à la situation de l'aorte, telle que vous pouvez l'observer sur cette pièce avec aorte injectée, préparée sur un autre singe.

Au-dessus et au-dessous de la courbure aortique du rachis, se trouvent des courbures de compensation plus petites et dirigées en sens inverse; je leur donnerai les noms de courbures *sus-aortiques* et *sous-aortiques*.

J'ai rapporté toutes ces courbures à l'état physiologique; on pourrait y voir des courbures pathologiques. La dépression aortique superficielle est certainement un état normal; mais j'accorderai que l'existence, à peu près générale dans nos contrées, de la courbure qui lui succède peut être liée à l'affaiblissement de l'espèce par l'excès de civilisation.

Idée générale de la scoliose pathologique; espèces. — Lorsque la scoliose physiologique s'exagère ou apparaît de trop bonne heure, elle devient pathologique. C'est à cette cause que la plupart des bosses doivent leur origine, et non au rachitisme, comme on le dit encore si souvent. Le rachitisme est une maladie du premier âge, qui ne se prolonge guère au delà des deux premières années; or, la plupart des scolioses ne se forment qu'entre sept et dix ans, chez des enfants qui n'ont plus le rachitisme ou qui ne l'ont jamais eu. Dugès (1), dit alors que le rachitisme est borné au rachis. Pour moi, comme pour Boyer (2), Shaw (3), Delpech (4), cette manière de parler n'est propre qu'à faire naître une fâcheuse confusion.

Il y a quatre espèces de scoliose :

1° La scoliose spontanée ou essentielle, qui n'est que l'exagération de l'état normal; c'est la plus commune.

2° La scoliose symptomatique; elle ne comprend que celles qui dépendent du rachitisme et de l'ostéomalacie.

3° La scoliose consécutive, celle qui succède à une flexion latérale prolongée, amenant à la longue une déformation : telle est la scoliose qui est la suite d'un épanchement pleurétique.

4° La scoliose congénitale.

I. Anatomie pathologique de la scoliose.

Je réunirai dans une même description anatomique les trois premières espèces de courbures latérales de l'épine.

A. Rachis. — Les courbures les plus communes présentent les traits fondamentaux de la scoliose normale, tant dans la conformation générale du rachis que dans celle des vertèbres en particulier.

a. *Rachis en général.* — Le siége le plus fréquent de ces courbures est à la région dorsale supérieure ou moyenne; leur concavité est tournée à gauche. Exceptons-en les enfants au-dessous de sept ans, chez lesquels les scolioses dorsales gauches sont

(1) *Dict. de méd. et de chir. prat.*, art. Rachis, p. 78, 1835.
(2) *Traité des maladies chirurgicales*, t. IV, p. 593, 1814.
(3) *Loc. cit.*, p. 92.
(4) *Orthomorphie*, t. I, p. 230; t. II, p. 91, et ailleurs.

aussi fréquentes que les droites; chez eux, en effet, la courbure aortique, n'ayant pas encore eu le temps de se développer, ne saurait avoir d'influence sur le sens de la déformation. Passé cet âge, la scoliose gauche est rare; elle est toujours due à une cause accidentelle spéciale, qui a déformé le rachis en renversant ses courbures physiologiques : exemple, la scoliose pleurétique, quand la pleurésie siége à droite.

La scoliose est ordinairement composée de deux courbures régulières, à peu près égales. C'est cette forme que Shaw (1), après Haller (2), appelait *serpentine*, à cause de ses ondulations alternatives, *serpentis in modum*, comme disait A. Roy (3). On a préféré depuis la nommer *sigmoïde* avec quelques écrivains étrangers, et cette dénomination est aujourd'hui assez généralement reçue, quoiqu'elle ne soit pas parfaitement exacte, le sigma des Grecs n'étant nullement notre S. On a comparé (4) assez justement cette forme de scoliose à un zêta (ζ), quand la petite déviation cervico-dorsale en retour est assez prononcée, ce qui rend la scoliose triple (5).

Les courbures de cette scoliose sigmoïde se compensent exactement, comme dans la déviation normale; le rachis, incliné à gauche à partir du sacrum, revient à droite par une inclinaison opposée, s'écarte de la ligne médiane dans ce sens d'autant à peu près qu'il s'en était écarté dans l'autre, et se porte de nouveau à gauche pour regagner la ligne médiane vers la région cervicale, qui ne participe que fort peu à ces changements de direction. L'épine décrit ainsi une sorte de Z dont les angles seraient arrondis et les branches très-ouvertes. La droite qui joint les deux extrémités du rachis forme la corde des deux courbes, qu'elle coupe à leur point de réunion. C'est ce que vous voyez sur cette pièce provenant d'un enfant rachitique, et dont la courbure dorsale est à gauche (6).

Les courbures rachitiques ou autres de la première enfance,

(1) *Loc. cit.*, et *Observ. on defects of the spine*, 1827, p. 1.

(2) *Opusc. pathol.*, 1768, *Obs.* 13.

(3) *De scoliosi*, 1774, p. 68. Leyde.

(4) Bampfield, *Diseases of the spine*, traduction allemande de Siebenhaar. Leipzig, 1831, p. 194.

(5) Voy. planche 3, fig. 7.

(6) Voy. pl. 1, fig. 6.

souvent sigmoïdes, peuvent aussi être simples, que la convexité soit à droite ou à gauche. Il n'y a dans ce cas qu'un petit angle ou coude peu marqué aux deux extrémités de l'arc, à leur point de jonction avec la ligne verticale. Ces petites courbes en retour, produites par la réunion angulaire d'un arc de cercle avec deux droites, ne se voient pas en arrière, où la série des apophyses épineuses ne décrit qu'un seul arc prolongé par des droites.

On a beaucoup disserté, à une époque, sur l'existence des courbures latérales simples; on les a dites impossibles, parce que la conservation de l'équilibre exige une ou plusieurs courbures de compensation. Mais, quoique rares, on ne peut se refuser à les admettre; on les observe non-seulement chez des enfants rachitiques, mais encore dans plusieurs autres circonstances, lorsque, par exemple, la scoliose est la suite d'une flexion latérale qui a fini par déformer le rachis dans le point où elle était le plus prononcée. Dans ce cas, la scoliose affecte d'abord la forme de la flexion physiologique; les courbures secondaires se montrent plus tard, et encore ne deviennent-elles apparentes que lorsqu'elles sont parvenues à un certain degré. L'équilibre n'est pas nécessairement détruit dans cette courbure simple, pas plus que dans les flexions qui la déterminent, parce que la mobilité du rachis sur le sacrum, surtout chez les enfants, celle des vertèbres supérieures, permettent aux muscles de ramener les deux extrémités de la courbe dans la ligne médiane.

Mais il y a plus : l'équilibre rompu par l'inclinaison du rachis n'est pas inévitablement rétabli par la formation d'une courbure inverse, quoique cette règle, depuis longtemps connue, ne comporte qu'un petit nombre d'exceptions. Certains sujets à muscles débiles ne parviennent pas à relever le rachis, à le courber en sens inverse, ou n'y réussissent qu'imparfaitement; la compensation alors n'a pas lieu, ou bien elle est insuffisante, incomplète, et la partie supérieure du tronc reste inclinée et hors de la ligne verticale passant par le centre de gravité. Cette forme de scoliose se voit surtout dans un âge avancé, et elle est souvent compliquée de cyphose.

Vous avez sous les yeux plusieurs pièces n'offrant qu'une seule courbure latérale.

Ainsi cette pièce que je vous présente offre une courbure dorsale aortique exagérée, presque unique; le bas du rachis est remarquable par sa rectitude complète; le cou est seulement un peu incliné à gauche.

Vous voyez, sur cette pièce, une courbure dorsale droite presque unique; si on la regarde en arrière, on n'aperçoit qu'une courbure.

Voici un bel exemple de courbure dorsale simple, ayant succédé à un empyème suivi de fistule pleurale. Cette pièce provient de la nommée Churlière, âgée de quinze ans, dont j'ai publié l'observation en 1837 (1). La courbure, à convexité droite, est d'une régularité remarquable (2).

Ces deux pièces présentent aussi des courbures dorsales droites uniques ou presque uniques.

Sur ces deux autres, la courbure est également simple, mais elle siége aux lombes et au côté gauche.

Voici d'autres pièces où l'on voit plusieurs courbures, mais sans compensation suffisante.

Il existe, sur celle-ci, une forte courbure lombaire gauche et une courbure dorsale inférieure droite secondaire, beaucoup moindre. Ce défaut de compensation fait pencher le cou considérablement à droite et en avant.

Sur cette autre pièce, le cou est également porté à droite; la courbure est une semi-sigmoïde dorsale droite; la compensation est insuffisante.

Voici deux pièces presque identiques : elles présentent toutes les deux une courbure semi-sigmoïde à lombaire gauche prédominante; le cou est incliné à droite. La compensation est incomplète.

Enfin, voici un dernier exemple où la compensation et même l'équilibre paraissent avoir été impossibles. Le cou, en totalité, est porté à droite, très-loin de la ligne du centre de gravité; le rachis, dans son ensemble, a la forme d'une S qui serait fortement penchée à droite.

On a vu tout à l'heure que la scoliose qui n'est point modifiée par la nature de sa cause, la scoliose type, celle qui suit la marche *régulière*, comme on dirait d'une maladie aiguë, n'est à son début et longtemps après qu'une simple exagération des courbures latérales normales, se produisant et s'accroissant outre mesure

(1) *Bulletin de l'Acad. de méd.*, t. I, p. 872.

(2) Voy. pl. 1, fig. 7.

avant l'époque où elles apparaissent d'une manière sensible dans l'ordre physiologique. Mais cette ressemblance, cette quasi identité qui rappelle son origine, se perd en partie avec les progrès de la difformité. Nous ne sommes pas encore arrivés, en effet, à l'état du rachis qui constitue la gibbosité ou bosse. L'évolution n'est pas encore complète.

Si la scoliose continue de croître, il peut arriver que, les deux courbures augmentant également jusqu'à leur plus haut degré, la déviation conserve la forme d'une S régulière (1). Mais cela est rare; la courbure sigmoïde se transforme dans les cas les plus communs. L'une des courbes, ordinairement la dorsale, augmente plus que l'autre et cela dans une proportion telle, que celle des deux courbures qui s'est arrêtée dans son développement n'est plus, de même que la petite courbure cervico-dorsale, qu'une courbure *en retour;* elle ne fait que ramener à la ligne médiane l'extrémité inférieure de la courbe principale. Il résulte de là des changements importants dans l'aspect du rachis.

L'arc dorsal, en augmentant de courbure, descend et empiète sur l'arc lombaire. Son milieu, au lieu de correspondre à la cinquième ou sixième dorsale, se trouve vers la septième, la huitième ou même la neuvième. La petite courbure supérieure en retour, la cervico-dorsale, se prolonge un peu plus bas; elle retourne le haut de la courbure aortique. Ce double déplacement altère déjà la ressemblance de cette courbure pathologique et de la scoliose normale dont elle procède. Mais une autre modification change complétement la configuration du rachis.

A mesure que les vertèbres de la courbure principale s'éloignent davantage de la ligne médiane, elles entraînent de leur côté les vertèbres des courbures voisines. La corde de celles-ci ne se trouve plus sur la ligne médiane; elle s'incline à droite ou du côté convexe de la courbure dorsale, et, au lieu de se porter successivement à droite et à gauche du plan médian du corps, le rachis serpente d'un seul côté de ce plan, à sa droite, dans la forme que j'ai supposée. Au lieu de trois inclinaisons alternatives à partir du sacrum, on n'en voit que deux opposées, comme dans une courbure simple, l'une qui écarte les vertèbres du plan médian du corps, l'autre qui les

(1) Voy. pl. 3, fig. 2; pl. 6, fig. 1.

ramène vers la ligne médiane. La figure du rachis, ainsi fortement courbé dans son milieu et redressé à ses deux extrémités, a quelques rapports avec celle d'un vilebrequin (1). Dans les déviations excessives, comme sur les pièces que je vous présente, les deux côtés de la courbure prennent en partie une direction horizontale. Ce n'est plus un arc de cercle qu'elle décrit, c'est une moitié d'ellipse ou un arc prolongé par deux droites approchant du parallélisme. La colonne vertébrale est parfois tellement repliée, qu'il n'existe qu'une distance de quatre ou cinq centimètres entre ces deux droites.

Cette courbure dorsale, devenue prédominante à divers degrés, est ce qui donne lieu à la gibbosité commune postéro-droite, parvenue à son développement complet.

La gibbosité est-elle postéro-gauche, la forme du rachis est retournée; la déviation procède d'une courbure sigmoïde inverse; ce qui se voit ordinairement à droite se répète fidèlement du côté gauche (2). C'est ce que vous voyez sur ces pièces; les déviations droites et gauches mises en regard sont exactement symétriques.

Cependant il n'en est pas toujours ainsi: les courbures dorsales dominantes du côté gauche sont quelquefois produites par le développement d'une de ces courbures secondaires normales primitivement plus marquées que la courbure principale aortique. Dans ce cas, le sommet de l'arc à convexité gauche et le point culminant de la gibbosité sont situés un peu plus bas ou plus haut que dans la courbure ordinaire à convexité droite, et la courbure aortique subsiste raccourcie, remontée, réduite à un rôle secondaire.

Mais ces variétés ne sont pas les seules que l'on rencontre. La courbure sous-aortique, la courbure lombaire gauche, de la forme sigmoïde peut devenir la courbure dominante, la dorsale restant peu développée. La gibbosité est alors lombaire; la courbure n'atteint pas dans ce cas un degré aussi considérable que dans la déviation dorsale; l'espace manque pour que son sommet s'éloigne autant de la ligne médiane (3). Cette pièce est une de celles où la flexion est la plus considérable, et où les deux côtés de la courbure sont le plus

(1) Voy. pl. 3, fig. 1, 3, 4; pl. 4, fig. 1, 2, 3, 6; pl. 5, fig. 1, 2, 3, 4, 5, 6, et pl. 7, fig. 1, 2, 3.

(2) Voy. pl. 3, fig. 5 et 6.

(3) Voy. pl. 3, fig. 8; pl. 6, fig. 2, 3, 4.

rapprochés l'un de l'autre; leurs directions prolongées se joindraient à angle aigu; l'équilibre n'est pas rétabli par la courbure dorsale, et il en résulte une énorme inclinaison du tronc.

La convexité de cette courbure lombaire dominante peut être dirigée à droite. Cela arrive de deux manières : 1° Parce que la courbure primitive rudimentaire, puis sigmoïde, était retournée, que la convexité dorsale était à gauche; 2° parce que la cause de la déviation a renversé une courbure lombaire normale, une courbure sous-aortique, qui avait primitivement sa convexité à gauche. Dans ce dernier cas, la courbure aortique se renverse également et passe à gauche, comme vous avez vu la cyphose normale de la région dorsale se changer en lordose par la seule action des muscles pour établir une courbure de compensation. Vous avez sous les yeux plusieurs exemples de courbure lombaire ou lombo-dorsale dominante à convexité droite. En voici un dans lequel l'équilibre n'est pas mieux rétabli par la courbure accessoire dorsale gauche, que sur plusieurs pièces que vous avez vues tout à l'heure, ce qui produit l'inclinaison du tronc à gauche et en avant.

La prédominance de la courbure lombaire se voit souvent lorsque la scoliose est l'effet d'une flexion latérale pathologique, ou même physiologique, qui s'opère principalement dans le bas du rachis. Telles sont celle qui succède au lombago chronique, celle que détermine la claudication. La convexité de la courbure répond toujours au membre le plus court, à celui vers lequel penche le bassin dans le cas de claudication.

La troisième courbure qui accompagne presque toujours la sigmoïde, la petite déviation dorsale supérieure ou cervico-dorsale *sus-aortique*, qu'on trouve même dans la scoliose normale, prédomine à son tour dans certains cas.—Voici une pièce de ce genre.— La gibbosité est alors très-élevée; elle est cervico-dorsale (1). Il est extrêmement rare de voir le cou prendre une plus grande part à la scoliose, ou décrire seul, jusque dans ses vertèbres supérieures, un arc latéral, excepté dans les inflexions spéciales, avec rotation, comprises sous le nom de *torticolis*. Mais la région cervicale est souvent affectée de cyphose ou de lordose, par suite des inclinaisons du tronc dans la scoliose dorso-lombaire.

(1) Pl. 4, fig. 4 et 5.

Je suis loin de vous avoir indiqué toutes les variétés, toutes les combinaisons de courbures, qui donnent lieu à autant de formes différentes de scoliose. Dans un travail encore manuscrit, que j'ai composé, il y a plus de vingt ans, sur les difformités, j'avais porté à cinquante-trois le nombre de ces formes diverses, et j'en ai rencontré d'autres depuis. Je vous épargnerai ce détail. Vous vous en ferez d'ailleurs aisément une idée en jetant un coup d'œil sur ces nombreuses pièces et sur celles que je vous présenterai encore dans notre prochaine réunion.

b. Vertèbres en particulier (1). — Nous avons vu que presque tous les rachis normaux dont l'ossification est assez avancée présentent, dans certaines vertèbres, une asymétrie qui se produit à la fois suivant un plan horizontal et dans le sens vertical. Nous allons retrouver ces caractères dans les vertèbres de la vraie scoliose; mais nous les retrouverons exagérés, amplifiés, compliqués de nouveaux désordres (2). J'examinerai, comme pour la courbure normale : 1° les corps et leurs ligaments, ou la colonne antérieure du rachis; 2° les arcs vertébraux, ou la colonne postérieure.

1° *Colonne antérieure.* — La dépression normale du côté gauche des vertèbres dorsales se prononce davantage dans leur scoliose pathologique, quand la concavité de leur courbure est à gauche; mais cette dépression se perd bientôt dans l'écrasement produit par l'affaissement vertical du côté concave des courbures. Cet affaissement joue ici le premier rôle : c'est lui surtout qui produit le défaut de symétrie des corps vertébraux, et leur déviation apparente par rapport aux arcs apophysaires; car, de même que dans la courbure normale, le corps des vertèbres ne se trouve plus en face des apophyses épineuses, il est porté du côté de la convexité de la scoliose. Vous en voyez sur cette vertèbre un bel exemple.

L'affaissement vertical des corps vertébraux et de leurs ligaments présente de nombreux degrés, depuis une perte insignifiante de la hauteur des vertèbres jusqu'à l'écrasement qui les réduit à un bord mince, et jusqu'à la disparition complète du ligament intervertébral

(1) Sixième leçon, 26 juin 1857.
(2) Voy. pl. 8.

bral. Vous en trouverez parmi ces pièces de nombreux exemples. Cet affaissement ne porte que d'un côté, celui de la concavité; ce qui donne aux vertèbres tantôt la forme des voussoirs ou des pierres qui composent une voûte, tantôt la figure d'un véritable coin interposé entre des pièces plus régulièrement conformées.

Les vertèbres les plus déformées sont ordinairement les 7e et 8e dorsales; l'affaissement des corps et de leurs ligaments va en diminuant vers les extrémités de l'arc.

Le nombre des vertèbres affectées est variable : s'il y en a beaucoup, les déformations se répartissent d'une manière plus égale, et la courbe est assez régulière ; si, au contraire, quelques vertèbres seulement sont affectées, la courbe, comme comprimée à son sommet, se rapproche de la forme angulaire.

Le rachitisme présente, de même que la scoliose spontanée, les deux degrés d'affaissement que j'ai indiqués. L'affaissement *cunéiforme* n'est pas propre à cette affection, comme le croyait Delpech (1). L'existence de l'une ou de l'autre forme dépend moins de la nature de la scoliose que de son ancienneté. Les courbures récentes sont toujours plus allongées; ce n'est que plus tard que la flexion et la déformation se localisent dans les vertèbres qui occupent le milieu de la courbure.

Le côté des corps ainsi déprimé finit par se déformer; il se creuse d'une gouttière transversale que terminent en haut et en bas des bords minces. Ces bords sont le résultat de l'étalement des faces supérieure et inférieure des corps vertébraux, qui sont élargies. On dirait que la substance osseuse comprimée a *reflué* vers la circonférence de l'os. Toutefois il n'y a pas compensation, comme l'a cru Delpech (2), entre la perte de hauteur de la vertèbre et son augmentation dans le sens transversal. L'élargissement peut être inégal pour les deux faces d'une même vertèbre, ce qui donne lieu à une espèce de biseau.

Il est une autre déformation appelée par Delpech (3) *affaissement rhomboïdal* ou *losangoïde*. Elle consiste en ce que les faces supérieure et inférieure du corps vertébral ne sont plus dans

(1) *Orthom.*, t. I, p. 297; et Atlas, p. 61 et suiv.
(2) *Orthom.*, t. I, p. 298.
(3) *Orthom.*, t. I, p. 300; et Atlas, p. 62, 64.

les mêmes rapports : l'une d'elles semble s'être portée à droite et l'autre à gauche ; de là l'obliquité des côtés de la vertèbre, ce qui lui donne la forme d'un parallélogramme. Il n'y a pas toujours *affaissement* vertical dans cette variété, qu'il convient mieux de nommer *forme rhomboïdale*. Elle se rencontre particulièrement dans les vertèbres de transition, qui appartiennent à la fois aux deux courbures inverses qu'elles séparent. La partie supérieure de la vertèbre est attirée d'un côté, et l'inférieure du côté opposé.

Dans l'enfance, et même dans la jeunesse, outre les ligaments intervertébraux, il existe, comme on sait, entre les noyaux osseux des corps des vertèbres de véritables cartilages qui persistent plus ou moins longtemps ; ils sont au nombre de quarante-cinq seulement, les deux faces de l'atlas et la face supérieure de l'axis en étant dépourvues. Ces cartilages finissent par se souder aux vertèbres, après avoir formé de petites épiphyses osseuses. On ne sait trop quelles sont les déformations que leur fait éprouver la scoliose ; je les ai vus un peu plus minces d'un côté que de l'autre. Cette déformation m'a paru moins prononcée que celle des noyaux osseux.

2° *Colonne postérieure.* — Ici les déformations sont encore bien plus prononcées que dans la courbure latérale normale. Vous voyez sur ces vertèbres détachées, et surtout sur les vertèbres *médiates* des courbures, à quel point les apophyses articulaires, la lame, le pédicule, une moitié de l'apophyse épineuse, l'apophyse transverse même, sont réduits du côté de la concavité. Les échancrures de la vertèbre et les trous de conjugaison qu'elles forment participent à cette réduction à cause de la moindre hauteur de leurs côtés, et quelquefois aussi à cause de l'étalement du corps en arrière. D'autres fois, au contraire, les trous de conjugaison sont plus grands du côté concave, parce que l'atrophie des pédicules les élargit plus qu'ils n'avaient été rétrécis. Le trou de la vertèbre devient irrégulier par suite des différences survenues dans la direction et la longueur des parties qui en forment la circonférence ; il est oblique, elliptique, quelquefois rétréci, triangulaire.

Les apophyses articulaires présentent deux dispositions différentes : tantôt elles ne font que diminuer d'étendue en tous sens ; tantôt elles sont comme écrasées, élargies, converties en surfaces planes diversement configurées. Ce dernier mode d'articulation des vertèbres se voit surtout dans les déviations les plus considérables, où les os du côté concave sont pressés les uns contre les autres dans un étroit espace ; les parties osseuses sont alors confondues, refoulées, déviées d'une manière souvent très-extraordinaire. Des articulations accidentelles s'établissent entre les lames, les apophyses transverses, et l'ankylose finit par réunir le tout dans une même masse.

La déviation des apophyses épineuses et transverses est bien plus forte que dans la courbure normale; elle suit du reste les mêmes lois. La rencontre des os et leur pression réciproque donnent quelquefois en outre des directions singulières aux apophyses transverses, en les relevant ou en les abaissant outre mesure.

Dans les vertèbres médiales, l'affaissement vertical a lieu dans le même sens pour les corps et pour les arcs; il en est souvent autrement dans les vertèbres de transition. Presque toujours, dans les fortes déviations alternatives, le corps de ces vertèbres est affaissé dans un sens et l'arc dans le sens opposé, en raison de la double influence qu'elles subissent de la part des deux courbes entre lesquelles elles sont placées.

Toute scoliose permanente présente à un degré quelconque les principales déformations des corps et des arcs vertébraux que je viens de signaler. Elles débutent avec la difformité elle-même et lui sont inhérentes; sans elles, il n'y a pas de vraie scoliose, il n'y a que des flexions semblables aux flexions physiologiques.

On pourrait supposer que l'affaissement latéral des ligaments précède l'affaissement des os. Il y aurait une période de déformation ligamenteuse, dans laquelle la conformation des os serait normale. La chose n'est pas impossible, mais cette période a été jusqu'à présent insaisissable. Lisez tout ce que Delpech a écrit sur des pièces pathologiques avec déformation des ligaments et non des os (1) ; vous verrez que ce sont autant d'erreurs d'observation, comme le montrent les figures mêmes de l'auteur. Je ne m'en suis pas d'ailleurs rapporté aux figures. Toutes ces pièces, hormis une seule, sont de la collection Daubenton, et j'ai constaté, au Muséum, l'exactitude des dessins de Delpech et l'inexactitude de ses descriptions.

(1) *Orthomorphie.* Atlas, p. 61 et suiv.

Indépendamment des changements de situation des parties de la vertèbre les unes à l'égard des autres, chacun de ces os se déplace en totalité au niveau des courbures. Leur axe ne coïncide plus avec le plan vertical du corps; il s'incline sur lui au point que quelques vertèbres sont placées de champ, comme cela se voit notamment dans les courbures en vilebrequin. Cette inclinaison a lieu, soit d'un côté à l'autre, soit encore, mais plus rarement, dans le sens antéro-postérieur, quand la scoliose est compliquée de cyphose.

c. Torsion. — Il est un autre genre de mouvement qu'exécutent les vertèbres déviées : c'est leur rotation autour de leur axe vertical, d'où résulte une *torsion* de toute la colonne vertébrale. Mais la torsion du rachis reconnaît encore une autre cause : c'est la déformation des vertèbres, le déplacement ou la rotation partielle qu'éprouvent le *corps* et l'apophyse épineuse. Dans ce genre de torsion, que j'ai décrit plus haut, la partie antérieure de chaque vertèbre ne correspond plus à sa partie postérieure ; mais l'anneau n'a pas tourné en totalité sur lui-même, comme dans la torsion produite par une rotation réelle de la vertèbre, analogue à sa rotation physiologique.

Ces deux causes de torsion sont le plus souvent réunies; mais l'une prédomine au début de l'affection; l'autre appartient surtout aux périodes plus avancées.

L'angle de rotation des vertèbres est d'autant plus marqué que la déformation du rachis est plus considérable, et c'est au milieu des courbures qu'il atteint son maximum. Lorsqu'il égale un angle droit, la vertèbre se trouve complétement en travers.

La torsion du rachis, dans la scoliose, bien différente en cela de la torsion physiologique, se reproduit en sens inverse autant de fois qu'il offre d'inclinaisons diverses. Le plus grand effort de rotation des vertèbres que produisent les muscles, ne fait que tourner en sens contraire les extrémités du rachis ou de la portion du rachis sur laquelle ils agissent. Cet effort physiologique ne fait jamais décrire aux vertèbres qu'une seule spire, bien légère d'ailleurs. Au contraire, dans la torsion pathologique, la spirale décrite par les vertèbres change de direction au milieu de chaque courbure.

La rotation totale, comme la rotation partielle, et plus encore que cette dernière, produit une grande disparate entre les arcs de la scoliose vus en avant, le long des corps vertébraux, et en arrière, le long des apophyses épineuses. Les corps, portés du côté de la convexité, sont en effet la partie la plus excentrique des courbures; les apophyses épineuses, portées vers la concavité de chacune d'elles, restent toujours plus rapprochées de la ligne médiane. De là résultent les faits suivants :

1° La ligne des apophyses épineuses, dans les courbures multiples, croise la ligne des corps vertébraux une ou plusieurs fois, suivant le nombre des courbures.

2° Dans la scoliose très-légère, il arrive ordinairement, comme dans la courbure normale, que les apophyses épineuses sont en ligne droite, quoique les corps décrivent une courbe manifeste ayant quatre, cinq millimètres de flèche ou davantage.

3° Le nombre des courbes est souvent moindre en arrière qu'en avant, parce que les courbures les plus faibles des corps vertébraux ne se voient pas aux apophyses épineuses.

4° Les flèches des courbes décrites par les corps et par les apophyses ne sont égales que dans des cas exceptionnels de scoliose légère. Dans tous les autres, la flèche de la courbure postérieure n'égale que les deux tiers, la moitié, le tiers, quelquefois le quart ou même le cinquième de la flèche de la courbure antérieure. Cette proportion n'est pas soumise à des lois absolues; je n'en indiquerai qu'une seule : c'est que, à part quelques exceptions, la différence des courbures antérieure et postérieure est d'autant moins grande que les courbures sont plus considérables.

5° Il suit de tout ce qui précède que la colonne antérieure et la postérieure ont une longueur inégale. La seconde est plus longue, et il semble qu'elle ait été forcée de se replier autour d'une ligne plus courte et moins flexible.

La rotation des vertèbres a encore un autre effet; elle change complétement la direction des courbures. Les côtés droit et gauche du rachis se tournant plus ou moins à leur niveau, l'un en avant, l'autre en arrière, la concavité et la convexité, toujours latérales par rapport aux vertèbres, ne le sont plus pour le corps en général: la concavité gauche devient antéro-gauche ou tout à fait antérieure, la convexité droite devient postéro-droite ou postérieure, et, *vice versâ*, la concavité droite est antéro-droite, la convexité gauche postéro-gauche. La courbure devient, en un mot, plus ou moins antéro-postérieure. On croirait voir une cyphose au lieu d'une scoliose; c'est là ce qui explique l'erreur dans laquelle sont tombés les anciens.

La concavité antérieure naturelle de la région dorsale favorise cette inclinaison en avant du rachis tordu sur lui-même, dans la scoliose dorsale. Les courbures lombaires, lorsqu'elles ne sont pas très-prononcées, conservent et exagèrent même la convexité naturelle de cette région, en la portant seulement un peu sur le côté. Mais, dans les fortes courbures, la lordose naturelle s'efface et la convexité devient postérieure comme à la région du dos : c'est ce que l'on voit sur ces beaux exemples de courbure lombaire principale. Si les courbures lombaire et dorsale sont toutes les deux excessives, chose rare, la combinaison de leurs inclinaisons opposées avec l'inclinaison antérieure, qui leur est commune, fait tourner le rachis sur lui-même et lui donne la forme d'un tire-bouchon. Vous en voyez un bel exemple sur cette pièce.

La torsion du rachis imprime des caractères particuliers à son ensemble. Dans les fortes courbures, la région antérieure de la colonne est formée par le côté affaissé des corps, par les masses apophysaires réduites et par les apophyses transverses rapprochées, serrées, quelquefois articulées ou soudées entre elles. A la région postérieure se voient : 1° la série des apophyses transverses dorsales, celle des apophyses accessoires lombaires occupant la place des apophyses épineuses; 2° latéralement, d'un côté, les apophyses articulaires et les corps vertébraux saillants en arrière; 3° du côté opposé, les apophyses épineuses, devenues presque transversales.

La torsion de la colonne vertébrale, produite par la rotation partielle ou totale des vertèbres, est un phénomène aussi constant que la déformation, dont elle est en quelque sorte inséparable. J'accorde cependant qu'il pourrait se former des courbures latérales sans rotation, mais ce doit être fort rare; je n'en connais aucun exemple, et les scolioses les plus simples dans leur mode de production, telles que les pleurétiques, m'ont toujours présenté un certain degré de torsion.

Arrivons au mécanisme de la torsion qu'on observe dans la scoliose. Je pense qu'il diffère du mécanisme de la rotation physiologique produite par les contractions musculaires. La rotation partielle n'est qu'un effet de la déformation des vertèbres, et la rotation totale me paraît due à l'inégalité de la pression supportée par les deux côtés du rachis déformé. On ne peut douter de l'influence des pressions sur les vertèbres; celle qui résulte de la situation de l'aorte vous est déjà connue, et l'anatomie pathologique vous a montré à chaque pas, pour ainsi dire, les marques de la pression verticale exercée par la pesanteur et l'action musculaire.

Mais comment l'excès de pression sur un côté des vertèbres les fait-il tourner autour de leur axe vertical? Il faudrait un Euclide pour résoudre complétement ce problème de mécanique : aussi n'ai-je pas cette prétention; je me bornerai à indiquer quelques données propres à en faciliter la solution.

Swagerman, médecin hollandais cité par A. Roy (1), a déjà dit, en 1767, que les apophyses articulaires, ne permettant pas aux corps vertébraux de s'incliner les uns vers les autres dans les fortes courbures, obligent les vertèbres à tourner les unes sur les autres. Il y a dans ce peu de mots que nous a légués le siècle dernier quelque chose de plus vrai que ce qui a été imaginé depuis, soit par Pravaz (2), invoquant l'action des fléchisseurs latéraux et la direction naturelle des facettes des apophyses articulaires, soit par Delpech, qui croyait à des efforts musculaires instinctifs de nature à tordre le tronc (3).

C'est manifestement sur la colonne antérieure du rachis que portent les premières influences tendant à le courber latéralement; c'est aussi sur elles qu'agit plus spécialement la pression qui tend plus tard à accroître les courbures. Cette colonne, en partie fibreuse ou ligamenteuse, cède en outre plus facilement à ces influences que la colonne postérieure, dont les os ne sont pas séparés par des couches flexibles et compressibles. De là l'inclinaison des corps vertébraux plus marquée que celle des masses apophysaires dès le début de la difformité. Les pédicules subissent alors une espèce de torsion; les colonnes antérieure et postérieure, ou, dans chaque vertèbre, le corps et l'arc, cessent de se correspondre exactement. Quand l'un est droit, l'autre penche, et *vice versâ,* comme vous le voyez sur toutes ces vertèbres désarticulées. Ce sont, dans ce cas, les arcs qui, dans l'attitude naturelle du rachis, se rapprochent davan-

(1) *Loc. cit.*, p. 66.
(2) *Loc. cit.*, p. 96, 115, 116.
(3) *Loc. cit.*, t. I, p. 130 et suiv.

tage de la position normale, tandis que les corps s'inclinent plus ou moins. Cette cause concourt, avec les autres déformations, avec la rotation partielle qu'elles produisent, à l'inégalité des courbures en avant et en arrière.

L'inclinaison relativement exagérée des corps, une fois produite, la force de pression verticale tombe obliquement sur leur plan supérieur; elle tend à les faire glisser horizontalement en dehors, à les chasser de plus en plus du côté convexe de la courbure. Cette impulsion étant beaucoup plus faible aux arcs, la vertèbre reste plus fixe en arrière, tandis que le corps se déplace effectivement dans le sens indiqué; il entraîne le reste de l'os dans un mouvement circulaire dont l'une des apophyses articulaires devient le pivot. C'est naturellement dans les vertèbres médiales, les plus affaissées, que ce mouvement a le plus d'étendue. Les vertèbres voisines y participent de moins en moins, à mesure qu'elles sont plus rapprochées des parties droites ou des courbes inverses.

Ce mouvement ne consiste pas seulement, comme la rotation physiologique, en un glissement latéral des apophyses articulaires avec légère torsion des ligaments intervertébraux : ces apophyses entraînent celles auxquelles elles correspondent, se déplacent simultanément avec elles et conservent ainsi leurs rapports normaux. Non-seulement les ligaments, mais encore les os se tordent pour obéir au mouvement général du rachis, et l'on voit distinctement sur les corps vertébraux la trace de cette torsion osseuse, qui fait tourner leurs deux faces horizontalement en sens contraire.

B. Thorax. — Nous n'avons encore étudié que la colonne vertébrale dans la scoliose; mais les faits de courbure normale vous ont déjà fait entrevoir quelles déformations de la cage thoracique doivent être la suite des désordres du rachis.

La seule inclinaison des vertèbres à gauche ou à droite rapproche et affaisse les côtes d'un côté, les écarte et les soulève de l'autre, comme la flexion latérale physiologique; les épaules suivent, dans l'un et l'autre cas, le mouvement des côtes. Mais, dans la scoliose, cet effet se produit dans un espace moindre et avec plus d'intensité, et il se répète presque toujours en sens contraire sur différents points de la hauteur du thorax.

Mais, en outre, la torsion, dont l'influence sur les côtes se fait déjà sentir dans les courbures normales, joue ici un rôle des plus importants. Le déplacement, la rotation des corps, des arcs et surtout des apophyses transverses, produisent nécessairement un déplacement parallèle des côtes. Celles qui répondent à la concavité des courbures sont portées en avant; celles qui tiennent à la convexité se dirigent en arrière. Le changement de courbure qu'elles éprouvent par suite de ce mouvement, ainsi que je l'ai expliqué pour la courbure normale, est ici bien plus prononcé. Les côtes de la convexité se recourbent, s'infléchissent fortement vers leur angle; celles de la concavité se redressent plus ou moins. Enfin les côtes prennent part à l'inégalité de développement que la différence d'espace détermine dans les deux côtés des courbures. Pressées avec les apophyses transverses dans la concavité des fortes inflexions, elles finissent par se toucher, se serrer mutuellement, par s'articuler entre elles, par se souder aux vertèbres et les unes aux autres.

Si l'on ajoute à ces modifications les déformations, les déplacements produits dans les côtes par certains changements de direction du rachis, par les pressions qui les inclinent diversement sur les vertèbres ou qui altèrent leur forme, on comprendra l'étendue des désordres qu'on observe dans le thorax. Un simple coup d'œil sur ces dessins et sur ces pièces vous en donnera une idée. Vous voyez, sur ces deux séries de côtes droites et gauches du même sujet, quelles remarquables différences s'établissent entre ces arcs osseux à la convexité et à la concavité des courbures (1).

Ce qu'il nous importe le plus de connaître, c'est la configuration nouvelle de la région postérieure du thorax. La petite différence de voussure des deux côtés de cette région, dont je vous ai montré des exemples dans la courbure normale, se dessine ici au point de donner lieu, dans un sens, à la saillie de figure diverse, connue sous le nom de *gibbosité* ou *bosse* lorsqu'elle s'éloigne très-notablement de la conformation normale (2).

Cette saillie résulte du déjettement en arrière et de l'excès de courbure des côtes dans le sens de la convexité de l'arc décrit par le rachis. Elle est d'autant plus proéminente, que le côté opposé du dos est aplati ou même excavé par suite de l'effacement de la cour-

(1) Voy. la pl. 9.

(2) Voy. pl. 3, fig. 4, 6; pl. 4, fig. 5; pl. 6, fig. 4, et pl. 7, fig. 2.

bure des côtes dans ce sens et de leur déplacement d'arrière en avant. Dans les très-fortes courbures, les vertèbres elles-mêmes font partie de la gibbosité; on trouve leurs corps sous les côtes recourbées autour d'eux, et parfois adhérentes à leur surface.

C'est donc de la torsion que dérive la gibbosité costale. Une courbure sans torsion produirait une ampliation générale d'une des moitiés du thorax, comme la flexion latérale physiologique, et non une *bosse* postérieure. C'est surtout le siége, l'étendue, le degré de la torsion qui déterminent la situation, la hauteur, la configuration de la gibbosité postéro-latérale.

Ainsi, autant de variétés de courbures et de torsion, autant de variétés de *bosses.* Voyons-en quelques-unes.

La forme de déviation la plus commune dans les premières périodes de la scoliose, la courbure sigmoïde, a deux voussures latérales opposées correspondant à la convexité des deux courbes. Si cette forme persiste pendant l'accroissement de la déviation, comme cela est arrivé dans les deux pièces que je vous présente, il se produit deux gibbosités égales ou presque égales, une dorsale ordinairement à droite, une lombaire ou dorso-lombaire à gauche. Les côtes prennent moins de part à la formation de la gibbosité inférieure, qui est surtout constituée par les corps des vertèbres lombaires et par leurs apophyses transverses, accessoires et articulaires; les fausses côtes s'ajoutent seulement à sa partie supérieure.

Si la courbure était *bi-dorsale,* il y aurait deux gibbosités costales, une à droite, une autre à gauche, situées à des hauteurs différentes.

Si la troisième petite courbure des déviations sigmoïdes prend plus de développement, elle peut donner lieu à une petite gibbosité cervico-costale; la *bosse* est alors triple.

Mais la véritable gibbosité est plus souvent simple.

D'abord, elle est simple dans les courbures uniques, telles que celle-ci, dont je vous ai déjà parlé, qui a succédé à un empyème; la saillie est alors plus étendue et moins proéminente, excepté dans des cas rares de courbures uniques bornées à un petit nombre de vertèbres.

Mais la gibbosité est encore simple dans des courbures multiples, lorsque l'une est beaucoup plus développée que les autres. La torsion des courbures secondaires devient insuffisante pour renverser l'effet de la courbure principale; elle se borne à l'atténuer ou à le compenser. Cependant on observe souvent au-dessus et au-dessous de la gibbosité, du côté opposé, un soulèvement des côtes ou des vertèbres lombaires, qui est au moins un rudiment de gibbosité.

Voici plusieurs exemples de cette gibbosité simple, la plus fréquente dans les périodes avancées de la scoliose. Un grand nombre sont des gibbosités latérales droites de la région dorsale. En voici une d'une espèce assez rare, en ce que la scoliose forme presque un angle aigu comme la courbure du mal vertébral (1). Ces trois autres pièces sont des gibbosités dorsales gauches, répétant à gauche les formes qu'on voit le plus souvent à droite (2).

Enfin ces six pièces vous montrent une forme qui n'est pas rare, sans être cependant aussi commune que la gibbosité dorsale droite : c'est la gibbosité lombaire existant seule ou accompagnée d'une bosse dorsale encore rudimentaire (3). Cinq de ces gibbosités lombaires sont à gauche, une seule est à droite. Je remets sous vos yeux, en terminant, cette variété rare de gibbosité produite par une prédominance de la courbure sus-aortique gauche, que j'ai mentionnée précédemment (4).

(5) En étudiant la gibbosité costale et lombaire, nous avons vu quels désordres la scoliose entraîne dans la région postérieure du thorax. Il nous reste à examiner la conformation de sa région antérieure et la disposition de sa cavité.

Les côtes, tirées en arrière du côté convexe des courbures, poussées en avant du côté concave, transmettent ce mouvement à leurs cartilages, et ceux-ci changent de forme ainsi que la partie antérieure des côtes qui correspondent aux vertèbres déformées. La convexité antérieure de ces côtes augmente à gauche dans la courbure dorsale droite; le thorax se déprime au contraire à droite du sternum. Il en résulte une sorte de gibbosité antéro-gauche qui fait pendant à la bosse postéro-droite, comme dans le *Pulcinello*

(1) Voy. pl. 4, fig. 3.
(2) Voy. pl. 3, fig. 6.
(3) Voy. pl. 6, fig. 4.
(4) Voy. pl. 4, fig. 5.
(5) Septième leçon, 3 juillet 1857.

italien ou notre *Polichinelle*, si ce n'est que son inventeur lui a donné des gibbosités tout à fait médianes, comme celles de la cyphose.

On observe, en outre, assez souvent la saillie ou la dépression isolée d'une ou de plusieurs côtes, ou de leurs cartilages, soit par suite des irrégularités que la colonne vertébrale peut produire dans la disposition des côtes, soit par quelque anomalie qui s'ajoute à la difformité.

Le sternum peut participer à la déformation; il n'est pas rare de le voir bombé en avant, formant le point culminant de la gibbosité antérieure; ce n'est que par exception ou par l'effet d'une complication qu'on le voit excavé, saillant ou enfoncé à son extrémité xiphoïde. Cet os reste ordinairement situé sur la ligne médiane, et n'est plus en face du rachis porté vers l'un ou l'autre côté. Sa direction devient oblique, quand tout le thorax est incliné latéralement dans le sens des vertèbres qui reçoivent le plus grand nombre de côtes. Sa face antérieure regarde quelquefois un peu à droite ou à gauche, du côté de la convexité des parties courbes.

La cavité thoracique est profondément modifiée dans sa forme et dans ses dimensions. Supposons une forte courbure dorsale droite principale. La partie moyenne de la colonne dorsale, en se rapprochant des côtes droites, rétrécit le demi-thorax correspondant dans presque toute sa hauteur, mais surtout au milieu et en arrière (1). Sa cavité se dilate toutefois au delà des corps vertébraux, derrière lesquels on trouve une sorte de cul-de-sac produit par la convexité exagérée des côtes. Cette arrière cavité disparaît complétement, lorsque les côtes sont appliquées sur les corps des vertèbres. Ce même côté de la poitrine est encore réduit : 1° par l'aplatissement des côtes, dont la courbure, augmentée en arrière, diminue en avant; 2° par l'abaissement et l'obliquité plus grande de ces arcs osseux, qui se rapprochent ainsi de l'axe de la poitrine.

Le côté opposé, le côté gauche, dans le cas que j'ai supposé, gagne en largeur par le déplacement du rachis à droite; mais il perd davantage par le déplacement et par l'affaissement des côtes

(1) Voy. pl. 3, fig. 1, 2, 3; pl. 4, fig. 1, 2, 6; pl. 5, fig. 2, 3, 4, 5, 6; et pl. 7, fig. 1 et 3.

de la concavité. Les plus déformées, celles dont la courbure est remplacée par une ligne droite, font saillie dans l'intérieur du thorax; elles y forment une sorte de crête ou d'arête qui partage sa moitié gauche en deux loges superposées. Le prolongement antérieur du demi-thorax gauche dans la gibbosité antéro-gauche est loin de compenser la réduction qu'il subit en arrière et sur le côté.

La circonférence du thorax ne décrit donc plus cette belle courbe elliptique, presque régulière, approchant plus ou moins du cercle. Cette circonférence s'est déprimée aux deux extrémités d'un de ses diamètres obliques, et s'est allongée suivant l'autre diamètre oblique. Devenue très-irrégulière, elle offre quelque ressemblance avec une ellipse aplatie sur les côtés, et dont le grand diamètre s'étendrait obliquement d'une gibbosité à l'autre.

La capacité totale de la poitrine est évidemment diminuée; la réduction est plus grande à droite ou dans le sens de la convexité. Les diamètres transverses sont plus courts à presque toutes les hauteurs. Le diamètre oblique postéro-droit a augmenté, mais le diamètre opposé est réduit dans une plus forte proportion, et leur moyenne reste inférieure au diamètre oblique normal. Le diamètre antéro-postérieur diminue ordinairement par le mouvement en avant des côtes gauches, qui se trouvent placées à l'opposite du sternum; ce diamètre n'augmente que dans la scoliose fortement dirigée en arrière, comme la cyphose; mais alors les côtes, très-prolongées en avant, sont tellement déprimées sur les côtés que le resserrement transversal n'est pas compensé par l'allongement antéro-postérieur. Le diamètre vertical est diminué par le raccourcissement du rachis; il l'est encore plus à gauche à cause du rapprochement des côtes à la concavité de la courbure.

Il est facile de prévoir les différences que ces caractères présentent dans les autres formes de scoliose; un coup d'œil rapide sur ces pièces vous en donnera une idée.

Pour les courbures dorsales gauches, il n'y a qu'à appliquer à la moitié gauche ce que j'ai dit de la droite, et réciproquement (1). Remarquez que l'aplatissement antéro-latéral répond dans ce cas à la région précordiale, dilatée au contraire dans les courbures dorsales droites.

(1) Voy. pl. 3, fig. 5.

Les courbures inférieures principales, ou égales aux supérieures, rétrécissent le thorax à la hauteur des fausses côtes, du côté où le rachis se dévie. L'hypochondre présente alors une gouttière formée par les côtes et le corps des vertèbres, et tout à fait semblable à celle qui existe plus haut dans les courbures dorsales (1).

Si la scoliose est oblique ou sans équilibre, le thorax suit la direction des vertèbres qui entrent dans sa composition; il penche en avant ou de côté, et dans ce dernier cas il peut rencontrer le bassin à la crête ou dans la fosse iliaque. Vous en avez un exemple sous les yeux (2). Cette rencontre des dernières côtes avec le bassin se produit aussi, dans la scoliose verticale, par le seul effet de l'inclinaison et du raccourcissement de la colonne lombaire.

C. BASSIN. — La scoliose rachitique est souvent accompagnée de vices de conformation du bassin dus à la même cause que la courbure du rachis, à l'altération générale du système osseux (3). L'ostéomalacie de la jeunesse et de l'âge adulte déforme encore de la même manière le rachis et le bassin. Dans ces deux circonstances, ce n'est pas la scoliose qui produit la déformation de la ceinture pelvienne.

La scoliose spontanée, ou consécutive à des causes accidentelles, n'altère que lentement les formes du bassin. Les individus gibbeux, non rachitiques, parcourent une longue période de leur existence sans que le bassin s'éloigne sensiblement de la conformation normale.

Voilà comment on a pu dire que le bassin n'était déformé, dans la scoliose, que lorsqu'elle s'était montrée dès l'enfance; comment Shaw (4) a posé en principe que le bassin n'était vicié, chez les sujets gibbeux, que lorsqu'ils présentaient des courbures des membres inférieurs.

Mais, avec l'âge, la scoliose spontanée ou accidentelle ellemême s'accompagne de changements, ordinairement peu considérables, dans la configuration du bassin.

Le sacrum participe parfois aux déformations de la région lom-

(1) Voy. pl. 3, fig. 8, et pl. 6, fig. 1 et 2.
(2) Voy. pl. 6, fig. 3 et 4.
(3) Voy. pl. 6, fig. 2; pl. 7, fig. 1 et 3.
(4) *Loc. cit.*, p. 127.

baire; coupé obliquement à sa base, d'un côté à l'autre, comme la cinquième lombaire, dévié même latéralement avec le coccyx, il décrit une courbe opposée à celle des premières vertèbres lombaires, et cette inégalité de développement de ses deux moitiés peut s'étendre aux os coxaux.

La ceinture osseuse formée par les trois os offre assez souvent, chez les sujets âgés, un resserrement antéro-postérieur du détroit supérieur, qui peut lui faire perdre dans ce sens un ou deux centimètres. Ce resserrement est plus prononcé d'un côté que de l'autre. Le côté le plus rétréci est ordinairement celui vers lequel s'inclinent les dernières lombaires; du moins c'est là la règle. Le rétrécissement est en général d'autant plus prononcé que la courbure lombaire est plus considérable. Vous en voyez des exemples sur ces pièces. D'autres fois, exceptionnellement, le rétrécissement du bassin paraît dépendre de la courbure dorsale et siége du même côté. C'est ce que vous voyez sur ces autres pièces (1); remarquez que, dans ces cas, la courbure dorsale est prédominante. Somme toute, les déformations du bassin paraissent dépendre de la manière dont le poids du corps est transmis, à travers le bassin, du rachis aux membres inférieurs.

La scoliose rachitique exerce la même influence, comme je l'ai dit en traitant du rachitisme (2), sur le sens des déformations pelviennes causées par cette affection.

Je ne m'arrête pas au plus ou moins de saillie de l'angle sacro-vertébral, au plus ou moins de concavité du sacrum, aux dimensions variables du bassin, qui sont pour nous d'un intérêt secondaire, ou se lient à des causes étrangères à la scoliose.

Le bassin, dans son ensemble, peut s'incliner en arrière, quand la direction du rachis ressemble à celle de la cyphose. Il semble déplacé, eu égard au plan horizontal, dans les grandes inclinaisons latérales des lombes qui accompagnent les courbures dorsales dominantes; une des crêtes iliaques s'enfonce au-dessous du thorax, l'autre le déborde au contraire en dehors. Mais ce n'est là qu'un effet du déplacement du thorax lui-même; les dernières côtes, ayant suivi le rachis, ne correspondent plus directement au-dessus

(1) Voy. pl. 5, fig. 5.
(2) Voy. p. 150 de mes *Leçons* de 1856.

du bassin. Les crêtes iliaques restent généralement sur le même niveau. Vous entendrez dire souvent qu'une des hanches est *plus haute* que l'autre; mais, avec de l'attention, il vous sera facile de vous assurer du contraire. Ce n'est que dans des cas particuliers que les os iliaques ont réellement une hauteur différente; par exemple, s'ils ne sont pas symétriques, si l'un est plus développé ou plus droit que l'autre, ce qui est fort rare. Pendant la vie, le bassin supposé régulier n'est abaissé d'un côté que dans la claudication, ou si le sujet a pris l'habitude de se hancher. J'ai vu aussi le tronc incliné entraîner le bassin de manière à soulever l'une des hanches ainsi que le membre inférieur correspondant, qui ne posait que sur la pointe du pied. C'est un cas tout à fait exceptionnel.

On a parlé d'une torsion, ou plutôt d'une rotation du bassin, portant en avant l'une des épines iliaques, de sorte que, dans la progression en avant, le sujet semble marcher de côté; mais cette apparence est plutôt due à un changement de direction du thorax, qui se tourne en effet, dans certains cas, avec la colonne vertébrale.

D. Tête. — La tête, malgré ses connexions et son analogie avec les vertèbres, se ressent moins que le bassin de leur déformation. Cependant elle finit aussi, dans les fortes scolioses, par être modifiée dans sa forme. On observe quelquefois, dès le début, une inégalité de développement, une asymétrie des deux côtés du crâne et de la face; mais cette inégalité précède le plus souvent la déviation, ou se produit en même temps qu'elle sans en être la suite.

Le crâne n'offre point, en général, de modifications dépendant de la scoliose; sa configuration, ses diamètres, examinés comparativement sur plusieurs squelettes normaux et bossus, n'ont présenté ni à M. Sterne (1), ni à moi, de différences sensibles. Ce n'est que dans la scoliose due au rachitisme que le crâne peut conserver les traces de cet état pathologique.

La face porte au contraire, tôt ou tard, l'empreinte de la difformité du rachis; ses diamètres transverses diminuent dans toute sa hauteur; ses arcades zygomatiques, les pommettes sont plus aplaties, les mâchoires plus étroites. Il en résulte un allongement appa-

(1) Sterne, *Observ. anatom. physiol. sur les courbures de l'épine*, dans *Müller's Archiv.*, 1834, III.

rent de la face qui a donné lieu à la figure longue, au nez et au menton du *Pulcinello*. Mais je n'ai trouvé que dans un petit nombre de cas une augmentation réelle du diamètre vertical, et M. Sterne ne l'a rencontrée dans aucun. La face est même très-souvent racourcie, et c'est alors uniquement son étroitesse qui la fait paraître plus longue. Cette tête d'une jeune fille gibbeuse vous permettra de vérifier ces faits.

E. MEMBRES. — On attribue généralement aux individus gibbeux des membres longs et grêles; leur longueur ne paraît excessive qu'en raison de la brièveté du tronc, dont la hauteur est singulièrement réduite par les inflexions du rachis. J'ai constaté, après M. Sterne, que cette longueur n'était pas augmentée comparativement à l'état normal. Le peu de volume des membres dépend des parties molles. La brièveté et la courbure des membres inférieurs n'appartiennent qu'à la scoliose rachitique.

F. MUSCLES. — L'anatomie pathologique de la scoliose n'est pas bornée au squelette; elle comprend encore l'étude des parties molles qui ressentent l'influence des courbures de l'épine.

Les muscles extrinsèques et intrinsèques du rachis suivent les os qui les supportent et auxquels ils s'insèrent; leur situation, leur direction, leur forme, leur étendue subissent de tels changements, que ce serait toute une anatomie à refaire que de les décrire avec les détails qu'ils comportent. Je ne m'arrêterai qu'aux points principaux.

Ici, comme partout ailleurs, les fibres musculaires, en vertu de leur tonicité, tendent à parcourir, suivant une ligne aussi rapprochée que possible de la ligne droite, l'intervalle qui sépare leurs insertions opposées. Là où les attaches deviennent moins distantes, les muscles se raccourcissent : c'est ainsi, par exemple, que les muscles des gouttières vertébrales acquièrent une longueur différente à droite et à gauche, en raison de la différence d'éloignement des os à la concavité et à la convexité des courbures.

Le raccourcissement qui se produit dans le sens de la concavité doit être distingué de la rétraction primitive ou consécutive des muscles qui meuvent une articulation quelconque. Les articulations des vertèbres ne sont en effet nullement bridées par le sacro-spinal raccourci; on leur imprime tous les mouvements dont elles sont susceptibles par elles-mêmes, sans rencontrer de résistance de la part des muscles. On peut en conséquence diminuer les courbures, redresser plus ou moins le rachis, en mettant en jeu la mobilité des vertèbres dans un sens opposé à leur inclinaison ; sans que les muscles de la concavité se montrent *tendus* de manière à *borner* le mouvement, sans qu'ils atteignent les limites de leur extensibilité naturelle, comme on l'observe dans la véritable rétraction musculaire, telle que celle des pieds bots et du torticolis musculaire ancien, etc. : c'est là un fait que j'ai constaté bien des fois, et dont j'ai rendu témoins tous ceux qui ont été désireux de le connaître (1). Je vais en faire l'expérience devant vous. Sur ce rachis scoliotique encore frais et pourvu de tous ses muscles, provenant d'un sujet d'environ vingt-cinq ans, non rachitique, je cherche à redresser les courbures en agissant sur ses deux extrémités. J'y réussis en partie seulement, et il vous est facile de voir que le redressement obtenu n'est pas limité par la tension des muscles, — ceux-ci sont à peine un peu plus tendus, — mais bien par la résistance du rachis lui-même. Si, en effet, on coupe les ligaments qui unissent ces vertèbres, on peut redresser le rachis et tendre les muscles; mais cette section préalable est toujours nécessaire : d'où l'on peut conclure que le redressement de la scoliose est borné par la tension des ligaments, et nullement par celle des muscles.

On a dit qu'en procédant autrement, en suspendant, par exemple, un cadavre gibbeux, on arrivait à tendre les muscles. D'abord, ce n'est pas là une expérience en rapport avec les mouvements physiologiques qui se produisent pendant la vie. L'absence de contraction musculaire, dans ce cas, donne lieu à une véritable diastase des articulations vertébrales, comme il arriverait à presque toutes les jointures mobiles du squelette soumises à un pareil effort. Mais, en second lieu, malgré cette traction exagérée, on ne produit, même dans cette expérience, qu'une légère tension musculaire ne mettant point obstacle à l'écartement des os, et les muscles sont loin de faire corde, comme dans un pied bot de cadavre qu'on cherche à mouvoir en sens inverse de sa flexion. Vous allez en juger sur cette pièce à laquelle nous suspendons un poids assez pesant : vous voyez que les muscles sont bien peu tendus. Pour

(1) Voy. *Bulletin de l'Académie de médecine*, t. IV, VI, VII, VIII; et *Annales de la chirurgie française et étrangère*, t. III.

rendre l'expérience tout à fait concluante, il faut noter la longueur exacte de la colonne ainsi tendue, puis couper les muscles qu'on suppose résister à cette extension : c'est ce que j'ai fait, et je n'ai observé aucun allongement.

La raison de ce fait est facile à concevoir. Ce n'est pas, comme dans le pied bot, un mouvement articulaire qui infléchit le rachis, qui le raccourcit dans un sens; c'est une réduction des vertèbres elles-mêmes. Les muscles, en s'accommodant à cette réduction, ne doivent pas moins conserver assez de longueur pour se prêter à tous les mouvements articulaires, comme ils le feraient dans un rachis normalement plus court. Je ne vous parle pas encore des apparences de rétraction qu'on a cru voir pendant la vie ; je reviendrai bientôt sur ce point.

Le fait purement anatomique suffit déjà pour vous faire pressentir que l'on ne peut, par la section des muscles de l'épine, lever un obstacle réel au redressement des courbures.

On rencontre exceptionnellement une véritable rétraction musculaire qui concourt à l'inflexion latérale des vertèbres dorsales ou lombaires, si elle ne la produit pas à elle seule. Ces cas sont fort rares, et ils appartiennent plutôt à la scoliose par flexion qu'à celle dont nous nous occupons en ce moment.

Les trois muscles principaux qui composent le sacro-spinal sont inégalement affectés par l'espèce de raccourcissement dépendant de la configuration nouvelle du rachis.

Les plus longs, parmi ces muscles, une partie du long dorsal, du sacro-lombaire, passant presque toujours au moins sur deux courbures alternatives, sont distendus sur la convexité de l'une et raccourcis à la concavité de l'autre ; de sorte que leur longueur totale diffère peu à droite et à gauche. Aussi restent-ils fort relâchés quand on redresse, à la fois, les deux courbures, parce que, si ce redressement éloigne leurs attaches au niveau de l'une, il les rapproche au niveau de l'autre.

Les transversaires épineux présentent assez souvent une disposition exceptionnelle signalée par Pravaz (1) qui l'a crue générale, et qui en a déduit une théorie de la scoliose semblable à celle de Mayow et aussi peu fondée : on voit ces muscles, à certaines hau-

(1) *Journal de médecine de Lyon*, novembre 1844.

teurs, plus courts du côté de la convexité. Les gouttières vertébrales qui logent leurs faisçeaux varient, en effet, de forme et de direction. En général, celle qui répond à la convexité est profonde, resserrée entre les apophyses épineuses et transverses; celle de la concavité est superficielle, au contraire, et comme étalée, quoiqu'en réalité réduite en largeur ainsi qu'en hauteur par le raccourcissement et le rapprochement des lames vertébrales. Néanmoins la distance du sommet des apophyses transverses au sommet des apophyses épineuses, par conséquent entre les extrémités d'insertion des transversaires épineux, se trouve, dans quelques points, moindre du côté de la convexité des courbures, et les faisceaux musculaires correspondants sont plus courts que du côté de la concavité. Des mesures prises sur un certain nombre de pièces m'ont fait voir que cette disposition se lie uniquement à la manière dont les os s'inclinent et se déforment dans leurs courbures successives, et qu'elle ne se rattache nullement à une modification primitive dans l'état des muscles.

La plupart des changements que les muscles du rachis éprouvent dans la scoliose sont défavorables à leur action. Les trois portions du sacro-spinal, du côté de la convexité, recourbées sur la colonne vertébrale, déplacées par la torsion, agissent plus obliquement et perdent de leur force pour produire, soit l'extension directe, soit l'inclinaison latérale du tronc. Les faisceaux musculaires de la concavité deviennent d'autant plus inutiles à l'extension du rachis, que la courbure et la torsion sont plus considérables; ils finissent par n'être plus propres qu'à le fléchir latéralement, c'est-à-dire à augmenter la concavité de la courbure, dont ils représentent en partie la corde. On voit même, dans les courbures extrêmes, le bord interne du long dorsal, du côté de la convexité, attiré du côté de la concavité par-dessus les apophyses épineuses; une partie des faisceaux compris dans le *grand épineux du dos* deviennent ainsi fléchisseurs latéraux dans une direction opposée au sens habituel de leur action, et congénères, sous ce rapport, des muscles de la concavité.

C'est sans doute à l'inertie croissante des muscles de plus en plus gênés dans leur action, à la diminution, et finalement à l'abolition de la mobilité des os à la partie moyenne des courbures, que sont dues l'atrophie, la décoloration partielle des fibres musculaires, qui finissent par passer à l'état graisseux. Vous voyez sur ces planches coloriées que cette altération commence à la concavité des courbures principales, qu'elle atteint beaucoup moins les muscles de la convexité. Ce n'est que dans un âge avancé que ceux-ci se transforment à leur tour, du moins dans une grande étendue.

Vous remarquerez encore, sur ces dessins, que les muscles extrinsèques eux-mêmes, les muscles larges et superficiels de la région dorsale, participent à la longue à ce défaut de nutrition d'un côté du tronc. Le grand dorsal se montre plus spécialement affecté.

Vous vous ferez aisément une idée des effets de la pression, des froissements exercés par les côtes sur les muscles qui les avoisinent; vous devinez l'atrophie des intercostaux, des muscles resserrés entre les côtes et la crête iliaque, etc.

Quel que soit mon désir d'abréger ces détails, je ne puis passer outre sans vous dire un mot du diaphragme. Ses deux moitiés deviennent souvent très-inégales, comme on le voit sur ces dessins; sa circonférence cesse d'être régulière; la situation relative de ses orifices est changée. Les piliers, couchés le long des vertèbres, sont entraînés dans le déplacement de ces dernières, et prennent dans certains cas une direction presque horizontale. Refoulé par les viscères abdominaux, qui ont peine à se loger entre lui et le bassin, le diaphragme remonte plus haut dans le thorax et réduit d'autant sa cavité propre. Enfin, incliné dans beaucoup de cas en arrière ou de côté avec l'axe de la poitrine, ce muscle n'exerce plus alors, dans ses contractions, un effort dirigé dans le même sens qu'à l'état normal.

G. Viscères. — *a. Moelle épinière.* — Parmi les organes renfermés dans les cavités du tronc, aucun n'est aussi intimement lié au rachis que la moelle épinière. Plus que tout autre, elle devait subir l'influence de la courbure latérale de l'épine. Elle change de forme, en effet, avec son étui osseux; elle en suit les ondulations et décrit les mêmes courbures. Ces courbures sont moins fortes que celles des corps vertébraux, et un peu plus fortes que celles des apophyses épineuses. Cela tient, d'une part, à la disposition du canal vertébral, et, de l'autre, à celle de la moelle dans l'intérieur de ce canal.

Le canal vertébral n'est pas symétrique comme dans l'état normal ; nous avons vu que les trous des vertèbres qui le forment par leur superposition sont eux-mêmes de figure irrégulière. La paroi antérieure de ce canal, qui appartient aux corps vertébraux, à la colonne antérieure, est tordue comme elle. Elle présente dans sa longueur ce qu'on nomme une *surface gauche*, comme vous le voyez sur cette pièce formée des corps vertébraux seulement. Cette paroi décrit, par cela seul, des courbures un peu moins prononcées que la partie antérieure des corps vertébraux. D'un autre côté, la paroi postérieure du canal rachidien, formée par les arcs, décrit des courbes moins marquées que les précédentes, et plus prononcées que celles de la série des apophyses épineuses placées plus près du centre de courbure. La direction du canal se trouve ainsi une moyenne entre la courbure des corps vertébraux et celle des apophyses épineuses.

Pour ce qui est de la moelle, ses courbes ne sont pas parallèles à celles du canal. Il se passe ici, d'une manière permanente, ce qui a probablement lieu passagèrement dans les mouvements physiologiques du rachis. Le liquide de Cotugno ou de Magendie se porte du côté convexe des courbures à mesure qu'elles se produisent, et la moelle reste accolée à leur concavité ; sa direction croise ainsi celle de l'axe du canal en passant d'une courbe à l'autre. C'est ce que vous montrent ces pièces et ces dessins, où l'on voit le canal ouvert et la moelle à nu ou encore recouverte de son étui membraneux, ici distendu par le liquide et remplissant le canal osseux, là desséché et rétracté autour de la moelle, dont il suit la direction.

Vous devinez l'avantage qui résulte de cette disposition : les angles de flexion de la moelle sont adoucis au milieu de chaque courbure, et ses fonctions risquent moins de souffrir de la compression de la substance nerveuse. Ce n'est pas une des moindres causes de l'extrême rareté des troubles fonctionnels de cet organe par l'effet de la scoliose.

Cependant les courbures considérables et anciennes finissent par déformer la moelle ; elle se raccourcit un peu du côté concave des courbures, s'étend un peu du côté opposé. Les nerfs sont plus écartés dans ce dernier sens que dans le premier. La lenteur de ce changement empêche ordinairement qu'il ne porte atteinte à l'action nerveuse.

Les nerfs spinaux restent longtemps intacts dans la courbure latérale du rachis. C'est à tort que quelques auteurs ont attribué divers effets à leur compression chez les jeunes sujets. Les trous intervertébraux peuvent en effet devenir beaucoup plus étroits à la concavité des courbures, sans que les nerfs soient comprimés, parce que leur diamètre est bien supérieur à celui des nerfs. Ce n'est que dans les déviations du plus haut degré que ceux-ci finissent par diminuer de volume, du côté concave, à la partie moyenne des courbures principales. Il est extrêmement rare qu'ils disparaissent complétement par l'oblitération des trous de conjugaison. Dans les courbures les plus énormes, on retrouve presque toujours, au milieu de la fusion de toutes les parties, des pertuis pénétrant dans le canal vertébral et livrant passage aux nerfs.

b. Poumons (1). — Ce que je vous ai dit du squelette des sujets gibbeux vous a déjà fait pressentir que, dans les scolioses un peu prononcées, les déformations du thorax et de l'abdomen doivent entraîner des changements importants dans les organes mous qu'ils renferment.

Les poumons, les plus compressibles de ces organes, perdent plus ou moins de leur volume presque en tous sens. Leur partie antérieure toutefois change peu : vous voyez sur ces dessins que, sauf leur diminution de hauteur, les poumons, vus en avant, offrent à peu de chose près leur aspect ordinaire (2).

Il n'en est pas de même en arrière. Dans les courbures dorsales droites, le poumon droit est refoulé par les vertèbres. Le bord postérieur du médiastin est porté à droite avec le rachis. Cette cloison devient très-oblique, parfois presque transversale, son bord antérieur restant fixé au sternum ou se déplaçant beaucoup moins. La partie postérieure du poumon droit perd donc de son étendue transversale. Cette réduction, peu marquée dans les déviations les moins considérables, devient énorme dans les fortes courbures. Le poumon ne représente alors en arrière, comme on le voit sur ce dessin (3), qu'une lame mince, qu'une sorte de languette compacte, privée d'air, située entre les côtes et les corps vertébraux,

(1) Huitième leçon, 10 juillet 1857.
(2) Voy. les planches 10 et 12.
(3) Voy. pl. 10, fig. 2.

ainsi que dans l'arrière-cavité du thorax qui répond à la gibbosité. Toute la configuration de ce poumon est fort irrégulière ; elle est exactement moulée sur la configuration nouvelle du thorax. Son sommet et sa base, moins réduits, paraissent renflés parce qu'ils correspondent à la concavité des courbures sus et sous-aortiques, tandis que son milieu est comme étranglé vis-à-vis de la convexité de la courbure principale. Sa face externe se déprime par l'aplatissement latéral du demi-thorax droit; sa face interne est excavée pour loger la saillie du rachis.

Le poumon gauche, moins réduit que le droit, s'étend surtout en travers sous la concavité de la courbure dorsale, derrière le médiastin, et en partie derrière le poumon droit. Son épaisseur est diminuée, dans le sens antéro-postérieur, par l'aplatissement des côtes et par leur déplacement en avant; la dépression est surtout marquée vis-à-vis la crête saillante formée par les côtes les plus déplacées. Le volume de ce poumon est aussi diminué latéralement par la même cause, comme l'indiquent ces figures où la pointe du cœur se montre très-rapprochée de la paroi latérale du thorax (1).

C'est le poumon gauche qui est le plus déprimé, le plus réduit dans les courbures dorsales gauches; il est même moins à l'aise que le poumon droit dans les courbures à droite, à cause de la présence du cœur qui le refoule, ce qui n'est que faiblement compensé par la moindre influence du foie sur le demi-thorax gauche. Il est à peine nécessaire de dire que le poumon droit, dans ces courbures à gauche, offre la disposition qui appartient au poumon gauche dans les déviations à droite.

La réduction en hauteur due à l'ascension du diaphragme est commune aux deux poumons, quoique plus grande à droite. Elle est produite non-seulement par les courbures dorsales, mais encore par les lombaires, qui diminuent la capacité de l'abdomen.

Ce dessin, pris sur le cadavre de la nommée Rose Lacour, morte, à vingt-cinq ans, avec un rachis en vilebrequin que vous avez sous les yeux, montre jusqu'où peut aller la compression des poumons, quand le diaphragme est fortement refoulé par les viscères abdominaux et surtout par un foie très-volumineux (2).

(1) Voy. les pl. 10, fig. 2; 11, fig. 1; 12, fig. 1; 13, fig. 1.
(2) Voy. pl. 11, fig. 1.

On devine combien les résultats de la percussion et de l'auscultation doivent être modifiés par toutes ces particularités de conformation. C'est un point sur lequel j'aurai occasion de revenir.

c. *Cœur.* — Le cœur échappe, par sa situation dans la région thoracique antérieure, à la pression directe des vertèbres et de la partie postérieure des côtes; plus résistant que les poumons, il cède moins aux efforts qu'ils supportent en commun. Aussi sa configuration, ses dimensions, ne paraissent-elles pas altérées sur la plupart de ces dessins (1). Cependant, si le rétrécissement du thorax est considérable, si le sternum, la région précordiale, sont particulièrement déprimés, si le diaphragme est très-élevé, le cœur peut être comprimé par la paroi thoracique et par la substance pulmonaire condensée. On le trouve porté à droite dans les déplacements très-étendus du médiastin, et remonté vers le cou dans les grands refoulements du diaphragme. J'ai vu, sur un sujet vivant, le demi-thorax gauche tellement resserré dans le sens antéro-postérieur, que le cœur avait peine à se loger dans l'étroit espace que lui laissait le poumon, et qu'il paraissait fortement appliqué contre les deux parois thoraciques.

Il est fort rare que la pression réduise très-notablement le volume du cœur, comme elle diminue le volume des poumons. La gêne de la circulation tend plutôt à augmenter ses dimensions, comme dans ce dessin, où il est fort élargi (2). Il est quelquefois en partie graisseux; mais cet état ne m'a pas paru plus fréquent chez les sujets gibbeux que chez les autres.

Les courbures dorsales gauches sembleraient devoir produire une compression du cœur presque incompatible avec la vie, et on l'a cru en effet; il n'en est rien pourtant. Les vertèbres, en se portant dans le demi-thorax gauche, restent en arrière du cœur; et lorsqu'elles sont arrivées près de la face interne des côtes gauches, le sac du péricarde s'en est éloigné, ne les ayant pas suivies dans leur mouvement. Le cœur est alors entièrement situé à droite du rachis, dans la concavité de sa courbure, où il trouve un espace plus que suffisant pour se loger. C'est ce qui était arrivé chez les deux sujets dont je vous présente les dessins. L'un d'eux était une

(1) Voy. les pl. 10, fig. 2; 11, fig. 1; 12, fig. 1; et 13, fig. 1.
(2) Voy. pl. 14, fig. 2.

femme qui avait atteint l'âge de soixante-dix-neuf ans. J'ai autrefois placé la pièce sous les yeux de l'Académie de médecine (1). Il faut savoir toutefois que les déviations dorsales gauches peuvent, dans certains cas, réduire beaucoup l'emplacement destiné au cœur, parce que, outre la réduction causée par la présence des corps vertébraux dans le demi-thorax gauche, elles produisent encore la dépression antéro-gauche de la poitrine.

d. *Vaisseaux sanguins. — Œsophage.* — Les divers canaux renfermés entre les deux lames du médiastin postérieur subissent quelques changements.

Plusieurs auteurs anciens qui ont parlé des courbures de l'épine, Haller (2), Morgagni (3), Ludwig (4), A. Roy (5), Watzel (6), et plus récemment Vrolick (7), ont fait la remarque que l'aorte suit les inflexions du rachis dans la scoliose. Vous trouverez au musée Dupuytren sous les n°s 481, 482, 481^a, 482^b, quatre pièces d'aortes injectées dans des cas de scoliose où MM. Houel, Verneuil et Jamain ont rencontré la même disposition. Ces dessins de pièces que j'ai étudiées il y a une vingtaine d'années, vous feront connaître les principales variétés qui se présentent à cet égard. J'examinerai en même temps, sur ces dessins, la disposition des veines principales et de l'œsophage.

Dans les cas les plus ordinaires, où la concavité de la courbure dorsale est à gauche, l'aorte thoracique reste accolée à cette concavité en décrivant un arc concentrique à la courbure vertébrale. C'est ce que l'on voit sur la plupart de ces figures (8). La veine azygos, représentée sur quelques-unes, décrit une courbure semblable (9) : c'est là ce que j'appellerai *la règle* quant à la direction de ces troncs vasculaires.

(1) *Bulletin de l'Académie de médecine*, t. VII, p. 551.

(2) *Opusc. pathol.* Obs. II.

(3) *Lettres* 4 et 27.

(4) *Observ. in sectione cadav. femin.*, p. 7 et suiv.

(5) *Loc. cit.*, p. 133.

(6) *De efficacia gibbositatis in mutandâ vasorum directione.* 1778.

(7) Schröder (sous la présidence de Vrolick), *De mutato vasor. decursu in scol. et cyphos.* Amsterdam, 1823.

(8) Voy. les pl. 11, 12, 13, 14, 15 et 16.

(9) Voy. les pl. 12, fig. 2; 13, fig. 1 et 2.

Vous remarquerez que l'aorte ne paraît pas toujours située à la gauche des vertèbres dorsales. Elle est quelquefois transportée plus ou moins au-devant d'elles; cela est surtout très-marqué sur ce dessin où la courbure de l'épine est considérable (1). Cela tient à ce que, par l'effet de la torsion, le côté gauche du rachis devient antérieur ou antéro-gauche; l'aorte suit ce côté dans sa rotation.

Au bas de la colonne dorsale, l'aorte change de direction avec le rachis, en le croisant un peu pour se placer sur sa face antérieure; vous la voyez, sur ces dessins, se contourner en sens contraire, comme la colonne lombaire, lorsque celle-ci décrit une courbe très-marquée (2); mais le parallélisme n'est pas en général aussi exact que dans le thorax. Si les vertèbres lombaires se portent fortement à gauche, l'aorte se trouve placée sur leur côté antéro-droit. La veine-cave inférieure est recourbée, comme l'aorte, dans le même sens que le rachis. Dans les cas de forte déviation lombaire que je viens de rappeler, cette veine abandonne les vertèbres en se dirigeant à droite, près de son passage derrière le foie (3).

Deux sujets sur quatorze offrent une disposition de l'aorte abdominale et thoracique qui constitue l'*exception*. Cette artère décrit, dans ce cas, de petites courbures qui ne représentent pas aussi exactement celles du rachis (4); cela ne s'observe guère que dans les scolioses peu considérables. Il est moins rare de voir l'aorte abdominale affecter seule cette marche flexueuse.

Si la courbure dorsale est à gauche, — nous en avons trois exemples parmi ces dessins, — la position de l'aorte diffère suivant le degré de la déviation. 1° Dans ce cas de courbure dorsale gauche secondaire, qui accompagne une forte courbure lombo-dorsale droite, l'aorte et l'azygos ont leur situation ordinaire par rapport à la colonne dorsale, et décrivent comme elle un arc peu prononcé à convexité gauche (5); plus bas, l'aorte se replie en sens contraire comme le rachis, et suit la direction de la région lombaire. 2° S'il s'agit, comme dans les deux autres exemples, d'une forte courbure dorsale gauche, les rapports de l'aorte avec le ra-

(1) Voy. pl. 11, fig. 2.
(2) Voy. pl. 12; pl. 14, fig. 1; pl. 15 et 16.
(3) Voy. les pl. 12, 15 et 16.
(4) Voy. pl. 15, fig. 1.
(5) Voy. pl. 17, fig. 1.

chis changent complétement; elle glisse au-devant des vertèbres à mesure que celles-ci se portent à gauche, et finit par se trouver sur leur côté droit, ou même tout à fait à droite, vis-à-vis l'extrémité des côtes de la concavité de la courbure. C'est ce qui se voit sur l'un de nos dessins (1). Ludwig (2) avait déjà publié un cas semblable dans le siècle dernier. L'aorte croise alors la direction du rachis en traversant le diaphragme et suit le côté gauche antérieur de la colonne lombaire, selon la direction qu'affecte cette dernière.

Morgagni (3) a supposé que ces courbures de l'aorte pouvaient gêner le cours du sang. Je crois que cela n'aurait lieu que si elles formaient des angles ou plis profonds. On voit de ces plis sur quelques-uns de nos dessins; mais il est probable qu'ils s'effaçaient par la distension de l'artère.

L'œsophage, plus rétractile, moins adhérent au rachis que l'aorte, se comporte différemment. Ce n'est que dans les petites déviations qu'il conserve à peu près ses rapports normaux avec la colonne vertébrale, comme on le voit sur ces deux dessins (4). Mais, dans presque tous les autres cas, l'œsophage s'écarte du milieu de la courbure, à mesure que celle-ci se prononce davantage; il tend à former la corde de l'arc qu'elle représente, comme ces dessins en offrent de nombreux exemples (5). De nature musculaire, il se raccourcit à proportion comme un muscle du squelette dont les points d'insertion se rapprochent. Ce raccourcissement ne va pourtant pas jusqu'à le tendre fortement, lorsqu'on écarte les extrémités de l'arc; je l'ai toujours vu relâché dans ce cas, et on ne risque jamais de le rompre en cherchant à redresser une courbure.

Par exception, voici les figures de deux pièces où l'œsophage se recourbait comme l'aorte, s'il n'a pas été déplacé dans la préparation (6).

(1) Voy. pl. 18.
(2) *Loc. cit.*, p. 7.
(3) *Lettre 4*, n° 16.
(4) Voy. les pl. 13, fig. 4; 15, fig. 4.
(5) Voy. les pl. 11, fig. 2; 12, fig. 2; 14, fig. 1; 13, fig. 3; 15, fig. 2 et 3; pl. 16 et 18.
(6) Voy. les pl. 10, fig. 2; et 13, fig. 2.

e. Organes digestifs. — La courbure lombaire oblique des fortes scolioses dorsales, la courbure lombaire verticale dominante, ou égale à la courbure dorsale, ont pour effet commun de diminuer la hauteur de la cavité abdominale. Le resserrement irrégulier de la base du thorax, dans les déviations dorsales, réduit, en outre, la circonférence des régions abdominales supérieures. L'inclinaison du tronc en avant, quand elle a lieu, ajoute encore son effet à cette double influence. Il en résulte que les viscères abdominaux se portent en bas, vers la cavité pelvienne, et en avant, où ils distendent la paroi musculaire de l'abdomen. Suivant le volume proportionnel des viscères thoraciques et abdominaux, la réduction porte davantage sur les organes centraux de la respiration et de la circulation, ou sur l'appareil digestif. Cette considération n'est pas à négliger pour l'hygiène des individus gibbeux.

L'estomac et les intestins, excepté le duodénum, plus rapproché du rachis, ne ressentent qu'indirectement les effets de sa déformation. Leur situation et leur direction changent néanmoins à la longue; l'estomac descend plus bas et occupe la région ombilicale. J'ai vu les intestins grêles ramassés en totalité dans la cavité du petit bassin; le colon transverse devient quelquefois vertical; j'ai vu cet intestin remonter au-dessus du foie, entre celui-ci et le diaphragme, disposition déjà observée par M. Cruveilhier, qui toutefois ne dit pas si le sujet était bien ou mal conformé (1).

f. Foie. — Le foie, la rate, les reins, situés plus en arrière, sont modifiés plus directement par la courbure du rachis.

Le volume du foie n'est pas toujours réduit; il est même quelquefois considérable. Mais il ne peut s'étendre en tous sens; ce n'est qu'en longueur, vers l'hypochondre gauche, en hauteur, du côté du thorax et vers l'ombilic, que cet organe se développe. Circonscrit partout ailleurs par le squelette, il se moule exactement sur les os qui l'entourent. De là une configuration presque toujours irrégulière, des déformations parfois bizarres. Vu en avant, vers sa partie moyenne et sa face convexe, le foie paraît peu s'éloigner de l'état normal, ainsi que vous le remarquez sur ces dessins (2). Il en est tout autrement quand on l'examine en arrière, à son extrémité

(1) Cruveilhier, *Anatomie descriptive*, 1834, t. II, p. 519.
(2) Voy. les pl. 11, fig. 1; 13, fig. 1; 15, fig. 2.

droite et surtout à sa face inférieure. La colonne vertébrale s'imprime sur son bord postérieur ; les côtes s'enfoncent dans son lobe droit, et y tracent des sillons plus ou moins profonds; le rein droit, déplacé lui-même, creuse sa face inférieure. Vous voyez toutes ces dépressions sur plusieurs de ces dessins (1). En voici un où la crête iliaque elle-même est reçue dans une profonde gouttière creusée à la face inférieure du foie (2). Le lobe droit est celui qui souffre le plus de la pression des organes voisins : diversement tronqué, arrondi ou allongé, quelquefois comme ratatiné ou replié sur lui-même, il affecte les formes les plus variées. Son allongement et la réduction du lobe gauche, dans ce dessin, donnent au foie la figure d'un tricorne. Sur cet autre, au contraire, il forme la petite extrémité de l'organe (3). Plus les vertèbres lombaires s'inclinent à droite, plus le lobe droit est gêné dans son développement. Quand elles décrivent une forte courbure à gauche, la plus grande partie du foie, mais surtout sa moitié droite, trouve plus d'espace dans la concavité de la courbure, comme cela a lieu dans le cas figuré ici (4). Dans cette forme de déviation, le foie s'éloigne des vertèbres, et reste, en presque totalité, à la droite du rachis.

g. Rate. — Plus mobile que le foie, moins profondément enfoncée dans l'hypochondre, la rate fuit plus aisément la pression. On la trouve sensiblement normale dans quelques cas, comme sur quelques-uns de ces dessins; sur celui-ci, par exemple, malgré l'existence d'une très-forte courbure lombaire gauche (5). Elle a même augmenté de volume dans ces deux autres cas (6); mais l'un est une scoliose lombo-dorsale à convexité droite, et la rate a pu s'étendre dans la concavité de la courbure. Dans le second cas, elle n'a trouvé assez d'espace qu'en se déplaçant; elle est descendue jusque dans la fosse iliaque gauche, qui loge son extrémité la plus renflée.

La rate obéit donc en partie, comme le foie, aux influences mé-

(1) Voy. les pl. 10, fig. 1; 12, fig. 1; 13, fig. 3; 14, fig. 3; 17, fig. 2.
(2) Voy. pl. 10, fig. 1.
(3) Pl. 10, fig. 2.
(4) Pl. 15, fig. 4.
(5) Pl. 12, fig. 1.
(6) Pl. 11, fig. 2; et pl. 17, fig. 1, 2.

caniques produites par la scoliose. Elle porte très-souvent à sa surface, ainsi que le foie, la trace des pressions voisines, des sillons, des excavations superficielles. C'est ce que l'on voit dans les deux cas que je viens de citer et dans plusieurs autres (1). Enfin elle n'a pu échapper, sur d'autres pièces figurées ici, à la réduction, à l'atrophie causée par la pression des vertèbres déviées à gauche (2). Sur l'une de ces pièces, une forte courbure dorsale gauche réduisait l'hypochondre gauche. Les quatre autres présentaient des courbures lombaires ou lombo-dorsales gauches, et la rate était resserrée dans l'étroit espace en forme de gouttière, qui résultait du rapprochement des vertèbres lombaires ou des dorsales inférieures et des dernières côtes gauches. Dans un de ces cas, vous voyez la rate réduite à une simple languette et complétement atrophiée.

h. Reins. — Aucun organe n'éprouve plus que les reins ces effets mécaniques de la scoliose, ce qu'expliquent sa situation profonde et ses rapports immédiats avec le rachis et les côtes. Voici pourtant un cas où les reins sont à peu près à l'état normal, malgré une forte déviation du rachis (3) ; c'est que les vertèbres inférieures sont très-peu affectées; la courbure est presque bornée à la région dorsale.

Les reins restent en général parallèles à la colonne lombaire, et s'inclinent avec elle; le rein droit est plus bas que le gauche, si les premières vertèbres abdominales penchent à droite, comme cela avait lieu sur ces pièces (4). C'est le rein gauche qui s'abaisse, le droit qui s'élève, quand ces vertèbres penchent à gauche, comme dans ces deux autres cas (5).

Celui de ces organes qui répond à la convexité des fortes courbures lombaires ou lombo-dorsales, pressé entre les vertèbres et les côtes, s'allonge, s'effile et s'amincit; son volume total est réduit; le rein du côté de la concavité, pressé de haut en bas, se raccourcit et s'élargit; mais il conserve au moins son volume normal. Le contraste est assez sensible sur ces dessins. Il s'y reproduit

(1) Pl. 13, fig. 1; 14, fig. 1.
(2) Pl. 10, fig. 1; 15, fig. 1, 2, 4; et pl. 18.
(3) Pl. 13, fig. 2.
(4) Pl. 11, fig. 2; pl. 16; pl. 17, fig. 1.
(5) Pl. 15, fig. 1 et 4.

en sens inverse, selon que la convexité de la courbure est à gauche ou à droite (1).

Plusieurs de ces reins sont creusés de dépressions ou de sillons, ou divisés en lobes, ce qui se voit dans d'autres circonstances que dans la scoliose. Un certain nombre d'entre eux sont coniques; leur extrémité supérieure, très-rétrécie, finit en pointe, la pression et l'atrophie ayant porté davantage sur cette partie de l'organe. Cette disposition se voit aussi sur des reins situés dans le sens de la concavité, quand leur partie supérieure a été soumise à quelque pression latérale (2).

SCOLIOSE CONGÉNITALE. — Les faits anatomo-pathologiques que j'ai exposés jusqu'ici sont communs à trois des quatre espèces de scoliose que j'ai établies précédemment; mais la scoliose congénitale présente quelques particularités qui méritent une mention spéciale.

On possède malheureusement peu d'observations détaillées sur la courbure latérale de l'épine chez le fœtus, et je serai obligé, faute de faits, de glisser sur plusieurs points importants.

Cette courbure a été vue, dès la naissance, dans deux circonstances principales : 1° dans le rachitisme congénital; 2° chez des monstres.

Le premier cas rentre dans la scoliose rachitique; je n'en dirai rien de plus.

La courbure latérale de l'épine, chez les monstres, se lie, comme la cyphose et la lordose, dont je vous ai parlé précédemment, à de grands désordres des cavités splanchniques, spécialement aux lésions des centres nerveux et à celles que l'on connaît sous le nom d'*éventration*.

M. Depaul a observé une courbure de cette espèce sur un anencéphale (3). Fleischmann (4) en a cité un cas où la courbure était unique. La loi de compensation ou de balancement des cour-

(1) Voy. pl. 13, fig. 4; 14, fig. 1; pl. 12, fig. 1, 2; pl. 15, fig. 2 et 4.

(2) Voy. pl. 12, fig. 1; et pl. 18.

(3) Robert, *Thèse de concours sur les vices congénit. des articul.*, 1851, p. 45.

(4) *De vitiis congenitis circa thoracem et abdomen.* Erlangæ, 1810, pag. 6.

bures ne paraît pas ici aussi générale qu'après la naissance; elle n'est plus nécessitée par l'équilibre de la station.

La torsion, qui implique, vous le savez, la déformation, se rencontre sans doute dans beaucoup de cas, car cette scoliose des monstres est souvent accompagnée de gibbosité. M. Geoffroy Saint-Hilaire (1) a rappelé que les anencéphales présentent fréquemment des courbures du rachis et même des *gibbosités;* mais d'autres déviations vertébrales paraissent se rapporter plutôt à la scoliose par simple *flexion*. On voit aussi des torsions physiologiques semblables à celles que produit l'action musculaire. Fleischmann (2) cite un cas de courbure double, dans lequel la région cervicale était ainsi tordue sur elle-même.

La contracture des muscles du tronc, si rare après la naissance, paraît plus fréquente chez le fœtus, et certaines scolioses intra-utérines semblent dues à cette cause. M. J. Guérin (3) lui a même attribué toutes celles qui se produisent dans les monstruosités. Il dit avoir observé, dans plusieurs cas, une rétraction des muscles du rachis en rapport avec le sens des courbures; ces muscles courbaient la colonne vertébrale en tirant sur elle, comme la corde d'un arc tire sur ses deux extrémités, de même qu'on voit le sterno-mastoïdien, par exemple, tirer sur la tête et la maintenir inclinée par sa seule rétraction. Il est regrettable que la description détaillée de ces cas n'ait pas été publiée, car il est impossible, sur un énoncé aussi vague, d'en déterminer positivement le caractère, et surtout de juger du degré de généralité qu'il convient de leur donner.

L'existence d'une lésion nerveuse concomitante est sans doute un motif de penser qu'il y a eu contracture musculaire primitive, lorsque d'ailleurs on trouve les muscles rétractés. Mais cette lésion manque parfois, dans certains cas d'éventration, par exemple, et il faut alors, ou admettre la lésion nerveuse sans preuves, ou recourir à une autre explication. Fleischmann (4), qui malheureusement ne dit rien de l'état des muscles, suppose que l'éventration,

(1) *Histoire des anomalies de l'organisation*, ou *Traité de Tératologie*. Paris, 1836, t. II, p. 368.

(2) *Loc. cit.*, p. 6.

(3) *Des Difformités chez les monstres*, etc., *Gazette médicale*, 1842.

(4) *Loc. cit.*, p. 8.

toujours latérale dans ce cas, peut produire la scoliose en détruisant l'équilibre par le déplacement des viscères; mais il se demande aussi si, comme le pense Sœmmering (1), l'éventration ne pourrait pas, au contraire, être causée par la courbure de l'épine, ce qui nous rappelle l'explication de M. Houel pour l'éventration dans la lordose sacrée. De même que dans ce dernier exemple, des influences mécaniques indépendantes de l'action musculaire pourraient courber le rachis de certains monstres, et il faut, je crois, de nouvelles recherches pour mieux fixer ce point de la science.

II. ÉTIOLOGIE DE LA SCOLIOSE.

Après avoir étudié la scoliose au point de vue purement graphique, il nous reste à rechercher l'origine des désordres qui la constituent. Vous avez déjà compris que le fait anatomique primitif de la courbure latérale de l'épine est le développement irrégulier, asymétrique, de la vertèbre et de ses annexes. Mais il faut remonter plus haut; il faut découvrir, s'il se peut, les causes de cette asymétrie.

Toutes les hypothèses imaginées à cet égard depuis deux siècles se rattachent plus ou moins directement à l'hypothèse de Glisson (2) ou à celle de Mayow (3). Suivant Glisson, la courbure vient de ce que les matériaux nutritifs se distribuent inégalement aux deux côtés de l'os. Selon Mayow, ce sont les muscles, trop courts pour le squelette, qui le forcent à se courber.

Méry (4) a étendu et quelque peu modifié l'explication de Mayow, en admettant que les muscles de l'épine, contractés avec force d'un seul côté, produisent sa courbure latérale et tous les désordres qui s'ensuivent.

Morgagni (5) complète encore cette théorie, en disant que cette contraction des muscles d'un côté peut dépendre de convulsions ou

(1) *Beschreibung*, etc., ou *Description de quelques fœtus monstrueux*. Mayence, 1791.

(2) *De Rachitide*, 1650.

(3) *De Rachitide*, 1680.

(4) *Mém. de l'Acad. des sciences*, 1706.

(5) *Lettre* 27e.

d'une plus grande force naturelle de ces muscles, ou encore d'un affaiblissement des muscles opposés par une paralysie ou une autre cause. Morgagni est seulement un peu embarrassé par le fait de l'existence de plusieurs courbures opposées, car alors « on ne voit » pas facilement, dit-il, comment la paralysie alterne. » Il en propose une explication fondée sur la prétendue compression des nerfs dans les trous de conjugaison ; mais il termine par ce trait d'une modestie trop rare de nos jours : « Croyez, ajoute-t-il, que cette » explication, qui exige un grand nombre d'observations non-seu- » lement sur des sujets sains, mais encore sur des bossus, a été » ajoutée ici par moi, non pas pour établir quelque chose, mais » pour vous engager à en imaginer une meilleure. »

La plupart des modernes ont suivi la même voie que Mayow, Méry et Morgagni. Shaw (1) a vu la cause principale de la scoliose dans les attitudes habituelles des enfants produites par la prédominance d'action de certains muscles. Pravaz (2), adoptant la même idée, intitule son chapitre de la vraie scoliose : *Déviations produites par l'inégale distribution des puissances qui agissent sur la colonne vertébrale;* et ces puissances, ce sont les muscles. Notre bien regrettable confrère revint plus tard à l'hypothèse pure de Mayow, et attribua la scoliose à un défaut d'harmonie entre l'élongation du squelette et l'accroissement des muscles (3).

Delpech seul, de nos jours, battit en brèche la doctrine généralement adoptée; il prouva que les attitudes étaient plus souvent l'effet que la cause de la scoliose, et il se rapprocha de Glisson en cherchant dans le rachis même la cause première de sa déformation. Il plaça cette cause dans les fibro-cartilages, — j'aime mieux dire les *ligaments*, — intervertébraux. Il supposa, plutôt qu'il ne la vit réellement, une affection primitive de ces ligaments, suivie de leur ramollissement et de leur affaissement latéral.

Puis est venue la doctrine de la *rétraction musculaire.* Reprenant les idées de Méry et de Morgagni, elle appliqua la théorie du pied bot, du torticolis musculaire ancien au plus grand nombre

(1) *Loc. cit.*, p. 54.
(2) *Des déviations de la colonne vertébrale*, 1827.
(3) *Journ. de méd. de Lyon*, novembre 1844.

des déviations latérales du rachis, qui dépendent, suivant cette doctrine, de la rétraction partielle des muscles de la colonne vertébrale.

Voyons ce que l'observation rigoureuse des faits nous apprend sur ces divers systèmes et sur la formation de la courbure latérale de l'épine.

D'abord, il est bien établi que la scoliose par déformation peut succéder à une scoliose par flexion. L'empyème en fournit une preuve irrécusable, et Delpech lui-même n'a pas nié l'influence de l'attitude dans ce cas. Rien de plus simple que le mécanisme de cette déformation. Par suite du retrait de la cavité pleurale après l'absorption ou l'évacuation du liquide, les deux extrémités du rachis se rapprochent du côté malade. Si cette inflexion dure longtemps, si elle s'opère dans le jeune âge, la nutrition, l'accroissement des vertèbres et de leurs ligaments sont modifiés par l'inégalité de pression des côtés droit et gauche, et la forme arquée de la tige osseuse devient permanente. Plus tard, l'effort des muscles ajoute une seconde, une troisième courbure à la première.

Les muscles sont-ils, dans ce cas, rétractés, tendus à la manière de la corde qui bande l'arc? Non : on les trouve, sur le cadavre, mous, relâchés, comme sur la pièce que vous avez eue sous les yeux. Ils agissent pourtant; nul doute, mais ils agissent suivant un mode physiologique, avec des alternatives de relâchement, et non pathologiquement et d'une manière permanente; s'ils se raccourcissent à la longue, c'est consécutivement au raccourcissement d'un côté du rachis, qu'ils ne brident en aucune façon.

Ce qui se voit alors, c'est ce qui se voit dans toutes les flexions latérales habituelles suivies de déformation du rachis. Les muscles concourent par leur action physiologique à la formation de ces scolioses; mais ce n'est pas cette action, transformée en rétraction, qui maintient la courbure de l'épine. Il ne faut en excepter que certains cas fort rares de contracture rhumatismale, de rétraction primitive par affection nerveuse, analogue à celle de quelques fœtus rendus monstrueux par des lésions du système nerveux.

Cette espèce de courbure qui succède aux flexions physiologiques conserve le cachet de son origine, au moins dans ses premières périodes; son siége, son étendue, sont en rapport avec les mouvements normaux qui l'ont déterminée.

Les convulsions ont souvent été accusées, depuis Morgagni, de donner lieu à la scoliose en laissant les muscles disproportionnés en force, les uns affaiblis, paralysés, les autres prédominants ou même rétractés. Je ne connais pas un seul fait qui prouve que la courbure latérale de l'épine, postérieure à la naissance, se soit jamais produite de cette manière. L'hémiplégie, après les convulsions, peut être une cause de scoliose, mais par le mécanisme des flexions latérales dont je parlais il n'y a qu'un instant.

Mais la scoliose par flexion est loin de précéder toujours la scoliose par déformation; c'est même le plus petit nombre des courbures de l'épine qui succède à la pleurésie, au raccourcissement d'un membre abdominal, au torticolis, à une attitude forcée quelconque. Aucune de ces causes ne préside au développement du plus grand nombre des scolioses. C'est ce dernier ordre de faits que j'ai désigné sous le nom de *scoliose spontanée.*

Observez ces cas dès leur apparition, interrogez avec soin les parents, vous ne découvrirez rien qui indique dans les enfants, avant les premières manifestations de la scoliose, des attitudes habituelles différentes de celles de centaines, de milliers d'enfants qui ne contractent pas de courbure de l'épine. L'écriture, le dessin, le piano, les ouvrages d'aiguille, etc., sont donc généralement fort innocents des méfaits qu'on leur attribue dans de pareilles circonstances. J'ai moi-même autrefois accordé trop d'importance aux attitudes dans la production de la scoliose. Des observations plus multipliées m'ont convaincu, comme Delpech, que, la plupart du temps, leur influence est nulle comme cause primitive de la scoliose; leur rôle n'est que secondaire; il se borne à favoriser l'accroissement des courbures une fois qu'elles se sont produites.

L'action irrégulière des muscles n'est donc point la condition étiologique de cette scoliose spontanée. Quant à la rétraction, c'est ici un mythe, et ce serait combattre des fantômes que de m'arrêter à repousser une hypothèse qui n'appartient plus qu'à l'histoire de l'art. Dans la scoliose rachitique et dans celle que j'appelle *spontanée,* les muscles concourent, comme nous le verrons, à déterminer le sens des courbures; dans ce cas, ils agissent par leur contraction et non par leur rétraction.

Est-il plus nécessaire de prouver que les muscles ne sauraient donner à l'épine la forme sigmoïde, inhérente au début même de la déviation? Faut-il montrer qu'ils ne tordent pas deux fois le rachis en sens inverse, comme on a paru l'admettre? Vous voyez bien que cela est impossible. Faites agir sur une même vertèbre, dans le point où la spirale doit changer de direction, un faisceau rotateur à droite qui la meut, et un faisceau plus élevé, rotateur à gauche, dont elle devra être le point fixe; vous ne verrez aucun mouvement de la vertèbre supérieure, parce que la première sera mobile précisément dans le sens où elle devrait être retenue pour l'accomplissement de ce second mouvement.

Je ne réfuterai pas non plus cette autre supposition, que le rhomboïde, le trapèze, en agissant sur l'épaule dans les efforts du membre supérieur, attirent les vertèbres horizontalement et les écartent de la ligne médiane. C'est une erreur de Levacher de la Feutrie (1), qui n'aurait pas dû être répétée de notre temps.

(2) Si les muscles, soit rétractés, soit contractés irrégulièrement, ne sont les agents de la déformation ni dans la scoliose rachitique, ni dans la scoliose spontanée, il faut bien revenir à l'hypothèse de Glisson pour ces deux genres de déviations, c'est-à-dire pour le plus grand nombre des courbures latérales de l'épine; il faut chercher dans la colonne vertébrale elle-même les causes du développement asymétrique qui les constitue.

Pour la scoliose rachitique, point de difficulté : les partisans mêmes du système de la *contraction irrégulière* des muscles, les partisans du système de la *rétraction* reconnaissent ici une cause spéciale siégeant dans le rachis : cette cause est l'altération des tissus osseux et ligamenteux, qui diminuent de consistance. Les vertèbres et leurs ligaments s'affaissent sous les pressions qu'ils supportent, ou cessent de croître dans un sens par l'effet de ces pressions. Si celles-ci étaient égales, si le ramollissement était uniforme, le rachis ne ferait que se tasser sans changer de direction. C'est ce qui arrive dans les cas de rachitisme sans courbure avec simple *nanisme*. Si l'enfant est habituellement penché en avant, si la colonne antérieure est spécialement affectée, et si elle l'est également, c'est une cyphose qui se produit. La scoliose résulte

(1) *Du Rakitis*. Paris, 1772, p. 178.
(2) Neuvième leçon, 17 juillet 1857.

d'une mollesse plus grande à droite ou à gauche, d'une pression plus habituelle dans un sens que dans l'autre par l'effet d'une attitude qui, sans l'affection du squelette, serait par elle-même incapable de déformer le rachis; la pression latérale de l'aorte sur la tige osseuse altérée exerce sans doute parfois la même influence. La déviation principale répond aux vertèbres les plus ramollies, à celles que l'action musculaire incline davantage, ou, suivant la remarque de Levacher de la Feutrie (1), aux vertèbres qui ont naturellement moins d'étendue d'un côté à l'autre, et qui offrent le moins de résistance dans le sens transversal.

Mais les choses ne peuvent se passer tout à fait de la même manière dans la scoliose spontanée. Ici, point d'altération sensible, point de ramollissement de la substance osseuse ou ligamenteuse. L'acte physiologique de l'accroissement est lésé sans qu'on en trouve l'explication dans l'état anatomique; les forces seules qui président à cet acte dévient de l'état normal.

Il est des cas où l'on est tenté de croire que, par suite d'une disposition originelle, ces forces, primitivement inégales à droite et à gauche dans un point du rachis, le font croître irrégulièrement : ce sont les cas de scoliose héréditaire, lorsqu'ils n'appartiennent pas au rachitisme. Il n'est pas rare de voir un père ou une mère gibbeux non rachitiques donner le jour à un ou plusieurs enfants atteints de scoliose spontanée à l'âge où celle-ci apparaît ordinairement, ou même avant cet âge. Portal (2) a vu la scoliose frapper ainsi sept membres de la même famille, et j'ai observé plusieurs faits semblables. L'hérédité peut provenir aussi d'un aïeul, en sautant, comme on dit, une génération. D'autres fois cette transmission semble se faire en ligne collatérale ou indirecte. Lorsqu'il y a plusieurs enfants, il est rare que la même prédisposition se manifeste chez tous; les garçons y échappent plus souvent que les filles. Comme toutes les autres transmissions héréditaires, celle-ci n'a d'ailleurs rien de constant; il arrive fréquemment qu'elle s'arrête dans une famille, ou qu'elle n'a pas lieu, la gibbosité restant bornée à un individu.

(1) *Traité du Rakitis*. Paris, 1772, p. 177.

(2) *Sur quelques maladies héréditaires*, Mémoire lu à l'Institut, Paris, 1808, p. 14.

Ce n'est pas seulement au rachis qu'on observe une inégalité originelle. On tient souvent de ses parents un membre plus volumineux que l'autre, une moitié du crâne, de la face, plus développée que la moitié opposée. La coexistence, déjà signalée par Delpech (1), de ces anomalies et de celle du rachis, chez un certain nombre de sujets gibbeux, indique leur origine commune.

Les asymétries dont il est question se produisent aussi sans disposition héréditaire, comme par l'effet d'une différence originelle, propre à l'individu, dans la force de développement des côtés droit et gauche. Il peut en être de même au rachis dans certains cas. Je ne rattacherai pas, comme on l'a fait (2), la fréquence des courbures dorsales à convexité droite à la prédominance assez générale de l'accroissement dans la moitié droite du corps, ou dans l'homme droit, suivant l'expression de Mehlis (3) et de M. Moilin (4). La fréquence, au moins égale, des courbures dorsales gauches dans l'enfance détruit cette explication. D'ailleurs, si elle était exacte, la courbure à droite ne serait pas bornée à une région du rachis, et l'on ne verrait pas non plus la réduction d'un côté de la face correspondre tantôt à la convexité, tantôt à la concavité de la courbure.

Il se peut que, dans les faits que je viens de rappeler, la prédisposition héréditaire ou originelle du rachis ne consiste qu'en une plus grande susceptibilité à céder à d'autres causes de courbures latérales. C'est, comme nous allons le voir, à une semblable réunion de deux influences diverses que beaucoup de scolioses spontanées doivent leur origine.

Je vous ai déjà parlé d'une grande cause d'inégal développement des vertèbres et de leurs ligaments, la présence de l'aorte au côté gauche du rachis. Il s'établit, pendant l'accroissement, une sorte de lutte entre la force de développement de ce côté gauche et la pression de la colonne sanguine artérielle à sa surface. Dans les

(1) *Orthomorphie*, t. I, p. 146.

(2) Hemsing, *De privilegio lateris dextri*. Groning., 1822, p. 99; Serres, *Recherches d'anatomie transcendante et pathologique, Théorie des déformations appliquée à Ritta-Christina*, 1832, p. 167 et suiv.

(3) *De morbis hominis dextri et sinistri*. Gotting., 1818.

(4) *Quelques considérations sur l'homme droit et sur l'homme gauche*. Paris, 1855.

cas ordinaires, la force d'accroissement, la force plastique, l'emporte pendant longtemps, et l'effet de la pression est tardif et peu prononcé : cet effet, c'est la courbure latérale normale. Mais, si la force plastique du rachis est peu énergique, elle est vaincue dans cette lutte ; les vertèbres dorsales comprimées croissent inégalement ; la courbure est précoce et plus développée : c'est une scoliose.

Cette influence de l'aorte, qui, dans l'état normal, n'est pas sensible pendant les premières années de la vie, s'exerce même chez le fœtus dans des conditions différentes. M. Serres (1) dit avoir vu chez Ritta-Christina, morte dans sa première année, et sur un autre monstre double du même genre, l'empreinte de l'aorte au côté gauche du rachis, dans l'un des êtres ainsi réunis, et au côté droit dans l'autre, dont l'aorte était transposée.

Mais c'est surtout à l'âge où l'accroissement en hauteur augmente, que l'activité de la force plastique peut se trouver en défaut. C'est aussi à cet âge que la scoliose se montre ou qu'elle se prononce davantage, si elle avait paru auparavant.

On comprend, d'après ces considérations, comment toutes les causes de débilité favorisent le développement de la scoliose spontanée. Voilà pourquoi elle est plus commune dans certaines localités que dans d'autres, dans les grandes cités que dans les campagnes, dans la classe riche que parmi les familles robustes d'ouvriers, de villageois, lorsqu'ils sont bien nourris et à l'abri de la misère ou de l'excès de travail. Voilà pourquoi on la voit bien plus fréquemment dans notre vieille Europe que dans les contrées vierges du nouveau monde. « Je n'ai vu, dit M. de Humboldt (2) en parlant des Chaymas, aucun individu qui ait une difformité naturelle. Je dirai la même chose de tant de milliers de Caraïbes, de Muyscos, d'Indiens, de Mexicains, de Péruviens, que nous avons observés pendant cinq ans. » Un nègre gibbeux est, je crois, chose rare.

On s'explique par les mêmes motifs la fréquence beaucoup plus grande de la scoliose spontanée dans le sexe féminin, chez les enfants délicats, lymphatiques, à constitution détériorée par une cause quelconque, chez les filles chlorotiques ou dont la menstrua-

(1) *Loc. cit.*
(2) *Voyage aux régions équinoxiales*. Paris, 1814.

tion est difficile, son apparition pendant une croissance trop rapide ou dans la convalescence de maladies graves, à la suite de la rougeole, de la scarlatine, de la fièvre typhoïde.

Cependant tous les jeunes sujets débiles ne deviennent pas gibbeux. Pourquoi cela? C'est que la débilité ne produit la scoliose que si elle porte particulièrement sur le rachis. Le rachitisme est assurément une cause très-évidente de courbure latérale de l'épine; néanmoins il laisse la colonne vertébrale parfaitement droite, lorsque l'affection osseuse ne porte pas sur les vertèbres.

Nous ne pouvons plus invoquer la présence de l'aorte dans le petit nombre de cas où la scoliose spontanée offre une convexité dorsale gauche, lorsque la courbure aortique est bien réellement retournée. On trouve quelquefois la raison de cette anomalie dans une disposition héréditaire, dans l'influence d'attitudes répétées dans le même sens, chez des gauchers par exemple, en même temps qu'il existe quelque cause de débilité générale.

En résumé, la scoliose spontanée, *régulière*, paraît généralement produite par l'action de l'aorte sur un rachis doué d'une force plastique médiocre, action souvent secondée par une disposition héréditaire et quelquefois favorisée par les attitudes habituelles du sujet.

J'ai considéré, dans cet exposé, comme parfaitement distincte l'origine propre de chaque espèce de scoliose; mais il est des cas mixtes qui participent à la fois de deux ou même de trois espèces, et qui dépendent de causes multiples. Telle est la scoliose consécutive à la claudication chez un sujet rachitique ou placé sous l'empire d'une disposition héréditaire. Le plus souvent même les *flexions* n'ont d'effet bien prononcé que s'il existe en même temps quelque disposition organique qui favorise leur action, et réciproquement, la simple prédisposition héréditaire, celle qui résulte de la débilité, ont souvent besoin pour éclore de quelque levain rachitique ou du concours de la scoliose par flexion.

III. — Symptomatologie de la scoliose.

A. Formes extérieures de la scoliose. — La courbure latérale de l'épine se présente, pendant la vie, sous trois états ou à trois degrés différents qui constituent, lorsque la déviation ne s'arrête pas dans sa marche, autant de périodes successives, savoir :

1° A l'état latent, *période latente ;*

2° A l'état de déviation visible, *période de déviation confirmée ;*

3° A l'état de déviation assez avancée pour produire une véritable gibbosité, *période de gibbosité.*

a. Ire *période, état latent.* — Cette période se confond par des nuances insensibles avec la courbure latérale normale; les apophyses épineuses sont sur une ligne droite, ou bien leur déviation est si peu sensible qu'on resterait dans le doute sur l'existence de la courbure, si elle n'avait pas d'autres signes.

Comme je l'ai dit pour la courbure aortique, c'est la différence de saillie des deux côtés du dos, des deux côtés des lombes, qui seule permet de reconnaître la déviation.

Ainsi, dans la généralité des cas, la voussure du côté droit du dos, à la hauteur de l'omoplate, la saillie musculaire de la gouttière vertébrale correspondante, sont accompagnées de la saillie du côté opposé des lombes, du soulèvement de la partie inférieure du sacro-spinal gauche, et souvent d'une voussure dorsale gauche à la hauteur des dernières côtes. On voit même assez fréquemment, au bas de la région cervicale gauche et vis-à-vis la partie supérieure de l'omoplate, une troisième saillie à peine accusée, due au soulèvement des muscles qui répondent à la convexité de la courbure sus-aortique. Les points opposés à chacune de ces saillies sont déprimés, aplatis, leurs reliefs musculaires effacés.

Les épaules proéminent inégalement, et c'est la première chose qui attire l'attention des mères; l'épaule droite semble plus volumineuse, la gauche est comme affaissée. L'angle inférieur de l'omoplate est particulièrement soulevé et saillant du côté droit; quelquefois pourtant c'est le contraire, lorsque, par exemple, la voussure costale inférieure gauche remonte jusque sous la partie inférieure de l'omoplate. D'autres fois, c'est la partie supérieure du scapulum qui est plus soulevée qu'à droite, parce que la saillie cervico-dorsale gauche descend plus bas qu'à l'ordinaire.

En faisant porter les bras fortement en avant et en haut, ou en les faisant croiser avec force sur la poitrine, en même temps que le tronc se penche en avant, on s'assure aisément que toutes les différences de saillie des épaules ne sont que des effets de la différence de forme des plans du thorax sur lesquels elles reposent.

L'épaule droite, outre qu'elle est plus saillante, est ordinairement plus élevée que la gauche; cependant cela est assez variable selon la proportion et l'importance relative des deux ou trois courbures du rachis, et aussi suivant les diverses attitudes du tronc.

La direction des omoplates diffère : la gauche est plus oblique que dans l'état naturel; son angle inférieur est relevé en dedans et se trouve souvent plus haut que l'angle inférieur de l'omoplate droite; il en est de même de l'angle interne.

Vus en avant, les moignons des deux épaules, les sillons qui les séparent de la poitrine, sont rarement parfaitement symétriques et présentent des irrégularités en rapport avec celles de la partie postérieure. La clavicule gauche est ordinairement plus saillante que la droite à son extrémité sternale.

On commence assez souvent à voir, dans cette période, des déformations de la région antérieure de la poitrine, notamment une saillie antéro-gauche, soit dans toute sa hauteur, soit à partir du sein gauche ou seulement au-dessous.

Le flanc droit est légèrement excavé, le gauche plus plein et plus droit. Cette disposition fait ressortir la saillie de la hanche droite et diminue celle de la hanche gauche. Cette différence des hanches est encore une de celles sur lesquelles se porte tout d'abord l'attention des mères.

Tous ces traits extérieurs de la difformité sont encore exagérés par les attitudes des sujets. Celles-ci sont un effet de la déviation, et il importe de les distinguer des simples flexions habituelles qui ne sont pas accompagnées de déformation.

Je n'ai pas à vous présenter d'exemple bien caractérisé de scoliose au premier degré. Voici cependant une petite fille de trois ans et demi qui me paraît atteinte d'une scoliose pleurétique commençante. Ses parents sont très-droits; elle ne présente pas de traces de rachitisme. Il y a six mois qu'elle a été atteinte d'une pleurésie du côté droit, et il existe une scoliose par flexion à concavité droite. Les côtes sont aplaties de ce côté, tandis qu'elles sont plus convexes à gauche. Il y a deux centimètres de différence dans la circonférence des deux demi-thorax. Les apophyses épineuses ne sont pas déviées, ce qui, joint à l'absence d'autres signes, indique que la déformation est très-légère; peut-être même n'y a-t-il que simple flexion.

b. IIe *période*. — Les caractères extérieurs qui se sont montrés dans la première période s'exagèrent dans la deuxième; il s'y joint en outre la déviation visible des apophyses épineuses.

Cette déviation des apophyses présente les caractères de la courbure sigmoïde, en S verticale, que l'anatomie pathologique nous a fait connaître, excepté dans un petit nombre de cas où il n'existe qu'une seule courbure. L'effet de la torsion, qui masque entièrement les incurvations du rachis dans la première période, les atténue dans celle-ci, et ce n'est qu'en tenant compte de ce fait que l'on pourra juger avec quelque exactitude de la conformation de la colonne vertébrale par la seule direction des apophyses épineuses.

On apprécie cette direction en tendant un fil de la septième apophyse épineuse cervicale à la crête médiane du sacrum, et en mesurant la distance de cette ligne aux apophyses les plus déviées, ce qui donne la flèche des courbures. Dans les courbures *obliques* de la troisième période, on obtiendrait ainsi la flèche d'une sorte de courbure *composée* ou flexueuse, non celle des courbes particulières à direction opposée; pour avoir cette dernière, il faudrait tendre le fil successivement entre les deux extrémités de chaque courbure.

Je ne reviens pas sur les formes variées que les courbures peuvent revêtir dès la deuxième période : je les ai indiquées dans l'anatomie pathologique.

En même temps que les courbures se prononcent, les gibbosités, qui ne faisaient que poindre dans la première période, commencent à se dessiner peu à peu; mais elles restent toujours arrondies; ce n'est qu'une voussure exagérée des côtes qui ne rend pas encore le thorax méconnaissable. Les dépressions correspondantes se creusent à proportion. De là plus d'irrégularité dans les deux côtés du tronc, plus d'inégalité dans la hauteur et la saillie des épaules, une plus grande disparate dans le *galbe* du torse à droite et à gauche. Dans la scoliose commune, ce galbe ressort à la hauteur du bras droit, qui le rencontre en se rapprochant du tronc; il est, au contraire, échancré à gauche, où le bras reste séparé du côté correspondant par un intervalle plus ou moins marqué. C'est l'inverse à la hauteur des lombes : le flanc gauche, saillant, est sur la même ligne que la hanche; le droit décrit, au contraire, une ligne concave fortement rentrée. Il y a compensation exacte dans ces inclinaisons opposées du tronc, comme dans les deux courbures qui les produisent ; c'est là un des caractères qui distinguent cette période de la suivante.

Les déformations de la région thoracique antérieure sont plus constantes et plus prononcées dans cette deuxième période que dans la première. Toute la région antéro-gauche, dans la scoliose commune, est plus bombée; elle soulève le sein et le rend plus saillant. La partie inférieure de cette région est quelquefois saillante à droite, du côté de la convexité de la courbure dorsale, par l'influence de la courbure inférieure, à convexité gauche, sur la conformation des dernières côtes.

c. IIIe *période.* — Elle commence, dans la scoliose commune, au moment où la courbure dorsale, devenant prédominante, entraîne le tronc à droite et fait pencher sa partie inférieure dans ce sens. La difformité change alors d'aspect : l'inégalité des deux côtés du tronc s'accroît dans la région dorsale et diminue aux lombes; la région lombaire, en s'inclinant à droite, se porte sur la hanche correspondante, la couvre, la déborde, en même temps qu'elle s'éloigne de la hanche gauche, qu'elle laisse à découvert. Il résulte de là que le relief du flanc gauche disparaît, que la concavité du côté gauche se prolonge jusqu'au-dessus de la hanche, qui devient de plus en plus saillante; à droite, au contraire, le flanc se relève et la hanche s'efface. Ce n'est qu'en arrière qu'il reste des traces de la saillie du côté gauche des lombes et de la dépression de leur côté droit. Toute la région inférieure du tronc, obliquement dirigée comme le rachis lui-même, n'est plus située d'aplomb sur le bassin, et l'équilibre n'est rétabli que par le retour de la région dorsale supérieure vers le côté gauche, par l'inclinaison de la région cervicale dans le même sens, et par l'abaissement du membre supérieur gauche. La tête revient un peu à droite pour limiter l'effet de cette seconde inflexion.

C'est dans cette troisième période que se montre la gibbosité proprement dite, formée aux dépens d'une grande partie du thorax, complétement défiguré. Jusque-là le sujet pouvait passer pour avoir seulement une *épaule forte;* il ne peut plus échapper désormais à la qualification de *bossu.*

Cette gibbosité, fortement proéminente et comme détachée de

la surface du tronc, d'abord arrondie, puis de plus en plus anguleuse par suite de la flexion de l'angle des côtes, est tantôt globuleuse, ramassée, tantôt allongée en forme de côte de melon. L'épaule correspondante la couvre d'abord et en forme le point culminant; mais, à la longue, l'omoplate est rejetée sur son côté externe. Cette bosse monte plus ou moins haut vers la région cervicale, qui peut s'y trouver en partie comprise. Dans d'autres cas, ce côté du cou est au contraire déprimé, et c'est le côté opposé à la gibbosité qui est saillant.

La base de cette sorte de protubérance se confond en dedans avec la ligne courbe des apophyses épineuses; le milieu de cette ligne est souvent caché sous les muscles de la gouttière vertébrale, situés sur le côté interne des fortes gibbosités.

Les déformations thoraciques antérieures prennent le plus grand développement dans cette troisième période; c'est alors que se voient les dépressions profondes, circonscrites, au niveau des cartilages costaux, les saillies irrégulières de ces mêmes cartilages ou des côtes elles-mêmes, etc. C'est encore à la même époque que le sternum apparaît sous la forme d'une gibbosité médiane, comme dans la cyphose.

Je n'ai parlé que de la scoliose commune, à courbure dorsale principale procédant d'une courbure sigmoïde. Une courbure dorsale, primitivement simple, à laquelle s'ajouteraient plus tard des courbures secondaires, suivrait la même marche. Dans les autres formes de déviation, telles que la courbure lombaire ou lombo-dorsale principale, les scolioses à courbures dorsale et lombaire égales, la courbure cervico-dorsale principale, la troisième période ne se distingue de la deuxième que par le degré de la difformité, et surtout par les proportions et la forme des gibbosités.

L'examen de nombreux sujets, gibbeux à divers degrés, va nous servir à compléter ces notions sur les caractères extérieurs de la scoliose dans ses deuxième et troisième périodes.

Ier *cas.* — Jeune fille de onze ans et demi. Scoliose rachitique au deuxième degré. Les tibias sont déformés, preuve de rachitisme. Il y a deux courbures disposées en S verticale, une dorsale droite et une lombaire gauche; cette dernière est un peu prédominante. Il n'y a pas de troisième courbure appréciable. Les muscles de la région dorso-lombaire gauche sont déprimés dans leur portion supérieure, et forment inférieurement une saillie assez considérable. A droite, c'est précisément l'inverse : la saillie est en haut; l'aplatissement siége en bas, à la région lombaire. Cette alternative de saillies et de dépressions est, vous le savez, le signe pathognomonique de la scoliose quand les apophyses épineuses ne sont pas déviées.

Le flanc gauche est saillant et masque la crête iliaque; le flanc droit est déprimé et fait saillir la hanche. L'omoplate droite est élevée et saillante; son angle inférieur est soulevé. Vous n'avez pas oublié que cette proéminence de l'omoplate et des muscles lombaires est due aux côtes et à l'épine, qui sont cachées sous eux et qui les soulèvent.

IIe *cas.* — Fille de cinq ans et demi. Scoliose au deuxième degré, en S verticale. Courbure dorsale à gauche; petite dépression du flanc gauche.

IIIe *cas.* — Fille d'un an. Petite courbure à convexité gauche; le côté droit du dos est aplati. Deuxième période commençante.

IVe *cas.* — Fille de trois ans et demi. Courbure rachitique à gauche. Deuxième période.

V[e] *cas.* — Garçon de sept ans, sujet rachitique. Il a eu une luxation de l'épaule gauche qui a précédé la déviation. La scoliose est au deuxième degré, et présente une S verticale ou plutôt un zêta.

VIe *cas.* — Garçon de huit ans. Scoliose rachitique, courbure dorsale très-peu étendue. A la hauteur du sein, vous remarquez une saillie antéro-gauche qui est le rudiment de la gibbosité antérieure.

VIIe *cas.* — Jeune fille de quatorze ans, au début de la troisième période, présentant une gibbosité dorsale commençante. La courbure dominante est au dos et à droite. Au cou et aux lombes, il y a deux petites courbures de compensation. A gauche, la flèche qui mesure la déviation dorsale est de vingt-sept millimètres environ. Le tronc présente une inclinaison générale de bas en haut et de gauche à droite; c'est la disposition habituelle. Le bassin ne correspond plus à la région moyenne du dos, il semble reporté à gauche. La hanche gauche offre la saillie qui répond à la courbure dorsale droite principale. La crête iliaque droite est effacée. Les côtes et l'épaule forment une saillie à droite. Ici, il y a peu d'élévation de l'épaule, ce qui indique que la courbure s'étend peu à la région cervicale. L'omoplate gauche est oblique ; l'angle inférieur est relevé, l'externe abaissé. Le soulèvement de l'omoplate est évidemment dû aux côtes, qui forment sur chaque côté du thorax des plans différents ; les épaules en elles-mêmes sont d'un volume parfaitement égal.

VIIIe *cas.* — Fille de dix-neuf ans. Troisième degré. Scoliose due à l'influence de plusieurs causes. Le sujet a été atteint de rachitisme dans son enfance ; la scoliose spontanée s'est développée à huit ans, et a sans doute été favorisée par l'affection rachitique et par une certaine influence héréditaire. Vous voyez en effet que le côté droit de la face est moins développé chez la mère et chez l'enfant.

Ici, nous retrouvons les mêmes caractères que dans le cas précédent, et même plus prononcés. L'omoplate est bien plus chassée sur le côté. Le creux du flanc gauche est également très-prononcé. Remarquez la forme *anguleuse* des côtes ; c'est un des caractères du troisième degré de la scoliose.

IXe *cas.* — Fille de treize ans. Scoliose au troisième degré. Mêmes caractères que la précédente.

La courbure supérieure est ici assez marquée, et se traduit par une saillie cervico-scapulaire gauche.

X^{e} *cas.* — Fille de neuf ans et demi. Rachitisme dans l'enfance. Courbure persistante du fémur. Scoliose du troisième degré commençante. Courbure dorsale droite principale.

XIe *cas.* — Fille de seize ans. Scoliose rachitique parvenue au troisième degré. La mère insiste beaucoup sur des convulsions arrivées dans l'enfance, mais je ne trouve aucune trace de rétraction. La courbure, dorsale gauche, a commencé à deux ans.

XIIe *cas.* — Fille de douze ans et demi. Courbure inférieure gauche principale. Dépression profonde du flanc du côté opposé. C'est une gibbosité dorso-lombaire, une courbure dorso-lombaire principale à sa troisième période.

XIIIe *cas.* — Fille de deux ans et demi. Courbure à gauche comme dans le IVe cas, mais plus prononcée, approchant de la troisième période. L'enfant est rachitique, comme le prouve la convexité exagérée des fémurs.

XIVe *cas.* — Garçon de quinze ans. Courbure dorsale gauche. Pas de rachitisme pour expliquer la direction de la courbure, mais l'enfant a eu une pleurésie droite il y a deux ans et demi. Il y a encore des traces de vésicatoire de ce côté. La déviation paraît récente, et n'existait pas, au dire de la mère, il y a quelques mois. Elle se trompe évidemment, la déviation remonte plus haut, mais il est possible qu'elle se soit rapidement accrue depuis peu.

XVe *cas.* — Garçon de seize ans, rachitique. La déviation remonte à l'âge de quatre ans. Courbure dorsale droite dominante, avec courbure lombaire prononcée. Gibbosité anguleuse considérable; grande obliquité de l'omoplate gauche. Gibbosité costale inférieure gauche. Forte saillie sternale. Ce cas est un exemple de la double bosse antérieure et postérieure du polichinelle. Les organes thoraciques paraissent gênés; il y a des palpitations et de l'anhélation. Remarquez le peu de hauteur de l'abdomen.

XVIe *cas.* — Garçon de sept ans. Courbure dorsale gauche analogue à plusieurs des précédentes. La déviation, due au rachitisme, a commencé avec cette affection dès le bas âge.

Ces enfants à courbure dorsale gauche justifient ce que je vous ai dit de l'égale fréquence de la scoliose rachitique à droite et à gauche.

B. Influence des mouvements sur les courbures (1). — Nous n'avons encore considéré dans les sujets gibbeux que les formes extérieures sous lesquelles ils s'offrent à nos regards, et qui se retrouveraient également sur le cadavre. Nous n'avons guère vu chez nos malades que le squelette revêtu de ses parties molles. Jetons maintenant un coup d'œil sur ce qu'il y a d'animé, de réellement vivant dans ce tableau.

Il faut d'abord tenir compte de ce qui se passe pendant la vie dans les articulations du rachis dévié.

Les courbures de la scoliose varient en raison du mouvement de

(1) Dixième leçon, 24 juillet 1857.

ces articulations. C'est ce qu'on observe dans deux circonstances : 1° dans les mouvements passifs imprimés aux vertèbres par le poids des parties, par des pressions extérieures, etc. ; 2° dans les mouvements actifs déterminés par les muscles.

a. Action de la pesanteur et des pressions extérieures. — La position horizontale et la station droite du tronc exercent sur les courbures une influence contraire ; la première les diminue, la seconde les augmente. Ce double effet est bien plus prononcé ici que dans les variations diurnes des courbures antéro-postérieures normales, dont je vous ai parlé à l'occasion de la cyphose. Il se produit par un mécanisme analogue. Pendant la station, les ligaments intervertébraux sont comprimés à la concavité des courbures par le poids des parties, par la pression des muscles qui font équilibre à ce poids ; dans les articulations diarthrodiales correspondantes, les apophyses articulaires des vertèbres supérieures glissent à proportion, de haut en bas, sur les apophyses articulaires des vertèbres inférieures ; les lames se rapprochent du même côté, leur ligament jaune est comprimé. On conçoit que l'inclinaison des vertèbres favorise singulièrement ce mouvement ; aussi est-il d'autant plus étendu que cette inclinaison est plus considérable, sauf les résistances qui s'organisent dans les rachis courbés depuis longtemps, et qui diminuent leur mobilité. On comprend à peine comment, dans les cas extrêmes, les ligaments, qui supportent à eux seuls presque tout l'effort de la pesanteur, retiennent encore assemblées des vertèbres couchées de champ. J'ai vu, sur quelques pièces, des corps vertébraux qui avaient chevauché les uns sur les autres par l'effet de cet effort, et qui avaient cessé de se correspondre dans une petite étendue ; mais ce mouvement avait été promptement arrêté par des ostéides développées au voisinage de cette subluxation.

La position horizontale, soulageant les vertèbres du poids qu'elles supportent dans la situation droite, fait cesser ces effets immédiats de la pression verticale. Les ligaments s'étendent à la concavité des courbures, les apophyses articulaires glissent en sens contraire et reprennent leurs rapports naturels. La position des parties sur un plan droit et résistant, la pesanteur, qui agit perpendiculairement à l'axe du corps, tendent même à écarter quelque peu les vertèbres dans le sens de la concavité.

Le changement d'aspect produit par le passage de la position horizontale à la position verticale, et *vice versâ*, est surtout très-prononcé chez les jeunes sujets. On voit ainsi, dans certains cas, la même déviation spinale passer en un instant du premier degré au deuxième, et revenir aussi promptement au premier degré; c'est-à-dire que les apophyses épineuses décrivent une courbe sensible dans la station, et n'en offrent pas de distincte dans la position horizontale. De même, des déviations dorsales dominantes de la troisième période, accompagnées, pendant la station, de cette inclinaison latérale du tronc qui ajoute tant à la difformité, semblent rétrograder et repasser à l'état d'S verticale qui caractérise la seconde période, quand la position horizontale vient diminuer la courbure principale et surtout l'inclinaison des vertèbres inférieures. Il va sans dire que, dans les observations de cette nature, on a soin de donner au tronc la même direction antérieure ou postérieure, sans quoi elles ne seraient pas exactement comparables.

Une différence de stature se produit dans ces circonstances en même temps que la différence de forme; le corps grandit dans un cas, se rapetisse dans l'autre.

Les pressions extérieures d'un plan inégal sur lequel le corps repose, impriment aussi aux articulations vertébrales des mouvements qui, tantôt augmentent, tantôt diminuent les courbures, selon le sens dans lequel ils s'opèrent. Cela est subordonné à la forme du plan et au côté du corps qui lui correspond.

Des pressions agissant sur les côtés du tronc, dans la station, peuvent produire des mouvements analogues, en s'associant à l'action de la pesanteur ou en l'annihilant.

Les articulations du rachis exécutent encore des mouvements passifs qui modifient les courbures, lorsqu'une force étrangère suspend le corps par la tête ou par les membres supérieurs, de manière que le poids des parties inférieures écarte les vertèbres du côté de la concavité. Les effets obtenus, dans ce cas, sont très-analogues à ceux de la position horizontale, et ils seraient encore plus marqués, si les muscles contractés ne bornaient l'écartement des os.

On peut observer la plupart de ces faits sur le cadavre comme sur le vivant, et c'est là un moyen précieux de constater *de visu* les modifications qui s'opèrent dans les articulations des vertèbres.

C'est ainsi qu'en exerçant des efforts de redressement sur un rachis dévié provenant d'une jeune fille de vingt-quatre ans, j'ai pu, dans une communication à l'Académie de médecine (1), faire voir l'allongement des ligaments intervertébraux à la concavité des courbures, et leur extrême tension dans un effort considérable qui ne tendait pas plus les muscles que dans l'expérience répétée dernièrement sous vos yeux.

On devine quel rôle important jouent ces mouvements passifs des vertèbres dans l'accroissement progressif des déviations abandonnées à elles-mêmes, et quel parti la thérapeutique de la scoliose peut tirer de ces données fournies par l'observation.

b. Effets de l'action musculaire. — Le mode et l'influence de l'action musculaire, dans la courbure latérale de l'épine, nous arrêteront quelques instants.

Dès le début de la scoliose, l'action musculaire tend à se coordonner de manière à produire des attitudes spéciales : la tête, une des épaules, le bassin, s'inclinent à droite ou à gauche, surtout dans la station. L'enfant étant debout se hanche presque toujours dans le même sens, du côté de la concavité de l'une ou l'autre courbure. Ces attitudes sont instinctives et en partie involontaires; elles résultent des tendances naturelles du rachis, et le sujet s'y abandonne parce qu'il les trouve plus commodes, parce qu'elles exigent moins d'effort de sa part. Elles augmentent presque toujours momentanément les courbures et favorisent leur accroissement. On ne les confondra pas avec les attitudes qui peuvent précéder la scoliose et contribuer à la faire naître.

Le mode d'action particulier des muscles du rachis a donné lieu à d'étranges méprises. J'ai déjà dit un mot, dans l'anatomie pathologique, des conditions nouvelles dans lesquelles se trouvent les muscles de l'épine. Au lieu d'agir également à droite et à gauche dans la station sur les deux pieds, comme à l'état normal, ils sont, de toute nécessité, inégalement contractés. Ceux qui, dans la forme la plus commune, répondent à la convexité dorsale, sont plus tendus et se contractent avec énergie pour maintenir l'état de station; ils forment souvent une espèce de corde entre le bassin et le rachis ou les dernières côtes, surtout s'ils font effort pour retenir le tronc

(1) *Bulletin de l'Acad. de méd.*, t. VIII, p. 1010.

penché en avant. Cette corde est encore plus manifeste lorsque, fixant le bassin d'une main, on essaye avec l'autre de soulever le bas du demi-thorax droit, ce qui communique inévitablement au tronc une impulsion de droite à gauche. Le sacro-spinal droit est alors très-dur, fortement contracté, parce qu'il résiste de toute sa force à cette impulsion. Croiriez-vous qu'on a vu là un muscle *rétracté ?* qu'à défaut de pièces pathologiques propres à démontrer la *rétraction* dans les cas de ce genre, on a cru en trouver la preuve dans cette observation physiologique? On a fait plus : à l'aide de ce seul fait, on a édifié toute une théorie touchant l'étiologie de la scoliose. Ceci est assez curieux pour que je vous en dise deux mots.

Ludwig (1), Shaw (2), ont cru que la double courbure latérale du rachis commençait généralement par la courbure lombaire; mais cette idée, basée sur des vues spéculatives, n'avait pas été confirmée par les faits; la plupart des auteurs l'avaient rejetée. On a repris cette doctrine, et l'on a soutenu que, puisque le sacro-spinal droit se montrait *rétracté* dans l'expérience précédente, c'était lui qui primitivement inclinait la colonne en totalité de son côté; que les autres courbures n'étaient qu'une conséquence de cette première inclinaison (3). On a d'ailleurs quelque peu varié ce thème en plaçant le siége de la *rétraction* dans divers faisceaux musculaires, et même dans les deux muscles parallèles des côtés droit et gauche (4).

Ainsi, cette énorme courbure dorsale que vous avez sous les yeux, qui nous paraît évidemment primitive, ne serait qu'une suite de cette petite courbure oblique des lombes qui l'aurait précédée et qui, pour nous, n'est qu'une courbure secondaire de compensation ou d'équilibration.

Il ne faut pas de grands frais de logique pour battre en brèche un pareil système. Il suffit de changer la position du sujet, de le placer dans des conditions telles que son sacro-spinal droit ne soit plus provoqué à entrer dans une si violente contraction, et le fan-

(1) *Adversar. med.-pract.*, t. II, part. 3, IV, p. 559, 1771.
(2) *Loc. cit.*, p. 52.
(3) *Bulletin de l'Académie de médecine*, t. VIII, p. 1064.
(4) *Ibid.*, p. 1155.

tôme de *rétraction* qu'on invoquait s'évanouit, tout l'échafaudage qu'il soutenait s'écroule.

Mettez le malade dans la position horizontale, soulevez le milieu du tronc pour qu'on ne dise pas que les attaches musculaires sont plus rapprochées que dans la station, il vous sera facile d'obtenir la cessation de toute contraction, et vous ne trouverez plus de muscles raccourcis, durs, tendus, et, en apparence, *rétractés*, quelque attitude que vous donniez au tronc. Naturellement, les muscles se tendront un peu, quand vous éloignerez par trop leurs points d'attache, comme ils le font chez un sujet bien conformé; mais ils se tendront des deux côtés alternativement de la même manière, en raison de l'étendue des mouvements que vous imprimerez à leurs extrémités. Lorsque vous voudrez redresser les courbures, vous ne rencontrerez alors dans les muscles guère plus de résistance que sur le cadavre; tant que vous parviendrez à faire taire la contraction, aucun ne se présentera sous la forme d'une corde arrêtant l'effort, comme cela arrive dans le pied bot, le torticolis, etc.

Voulez-vous vous assurer d'une autre façon que c'est bien une *contraction* passagère, et non une *rétraction* permanente, qui raccourcit et durcit le sacro-spinal dans l'expérience précitée? Au moment où ce muscle est si court, si tendu qu'il semble impossible d'éloigner davantage ses deux extrémités, faites fléchir le tronc en avant; le dos va se voûter, ses muscles vont changer tout à coup de dimensions; ils décriront, comme les os, une courbe, et, en les mesurant, vous trouverez votre sacro-spinal subitement allongé d'un tiers ou des deux cinquièmes, parce qu'il s'est relâché, parce qu'il s'est comporté comme son congénère, comme tout muscle doué d'une longueur en rapport avec celle du squelette.

L'influence évidente de la contraction musculaire sur les courbures latérales de l'épine, — tant que ses articulations sont mobiles, — ne peut être complétement déduite des effets ordinaires de cette contraction chez les sujets bien conformés. Je vous ai fait voir les formes diverses que les fléchisseurs latéraux du tronc peuvent donner à la colonne vertébrale, dans les flexions latérales physiologiques. Or ces formes sont tout autres chez les sujets atteints de scoliose, déjà infléchis latéralement dans deux ou trois sens. Si le haut du tronc se penche à droite, par exemple, la colonne lombaire déjà inclinée à droite peut bien se fléchir davantage dans ce sens; mais la région dorsale, concave à gauche, ne fait que se redresser un peu et reste plus ou moins fléchie à gauche; sa partie supérieure seule suit la direction des lombes et décrit comme elles une courbe à concavité droite. Si la flexion se fait à gauche, c'est la région lombaire qui ne peut obéir à ce mouvement, et la région dorsale seule qui l'exécute. Remarquez que, tandis qu'une des courbures se redresse dans ces flexions latérales, l'autre augmente.

L'inclinaison des lombes sur le sacrum par l'action musculaire peut, comme dans l'état naturel, se produire en sens inverse de la flexion latérale du rachis, lorsque celle-ci s'opère dans le sens de la concavité d'une courbure. C'est ainsi que, dans la courbure dorsale droite dominante, l'inclinaison lombaire peut être augmentée par les fléchisseurs latéraux des lombes, en même temps que les fléchisseurs latéraux opposés de la région dorsale augmentent la courbure dorsale. L'effort contraire, tendant à diminuer l'inclinaison lombaire et à redresser la courbure dorsale, est fort difficile à effectuer, souvent impossible, et ne peut être soutenu au delà de quelques instants.

En appréciant cette influence des muscles sur les courbures, on devra éviter une erreur que j'ai vu commettre : c'est de croire au redressement des courbures, lorsqu'un excès de cambrure du tronc ne fait que les rendre moins apparentes en déprimant la saillie des apophyses épineuses. On n'oubliera pas non plus que la direction de ces apophyses ne représente pas exactement celle des corps vertébraux, et qu'elles peuvent être ramenées à une ligne droite sans que la colonne antérieure cesse d'être courbe.

Il est clair que les mouvements actifs du rachis, comme ses mouvements passifs, peuvent contribuer puissamment, soit à l'aggravation, soit à la cure des déviations vertébrales. Nous verrons, dans le traitement de la scoliose, comment on a tenté d'ajouter encore au pouvoir des muscles du rachis en combinant avec leur action celle des muscles des autres sections du corps, et comment on a également réuni, dans certaines circonstances, l'influence des mouvements musculaires et celle des mouvements passifs communiqués à la colonne vertébrale, dans la suspension par les bras, par exemple; position qui joint à un exercice musculaire actif les effets de la suspension passive du corps.

C. Influence de la scoliose sur les fonctions. — La plupart des manifestations de la vie se ressentent de la conformation qu'entraîne la scoliose; de là de nouveaux traits à ajouter au tableau de cette affection; ceux qui dérivent des altérations fonctionnelles.

La première et la deuxième période n'apportent toutefois que peu de changements dans l'état des fonctions; ce n'est qu'au degré qui constitue la gibbosité proprement dite que ces modifications sont bien marquées.

Cependant quelques troubles fonctionnels ont souvent été rattachés à des déviations encore peu avancées. Levacher de la Feutrie (1) dans le siècle dernier, Delpech (2) dans celui-ci, ont dit avoir trouvé maintes fois dans des courbures de l'épine dont on ne s'était pas aperçu la cause d'accidents divers que rien n'avait pu calmer, tels que : douleur habituelle à l'épigastre ou dans un côté de la poitrine, accès d'asthme, toux, perte d'appétit, trouble des digestions, diarrhée, amaigrissement, lésions diverses de l'innervation, etc. Sans doute on fera bien de suivre la recommandation de ces auteurs, d'examiner la colonne vertébrale quand des symptômes insolites persistent sans cause connue; mais il m'a paru bien rarement démontré que les accidents de ce genre fussent réellement dus à la scoliose. Ce n'est, la plupart du temps, qu'une coïncidence, qu'une réunion d'effets qui peuvent dépendre d'une cause commune, d'un état général constitutionnel, de la chloro-anémie, etc.

La respiration, la circulation sont les fonctions les plus compromises par les progrès de la scoliose.

Non-seulement la capacité des voies aériennes n'est point en rapport avec le volume total du corps, comme vous l'a montré l'anatomie pathologique, mais encore l'acte mécanique de la respiration est rendu imparfait par les changements survenus dans la direction, la forme, la mobilité des côtes, par la difficulté de l'abaissement du diaphragme, que les viscères abdominaux pressent de bas en haut avec plus de force que dans l'état naturel. L'inspi-

(1) *Traité du Rakitis*, p. 122.
(2) *Orthom.*, t. II, p. 11.

ration est donc doublement insuffisante; elle n'introduit pas assez d'air pour les besoins de l'organisme. Les sujets y suppléent par une plus grande fréquence des inspirations qui rétablit à peu près l'équilibre fonctionnel dans l'état de repos. Mais au moindre mouvement actif, dans tout effort musculaire un peu prolongé, dans une marche rapide, dans la course, dans les efforts expiratoires ou vocaux, tels que le cri, le chant, etc., l'accélération de la respiration devient pénible; elle atteint des limites qu'elle ne peut franchir; l'anhélation est extrême, l'hématose incomplète. Ce n'est que par exception que l'on voit le contraire, comme chez un prêtre sexagénaire dont parle M. A. Séverin (1), et qu'une double bosse n'empêchait pas de chanter à merveille, comme chez un soldat bossu, cité par Ludwig, qui l'emportait souvent à la course sur ses compagnons d'armes, et dans cet autre exemple, dû au même auteur, d'un bossu qui donnait du cor avec une rare perfection (2).

Le caractère particulier des phénomènes respiratoires domine toute la physiologie des individus gibbeux. Il influe directement sur le cœur, dont les cavités droites se débarrassent avec peine du sang veineux qui y afflue; il influe médiatement sur le cours du sang dans les veines et les systèmes capillaires, que ce liquide distend plus aisément. De là une prédisposition aux hémorrhagies, aux hydropisies, à certaines congestions locales. C'est plutôt à cette cause de gêne dans la circulation pulmonaire qu'à la plus grande proximité du cœur et du cerveau, dont parle Morgagni (3), qu'on doit attribuer la facilité des congestions cérébrales, des apoplexies dans les fortes gibbosités.

Je ne redirai pas, avec un auteur moderne, qu'un des effets du manque d'oxygénation du sang est la prédominance de l'hydrogène et, par conséquent, de la graisse, qui envahirait les tissus et jusqu'aux os eux-mêmes. Je n'ai trouvé les os plus gras, dans la scoliose, que lorsque c'était un effet de l'atrophie osseuse causée par les progrès de l'âge.

L'amaigrissement général est, au contraire, un résultat ordi-

(1) *De recond. abscess. nat.*, *L. de gibbis.*, etc. Leyde, 1724, p. 401.

(2) Ludwig, *Adv. med.-pract.*, vol. II, part. 4, p. 618.

(3) Lettre 4, n° 16.

naire de la gibbosité, et il s'explique facilement par le mauvais état des fonctions nutritives.

Après la respiration, c'est l'action du cœur qui offre les plus grandes perturbations : tantôt ce ne sont que des troubles fonctionnels, tels que palpitations fréquentes, irrégularité dans le rhythme des contractions, disposition à la syncope ; tantôt ce sont de véritables modifications de nutrition, des lésions organiques. Les maladies du cœur sont une des causes de mort les plus fréquentes dans la scoliose.

L'état habituel de la respiration et de la circulation, chez les sujets gibbeux, donne une physionomie spéciale à leurs affections thoraciques. La dyspnée, les phénomènes d'asphyxie sont provoqués, chez eux, par des maladies peu graves en elles-mêmes et, tout en ajoutant aux dangers qu'ils courent, sont souvent hors de proportion avec la bénignité réelle du mal. La compression des poumons et la gêne de leurs fonctions exposent particulièrement ces organes aux maladies congestives et inflammatoires, à l'asthme, à l'hémoptysie. Je n'ai pas vu toutefois que les bossus fussent plus sujets aux tubercules pulmonaires.

La percussion, l'auscultation donnent, dans la scoliose, des résultats qui tromperaient le praticien s'il n'en était prévenu d'avance. On trouve, à la percussion, une matité très-prononcée en arrière, dans une largeur variable, le long de la colonne vertébrale, du côté de la convexité de la courbure dorsale, c'est-à-dire au niveau de la gibbosité. En dehors, c'est le poumon privé d'air qui se trouve sous le doigt; en dedans, ce sont les corps vertébraux, que la torsion a portés dans ce point, et la matité y est plus absolue. La poitrine est sonore partout ailleurs dans les régions occupées par les poumons.

Le souffle respiratoire ne s'entend pas dans les points où se rencontre la matité; il est normal ou peu affaibli dans les autres régions.

La percussion et l'auscultation du cœur le montrent moins couvert par le poumon gauche et plus rapproché des côtes. Il y a souvent une impulsion plus marquée, qui se fait sentir dans tout le demi-thorax gauche. Le cœur semble quelquefois, sous la main, aussi près de la paroi postérieure de la poitrine que de l'antérieure, parce que ces parois se sont singulièrement rapprochées. Delpech (1) en cite un cas fort remarquable, qu'il a seulement eu le tort, je l'ai déjà dit, de rapporter à la lordose : c'était une scoliose dorsale gauche et lombaire droite, avec enfoncement du sternum et des cartilages des dernières vraies côtes gauches. Le malade a été délivré par un traitement orthopédique des accidents qu'il éprouvait du côté du cœur et des poumons. J'ai observé un cas semblable; mais la jeune fille a succombé.

Divers auteurs, Delpech (2) entre autres, ont parlé des lésions fonctionnelles de la moelle épinière ou même du cerveau chez les sujets gibbeux, d'engourdissements, de paralysies, de contractures des membres, de vertiges, de cécités, etc., auxquels ils seraient exposés. Ces accidents sont rares; l'innervation n'est pas, en général, troublée directement par la déformation osseuse; nous en avons vu la raison dans l'anatomie pathologique. Au milieu des plus grands écarts de la conformation du rachis, on voit les membres inférieurs conserver leur motilité et leur sensibilité. Les faits contraires sont exceptionnels.

La compression des nerfs entre les vertèbres ou les côtes, le froissement des chairs par le tassement des os du tronc, donnent très-souvent lieu à des douleurs permanentes vers la base du thorax ou les crêtes iliaques, quelquefois à des névralgies le long du trajet des nerfs qui émergent des paires lombaires et sacrées ou de leurs plexus.

Il a beaucoup été question de la grande intelligence des bossus; elle est presque proverbiale. Je crois leur réputation à cet égard un peu usurpée, abstraction faite de l'influence du rachitisme proprement dit. Je n'ai pas rencontré, parmi les nombreux cas que j'ai eus sous les yeux, une plus grande proportion d'intelligences supérieures que chez les sujets bien conformés. Je conviens qu'il y a eu quelques bossus célèbres, sans compter Ésope, dont la prétendue difformité est une fable des temps modernes; mais les grands hommes ne sont pas plus communs dans cette classe d'individus que dans les autres. En revanche, il faut exonérer les bossus du caractère de méchanceté qu'on leur prête; il ne domine nullement

(1) *Orthom.*, t. I, p. 350.
(2) *Orthom.*, t. II, p. 17.

chez eux. Il est seulement vrai de dire que leur position sociale développe au plus haut point leur malignité, lorsqu'ils en ont naturellement le germe.

Les viscères abdominaux souffrent moins dans leurs fonctions que les organes renfermés dans le thorax, sans doute à cause de l'extensibilité de la paroi antérieure de l'abdomen. Cependant la compression de l'estomac donne quelquefois lieu à la dyspepsie, à des vomissements; j'ai observé le cancer de cet organe dans quelques cas de gibbosité; n'était-ce qu'une coïncidence? En général, avec les progrès de l'âge et par l'augmentation de la difformité, le tube digestif se resserre; il est rare que les bossus âgés soient de gros mangeurs, et leur médiocre alimentation n'est pas une des moindres causes de leur maigreur.

Je n'ai pas remarqué de trouble fonctionnel résultant de la compression du foie, de la rate, des reins; des douleurs passagères ont été le seul effet apparent de cette compression. Dans les cas dont j'ai connaissance, le tissu de ces organes était généralement sain, lorsqu'on a eu occasion de pratiquer l'autopsie. Je pense toutefois que ce sujet réclamerait des recherches nouvelles.

Une tradition non moins ancienne que celle qui a trait au développement intellectuel, attribue une grande activité à l'appareil génital des individus difformes. C'est vraisemblablement ce qui a donné lieu autrefois à la fable de Priape, né très-contrefait, avec un pénis monstrueux, et chassé de Lampsaque par les maris à cause de ses succès auprès des femmes (1).

On voit, en effet, de singuliers développements des organes génitaux chez quelques sujets réduits par une difformité congéniale à un torse plus ou moins bien conformé, presque sans membres; mais c'est là un ordre de faits différents de la scoliose. On n'observe pas, comme règle générale, cette prédominance de l'appareil génital dans la courbure latérale de l'épine.

La menstruation est retardée par les courbures assez considérables pour ralentir le développement général de la jeune fille. Les irrégularités, dans les autres cas, ne paraissent pas liées à l'existence de la scoliose.

Rien n'est plus commun que la chlorose chez les filles atteintes

(1) *Des divinités génératrices*, par J. A. D. Paris, 1825.

de courbure de l'épine; il y a ici généralement coïncidence de deux effets dépendants d'une même cause, d'un état constitutionnel des sujets.

Dugès et Delpech (1) ont déjà fait justice d'une opinion suivant laquelle les femmes gibbeuses seraient peu fécondes. La stérilité n'est pas même produite par les courbures lombaires, comme on l'a supposé d'après trop peu de faits et dans l'hypothèse erronée d'une influence générale de ces courbures sur les fonctions de la partie inférieure de la moelle ou des nerfs qui en émanent.

La gestation peut être rendue difficile par le peu de capacité de l'abdomen, par la saillie des vertèbres qui dévie ou incline l'utérus; mais ces accidents sont peu communs, et il n'est pas rare de voir des femmes gibbeuses enfanter, sans accidents, un plus ou moins grand nombre de fois, lorsque la déviation n'est pas rachitique, et que par conséquent le bassin est à peu près régulier.

Il résulte de cet exposé que, malgré l'intégrité ou le peu de lésion de plusieurs fonctions, la scoliose d'un haut degré altère plus ou moins profondément les conditions les plus essentielles de la vie; qu'en thèse générale, elle rend l'existence plus ou moins pénible, et tend à en abréger la durée. On voit assurément des bossus parvenir à la vieillesse la plus avancée, je vous en ai moi-même cité des exemples; mais un bien plus grand nombre meurent encore jeunes. La vie moyenne est certainement plus courte dans la scoliose que chez les individus qui jouissent d'une conformation régulière. C'est ce qu'exprimait déjà ce passage du *Traité des articulations* d'Hippocrate : « Il est arrivé que plusieurs » ont porté sans peine et sans maladie leur gibbosité jusqu'à la » vieillesse; cependant, même parmi ceux-là, peu ont dépassé » soixante ans, et la plupart n'y vont pas (2). » Et Galien ajoute judicieusement que ceux qui vieillissent le doivent à leur nature forte, à la douceur du mal et au régime de vie qu'ils observent (3).

Les malades que je vous présente vous donneront l'occasion de vérifier quelques-uns des faits que je viens de vous exposer.

Ier *cas.* — Fille de treize ans et demi. Elle a les poignets tumé-

(1) *Orthomorph.*, t. I, p. 367.

(2) OEuvres d'Hippocrate, trad. par E. Littré, t. IV, p. 181.

(3) Galien, édit. de Kühn, t. XII, 1re partie, p. 511.

fiés depuis l'âge de deux ans. La scoliose n'a débuté qu'à l'âge de dix ans, et est encore aujourd'hui au premier degré. Sa marche a été lente ; ce n'est presque qu'une courbure aortique exagérée, c'est à peine si l'on peut trouver une courbure à la région dorsale du rachis. Cependant nous trouvons les signes pathognomoniques d'une scoliose, la rondeur des côtes du côté droit, la saillie des muscles lombaires du côté gauche. C'est un cas bien caractérisé de scoliose du premier degré.

IIe *cas*. — Garçon de dix ans; c'est un rachitique. Remarquez la petitesse de sa taille et la courbure de ses clavicules. La difformité a commencé à cinq ans. Aujourd'hui il présente une scoliose sigmoïde verticale à deux arcs égaux. La bosse dorsale, située à droite, est encore fort peu prononcée. Nous sommes ici au commencement de la troisième période ou à la fin de la deuxième. Il se hanche sur la hanche droite dans le sens de la concavité lombaire, et ne peut se hancher aisément de l'autre côté; le bassin est abaissé à gauche; cette attitude fait paraître davantage la bosse, et fait passer la scoliose du deuxième au troisième degré.

IIIe *cas*. — Garçon de onze ans. Il présente une courbure aortique exagérée ; le thorax est à peine déformé, le flanc droit légèrement déprimé. Il a eu le rachitisme et ses jambes sont un peu torses.

IVe *cas*. — Fille de onze ans. Scoliose sigmoïde oblique, penchée à droite, composée d'une courbure dorsale très-longue, d'une courbure lombaire plus petite. La scoliose date de trois à quatre ans ; elle est arrivée à la fin de la deuxième période ou au commencement de la troisième. Elle a paru spontanément, longtemps après une attaque très-légère de rachitisme. L'enfant n'a pas eu de maladies graves ; elle a une constitution éminemment scrofuleuse, sa lèvre supérieure est grosse, elle a eu des ophthalmies scrofuleuses. Maintenant elle se plaint de palpitations, d'essoufflement, de faiblesses, qui dépendent peut-être autant de son état général que de sa difformité.

V^e^ *cas*. — Fille de quinze ans. Scoliose au troisième degré datant de trois ans. Cependant l'enfant, qui a été rachitique, offre depuis longtemps quelque chose d'irrégulier dans sa conformation.

Vous voyez qu'en faisant courber la malade en avant, on fait disparaître la corde saillante formée par les muscles lombaires au lieu de l'augmenter, comme le voudrait la théorie de la rétraction. Vous voyez qu'on obtient encore le même effet en faisant coucher l'enfant sur le ventre.

Cette jeune fille, qui n'est pas encore menstruée, se plaint de maux d'estomac, de palpitations, d'oppression et d'autres symptômes de chlorose.

A la percussion, nous trouvons partout le son normal, excepté en arrière, au côté externe de la gibbosité, où il est un peu diminué, et à son côté interne, où la matité est complète; en auscultant, on perçoit partout le bruit respiratoire normal, sauf au côté interne de la bosse, où l'on n'entend rien.

VIe *cas.* — Ce malade, âgé de vingt-six ans, porteur d'une scoliose au troisième degré, nous offre quelque chose de singulier : c'est une anesthésie de la peau qui recouvre les côtes gauches, dépendant probablement de la compression de quelques nerfs intercostaux de ce côté.

VIIe *cas.* —Enfin le dernier malade que je vous présente est fort remarquable au point de vue du diagnostic. C'est une jeune fille affectée à la fois de scoliose et de mal de Pott; c'est là un fait très-rare. La scoliose, qui est parvenue au second degré, est un type de ce genre de difformité. Le mal de Pott s'écarte un peu de sa forme habituelle : au lieu d'être antéro-postérieur, comme cela se voit ordinairement, il est latéral, ce qui tient sans doute à la déformation scoliotique de l'épine. La saillie exagérée d'une seule apophyse épineuse ne laisse aucun doute sur l'existence du mal vertébral.

(1) VIIIe *cas.* — Je vous ai parlé des conditions nouvelles de la vie que crée la troisième période de la scoliose, conditions bien moins favorables au libre exercice des fonctions que celles dont jouissent les individus bien conformés. Vous avez pu en juger par l'état fonctionnel que nous ont présenté plusieurs scoliotiques à courbure dorsale *droite.*

Je place aujourd'hui sous vos yeux une enfant de dix ans atteinte d'une forte courbure dorsale à convexité *gauche.* Ses viscères et

(1) Onzième leçon, 31 juillet 1857.

leurs fonctions nous offriront des modifications à peu près semblables, mais en sens inverse.

La mère de l'enfant, en la retirant de nourrice à l'âge de quatre ans, lui a trouvé une épaule plus forte que l'autre. Cette déviation remonte donc à la première enfance, et elle est probablement d'origine rachitique; elle est parvenue à un degré extrême. Le rachitisme n'a pas laissé d'autres traces évidentes dans le squelette; si les membres ont été courbés, ils se sont redressés.

Le thorax est considérablement déformé, la gibbosité postéro-gauche énorme; la dépression postéro-droite forme une excavation prononcée. Il y a une gibbosité antérieure médiane et non antéro-droite. Vous avez déjà vu cette disposition dans la scoliose à courbure dorsale droite. Le bas du sternum est très-saillant et avance en pointe au delà de la région épigastrique. Les cartilages costaux sont à peu près symétriques à droite et à gauche. Les deux moitiés du thorax, quoique dissemblables en arrière, diffèrent peu en avant; la poitrine, vue dans ce dernier sens, est assez uniformément resserrée d'un côté à l'autre. Ce resserrement est surtout marqué à la hauteur des dernières côtes; les sixième et septième côtes, soulevées avec le sternum, forment de chaque côté un rebord saillant, oblique, qui donne à la gibbosité antérieure une figure triangulaire.

De même que chez les autres sujets que nous avons observés, la respiration est courte, fréquente; il y a 35 à 40 inspirations par minute. Cette enfant a la *courte haleine;* elle ne peut courir comme ses compagnes sans être aussitôt essoufflée, sans être obligée de s'arrêter; les battements du cœur sont alors violents et précipités.

La percussion est sonore, et l'auscultation fait entendre le bruit respiratoire normal, dans la plus grande partie de la poitrine, excepté le long de la gibbosité. On retrouve donc, *du côté gauche,* les deux sortes de matité que je vous faisais remarquer *à droite* sur une des malades de la dernière séance, la matité du poumon *altère* et celle des corps vertébraux tournés à gauche.

Le cœur paraît assez gros; ses battements sont forts; quoique situé à droite du rachis, il a un peu suivi son mouvement; il est plus à gauche qu'à l'ordinaire. Le poumon droit l'a en partie remplacé derrière le sternum, et la respiration s'entend dans une plus grande étendue de la région sternale; la percussion y rend un son plus clair.

En auscultant comparativement les deux côtés de la poitrine, on reconnaît que le poumon gauche prend beaucoup moins de part à la respiration que le poumon droit. En arrière, au lieu de l'absence de respiration qui se remarque dans une grande partie du côté gauche, on trouve à droite une respiration exagérée, puérile, dans toute l'étendue de l'excavation formée par les côtes déprimées. En avant, le bruit respiratoire, normal à droite, manque dans presque toute la hauteur du côté gauche à cause de la situation élevée du cœur.

L'abdomen, malgré une diminution notable de hauteur, ne présente pas de lésion fonctionnelle sensible; tous ses viscères paraissent dans l'état naturel. Le foie ne dépasse pas les fausses côtes; il trouve à se loger dans la partie inférieure du thorax.

L'attitude habituelle de l'enfant, dans la station, est caractérisée par une légère flexion du genou droit; ce mouvement instinctif, qui incline le bassin à droite, ramène dans ce sens le centre de gravité, que la forte inclinaison du bas du tronc porterait sans cela trop à gauche. Vous pouvez vérifier ici ce que je vous ai dit de la situation des crêtes iliaques : leur hauteur inégale n'est qu'apparente, quand on rétablit l'égalité de hauteur des membres inférieurs; elle dépend de ce que la hanche droite est détachée et saillante, tandis qu'on ne trouve qu'à l'aide du toucher la crête iliaque gauche, beaucoup plus élevée qu'elle ne le paraît à la vue.

Le développement général de cette enfant n'est pas au-dessous de celui de beaucoup d'enfants de son âge, sauf la brièveté du tronc, qui n'est pas proportionné aux membres. La face, tout en conservant quelque chose des formes arrondies de l'enfance, commence à présenter le caractère spécial dont je vous ai parlé, l'allongement apparent dû à son étroitesse d'un côté à l'autre. La maigreur est générale; les muscles ont partout peu de volume.

Cette jeune fille ne doit pas être d'une forte santé; nous connaissons peu ses antécédents; néanmoins son existence n'est nullement compromise, au moins pour le moment. Cette enfant paraît même assez vivace. Elle était entrée dans le service de mon excellent collègue, M. Blache, pour une bronchite aiguë, dont elle est bien guérie. On a observé dans le cours de cette maladie un fait que je vous ai signalé : c'est une dyspnée considérable, qui était due en partie à la compression mécanique des poumons, et qui a donné des inquiétudes sérieuses en raison de la fièvre intense dont elle était accompagnée.

A quelles chances la vie de cette enfant est-elle réservée dans l'avenir? Comment se passera la puberté? Il serait intéressant de ne pas la perdre de vue, de suivre, sous ce rapport, l'influence de sa conformation.

Vous remarquerez, en attendant, que la circulation ne présente rien de pathologique. Le teint est naturel; le pouls, régulier, bat 100 à 108 fois par minute. Le cœur ne souffre pas, tant que la respiration n'est pas troublée par des mouvements auxquels elle ne peut suffire. C'est une confirmation de ce que je vous ai dit du peu de différence qui existe souvent, au point de vue des lésions fonctionnelles, de la *viabilité*, entre les courbures dorsales gauches et droites.

IXe *cas.* — Cette autre fille, âgée de neuf ans, porte également une courbure dorsale gauche, mais infiniment plus légère; la courbure lombaire, dirigée à droite, est à peu près aussi marquée. La mère prétend que son enfant n'a pas été *nouée;* elle dit que son épaule est *plus forte* depuis l'âge de sept mois. C'est là évidemment une courbure rachitique du deuxième degré.

D. DIAGNOSTIC DIFFÉRENTIEL. — J'ai insisté, à l'occasion de plusieurs de nos malades, sur les signes caractéristiques de la courbure latérale du rachis. Il me reste à passer en revue les différents états que l'on peut confondre avec la scoliose, à établir son diagnostic différentiel.

a. Ce qu'il importe, en premier lieu, de distinguer de la vraie scoliose, ce sont les autres vices de direction du rachis que l'on peut rencontrer.

La simple flexion latérale permanente ou habituelle, ou ce que j'ai appelé *scoliose par flexion,* peut être prise pour une scoliose par déformation, et *vice versâ;* beaucoup de médecins s'y trompent. Ce n'est pas simplement, comme on pourrait le croire, le degré de la courbure qui fait la différence : telle inflexion, quoique très-prononcée, n'est pourtant qu'une *attitude,* tandis que telle autre, à peine sensible, est une vraie *déformation.*

Au seul aspect, on acquiert déjà, sinon la certitude, du moins une forte présomption que la courbure appartient à l'un ou à l'autre ordre.

La simple flexion n'est presque jamais double; son siége, sa forme sont les mêmes que dans la flexion physiologique; les deux côtés du tronc conservent leur conformation naturelle; leur différence de saillie ou de volume est toujours légère, générale, et non limitée à des régions spéciales. La cause de cette flexion se révèle souvent d'elle-même; quand c'est l'obliquité du bassin par suite de claudication, l'inclinaison du cou par un torticolis, etc.

La vraie scoliose est rarement unique, surtout si la courbure est un peu prononcée; elle occupe généralement un autre siége, se présente sous d'autres formes que la flexion physiologique; elle produit des saillies, des dépressions circonscrites, dans certaines régions déterminées du tronc.

Conserve-t-on des doutes sur la nature de la déviation; veut-on s'assurer, par exemple, s'il ne s'agirait pas d'une scoliose par déformation consécutive à une flexion simple et en ayant encore l'aspect, ou d'une courbure par flexion accompagnée d'une déformation commençante, on cherche à faire cesser l'inflexion du rachis en faisant disparaître sa cause apparente. Ainsi, lorsque la colonne vertébrale ne s'incline que par l'effet de l'obliquité du bassin, il est ordinairement facile de la redresser sur-le-champ, en rétablissant le niveau des crêtes et des épines iliaques. Il suffit, pour cela, d'exhausser le membre court ou de faire asseoir le malade au lieu de l'examiner debout. Le tronc redevient alors parfaitement symétrique, si les vertèbres ne sont nullement déformées; il subsiste quelque irrégularité dans le cas contraire.

On peut encore examiner les malades couchés sur le ventre : la position horizontale rétablit presque toujours la rectitude dans les flexions simples; si la déviation apophysaire vient à s'effacer dans une vraie scoliose, les saillies et dépressions latérales persistent.

On parvient, même dans la station, à redresser la colonne vertébrale en donnant une position convenable à la tête, aux épaules, aux membres inférieurs, quand la flexion latérale n'est produite que par une attitude vicieuse, en grande partie volontaire, passée à l'état d'habitude. On distingue de la même manière les cas où des attitudes analogues exagèrent un léger degré de scoliose.

b. Il est de simples flexions latérales qui ne s'effacent pas dans le décubitus ou par les autres moyens que je viens d'indiquer. Telles sont souvent les flexions dues à une contraction involontaire des muscles causée par la douleur, celles qui accompagnent le mal vertébral. Le diagnostic est alors fondé sur les caractères extérieurs de la courbure, sur les symptômes de l'affection qui la produit, et sur la résistance même que l'on rencontre en voulant redresser le rachis. Il n'existe, en effet, ni douleur ni rigidité lorsqu'on imprime des mouvements au tronc dans les scolioses des premier et deuxième degrés, les seules que l'on puisse confondre avec les attitudes dont il est question.

Ce dernier caractère manque s'il y a à la fois scoliose et affection douloureuse du rachis ou des parties voisines. C'est ce qui se rencontrait chez une jeune fille placée sous vos yeux dans la dernière séance; mais la forme en S spéciale de la courbure vertébrale, les caractères extérieurs de la torsion ne laissaient point de doute sur l'existence de la scoliose. L'affection destructive des vertèbres, qui s'y joignait, n'était pas moins clairement indiquée par les signes qui lui sont propres.

Je ne m'étends pas sur le diagnostic différentiel de la scoliose et du mal vertébral de Pott; j'en ai traité avec détail à l'article du *mal vertébral* (1). Il ne présente d'ailleurs de difficultés sérieuses que lorsque la saillie en pointe de cette dernière affection vient à manquer, en même temps que l'attitude du malade fait décrire au rachis une courbure latérale permanente.

c. Si une courbure par déformation de la région dorso-lombaire était le produit de la rétraction musculaire, comme on le voit au cou dans la rétraction du sterno-mastoïdien, il y aurait rigidité dans un sens, résistance au redressement, et d'ailleurs réunion des signes extérieurs de la déformation et des signes physiques de la rétraction. Je vous ai déjà montré que ce cas, qu'on a cru commun, est excessivement rare.

d. Il est des déviations simulées; ce sont des scolioses artificielles par flexion physiologique. Leurs caractères physiques sont semblables à ceux des simples flexions latérales pathologiques; on peut donc leur appliquer ce que je viens de dire du diagnostic différen-

(1) Voy. p. 27 de mes *Leçons* de 1855.

tiel de la scoliose par *flexion* et de la scoliose par *déformation.* Mais il ne suffit pas, dans ce cas, de reconnaître s'il y a ou non déformation des vertèbres, vraie scoliose; il faut encore découvrir la fraude, si elle existe, ou s'assurer, dans le cas contraire, que la flexion latérale est réellement indépendante de tout artifice. Or, si le premier problème est en général d'une solution facile, il n'en est pas tout à fait de même du second. Un bon acteur simule, à s'y méprendre, tous les actes qui dépendent du système musculaire; le même fait peut se présenter dans la vie réelle. Voyez Sixte-Quint jouant le catarrhe et une cyphose sénile de façon à tromper tout un conclave!

Vous comprendrez, d'après cela, comment, il y a quelque vingt ans, l'Académie de médecine fut tenue en échec toute une année par la difficulté de résoudre une question semblable; comment la bonne foi d'hommes *spéciaux,* — j'étais du nombre, — fut d'abord surprise au point qu'ils donnèrent des consultations en règle pour une grande et belle fille se disant atteinte de déviation latérale de l'épine.

Aujourd'hui même, malgré les études et les recherches dont ce fait a été l'occasion (1), il n'est pas toujours facile de distinguer si une attitude pareille est purement volontaire, ou si elle est due à une cause pathologique. Sans doute, quand le sujet se tient, sans cause connue, sur la pointe d'un pied pour incliner le bassin et courber la colonne vertébrale, comme le faisait Jenny Guerri, on a tout lieu de croire à une supercherie. Dès 1835, M. Bégin (2) avait signalé cette manœuvre employée par des conscrits. Mais, si une épaule est simplement abaissée, l'un des flancs déprimé, soit que le bassin reste droit ou qu'un des genoux soit légèrement fléchi, si le sujet manifeste de la douleur et se contracte plus violemment quand on fait effort pour redresser le tronc, il n'y a là rien qui ne puisse en effet dépendre d'une affection douloureuse,

(1) Voyez dans les journaux de médecine de l'époque la *Discussion* de l'Académie de médecine, les *Rapports* de MM. Bricheteau et Cruveilhier, et de plus : Bouvier, *Sur les caractères des déviations pathologiques et simulées,* dans le Journal hebdomadaire, 1836; J. Guérin, *Des déviations simulées*, Gaz. médic., 1839.

(2) Art. RÉFORME *du Dict. de méd. et de chir. pratiques*, t. XIV, p. 159.

musculaire ou autre, aussi bien que d'une feinte et d'une simulation complète.

La suspension par les bras, la position horizontale, fournissent dans ce cas des données utiles, mais quelquefois insuffisantes. C'est surtout en suivant le malade ou soi-disant tel, en cherchant à mettre en défaut la ténacité de ses muscles, et principalement au moyen d'épreuves morales, que l'on parviendra à découvrir la vérité.

e. Les saillies latérales, seul indice certain de scoliose, quand la courbure ne se voit pas aux apophyses épineuses, pourraient être confondues avec les saillies produites par d'autres causes; comme une voussure circonscrite de la région postérieure du thorax, indépendante du rachis, une voussure latérale dépendant de la courbure aortique normale de l'épine, un plus grand développement d'une moitié de la cavité thoracique ou des muscles d'un côté du dos, etc.

Dans presque aucun de ces cas, on ne voit la saillie alterner à droite et à gauche dans les régions dorsale et lombaire. Cette disposition, lorsqu'elle existe, distingue suffisamment la scoliose de tous les autres états. Il ne peut donc y avoir de doute qu'à l'égard des courbures uniques.

Or, 1° il n'arrive presque jamais que les côtes soient plus bombées d'un côté, en arrière seulement, sans que cela dépende du rachis; les faits de ce genre observés par mon savant confrère, M. le docteur Woillez (1), sont incomplets en ce sens que la direction du rachis n'a été appréciée que par la direction des apophyses épineuses. Au reste, dans une voussure postéro-latérale essentielle, la gouttière vertébrale correspondante et ses muscles ne seraient pas portés en arrière, comme cela a lieu par l'effet de la torsion qui accompagne la courbure de l'épine. Les saillies partielles de la région antérieure sont plus communes; on reconnaît aisément, en explorant la région dorsale, si elles dépendent ou non de la scoliose.

2° Il n'y a d'autre différence que le degré entre la courbure latérale normale et celle de la scoliose, si, en outre, on tient compte de l'âge. Une courbure dorsale unique, invisible en arrière, mais

(1) *De la mensuration de la poitrine*, 1838, p. 333, 338.

avec saillie latérale très-sensible, est un commencement de déformation chez un jeune sujet : c'est une disposition normale chez un adulte.

3° On reconnaît le développement postérieur qui se lie à celui de tout le demi-thorax, à ce qu'il se répète en avant, sur le côté, dans toute la demi-circonférence; ce qui est rare dans la scoliose, à moins qu'elle ne succède à la pleurésie, à l'empyème. Le diagnostic peut offrir quelque obscurité dans ce dernier cas. Vous m'avez vu hésiter en recherchant, sur un enfant à thorax déformé par une ancienne pleurésie, s'il y avait déjà scoliose par déformation; j'ai regardé l'existence d'une courbure permanente comme probable, à cause du soulèvement de la gouttière vertébrale et de la torsion qu'il indique.

4° Le développement des muscles d'un côté, dans l'hémiplégie, par exemple, ou dans la prédominance primordiale ou acquise d'une moitié du corps, n'est pas borné à une région comme la saillie musculaire de la scoliose; il s'étend à toute la longueur de l'épine et, de plus, il est commun à toute une moitié du système musculaire.

f. La situation de l'épaule peut s'éloigner de l'état normal sans qu'il y ait scoliose. C'est ce qu'on observe dans les contractures et dans les paralysies des muscles de l'omoplate, lesquelles, selon leur siége, sont suivies de l'élévation de cet os, de son abaissement, de son abduction, de son adduction, de sa rotation, de la saillie ou de la dépression de son angle inférieur. M. le docteur Duchenne, de Boulogne (1), a réuni plusieurs faits de ce genre dans son travail sur les muscles de l'épaule. Cette photographie et ce moule, que je dois à son obligeance, font voir l'aspect du tronc dans cet ordre d'affections. Une des omoplates est fortement élevée et rapprochée du rachis à son angle inférieur, par la contracture du rhomboïde dans un cas, du rhomboïde et de la partie supérieure du trapèze dans l'autre. L'épine dorsale était droite, sans torsion, le thorax sans voussure latérale; les muscles étaient ramassés, contractés, durs, tendus, lorsqu'on faisait effort pour abaisser l'épaule. Il suffit d'être prévenu de cette particularité pour ne pas s'y tromper.

(1) *Électrisation localisée*, p. 424.

g. A une période plus avancée, la scoliose pourrait donner lieu à une autre sorte d'erreur; elle pourrait faire croire à des maladies internes graves. Le médecin qui aura observé l'état fonctionnel des sujets gibbeux ne le confondra pas avec la phthisie pulmonaire, l'asthme, les maladies du cœur, etc. Cependant certains états complexes réclament un examen attentif pour éviter une méprise. Tel est le cas, cité par Dugès (1), d'un empyème avec courbure de l'épine, qui fut pris pour une carie vertébrale. Telle est la coexistence d'une paraplégie, d'abcès froids, avec une déviation du rachis, qui peut être étrangère à ces accidents ou les avoir provoqués par suite d'une affection morbide des os ou d'une simple compression de la moelle.

Je devrais encore vous entretenir du diagnostic des espèces étiologiques de la scoliose; mais je crois en avoir dit assez sur les scolioses rachitique, pleurétique et autres, tant dans l'anatomie pathologique qu'à l'occasion des malades présentés, pour ne pas avoir besoin de revenir sur ce sujet.

IV. Traitement de la scoliose.

La scoliose est à peine considérée comme une maladie : on n'y voit qu'une difformité. Et cependant c'est un état plus grave que beaucoup de maladies réputées telles; elle pèse sur toute l'existence; elle entrave l'exercice des principales fonctions. La prévenir, la guérir, en atténuer les suites, voilà ce qu'on demande journellement à notre art. Jusqu'à quel point nous est-il donné d'y parvenir? Quels moyens doit-on employer dans ce triple but? C'est ce qui va maintenant nous occuper.

Une question préliminaire doit être résolue. Ici, comme dans toute thérapeutique rationnelle, il faut d'abord rechercher quelle est la fin naturelle de l'affection; il faut examiner s'il n'y a pas une thérapeutique spontanée, et quelle en est la marche.

Beaucoup de médecins s'en remettent au temps, à la nature, à la *croissance*, du soin de redresser les courbures commençantes. Tous les observateurs s'accordent sur l'extrême rareté de ces guérisons spontanées. Tous ont reconnu, non-seulement que la sco-

(1) *Dict. de méd. et de chir. prat.*, art. Rachitis, t. XIV, p. 81.

liose ne rétrograde presque jamais, mais encore qu'elle s'accroît généralement quand on l'abandonne à elle-même. L'idée fausse, que le rachitisme peut seul produire de véritables gibbosités, inspire trop souvent une sécurité fâcheuse, lorsque les jeunes malades ne présentent aucune trace de cette affection. Il faut que les praticiens soient bien pénétrés de cette vérité, que toute déviation spinale du jeune âge, même la plus légère, peut contenir le germe des difformités les plus considérables. J'ai eu maintes occasions de suivre pendant des années la marche croissante de la scoliose, depuis sa première apparition jusqu'à son degré le plus avancé. Je l'ai vue bien rarement disparaître par l'effet de l'accroissement du corps, même au début de la première période. La courbure sigmoïde de la deuxième période ne s'efface jamais d'elle-même. Ce qui a souvent fait croire à des guérisons spontanées, c'est qu'on ne distingue pas toujours avec assez de soin les simples flexions latérales des déformations réelles du rachis; et, vous le savez, rien n'est plus commun que la disparition spontanée de certaines scolioses par flexion.

Mais plusieurs circonstances influent sur la marche de la vraie scoliose, sur la rapidité et la durée de ses progrès.

Une prédisposition héréditaire, le sexe féminin, le rachitisme, le bas âge ou les approches de la puberté, une constitution faible, une croissance rapide, les maladies de l'enfance ou de la jeunesse, les accouchements répétés, les travaux pénibles, surtout s'ils entraînent une action irrégulière des muscles, une vie trop sédentaire, des études trop assidues, favorisent l'augmentation du mal, qui peut ne s'accroître que très-lentement ou même rester stationnaire dans des conditions différentes ou opposées. Voilà comment il arrive que la déviation, après avoir fait longtemps peu de progrès, augmente tout à coup rapidement sous l'influence de quelqu'une des circonstances que je viens d'indiquer, ainsi que cela a eu lieu dans plusieurs des cas qui ont passé sous vos yeux.

Des conditions analogues déterminent la durée, la cessation, le retour des progrès de la scoliose, à différentes époques de la vie. En général, la déviation reste stationnaire après la fin de l'accroissement, dans l'âge de la force, de vingt à trente ou trente-cinq ans. Mais elle s'accroît de nouveau à un âge plus avancé, et n'a souvent d'autres limites, dans la vieillesse, que celles que lui imposent la rencontre des parties solides étayées les unes sur les autres, et l'immobilité, l'ankylose des articulations vertébrales.

On le voit, ce n'est pas un objet de luxe, une affaire de pure coquetterie, que l'application de l'orthopédie aux déviations rachidiennes dès leur principe; il y va de tout un avenir pour les individus menacés de gibbosité. Vous entendrez plus d'une fois les sujets scoliotiques déplorer la confiance dans le temps et la nature, qui les a livrés aux ravages du mal.

Je diviserai le traitement de la scoliose en : 1° préservatif; 2° curatif; 3° palliatif.

A. TRAITEMENT PRÉSERVATIF. — C'est l'hygiène de la colonne vertébrale, considérée spécialement au point de vue des courbures latérales qui peuvent en altérer la forme. Cette hygiène constitue une partie importante de l'éducation physique des enfants. Elle consiste à éloigner les causes de déviation spinale, à placer le rachis dans les conditions les plus favorables à son développement en ligne droite. Elle est particulièrement nécessaire s'il existe une prédisposition connue à la scoliose, dans le cas d'hérédité présumée, d'ancienne disposition rachitique, de faiblesse de constitution, de croissance disproportionnée à l'état des forces, après les maladies longues, pendant une menstruation difficile, dans les flexions latérales liées à la claudication, à l'empyème, etc. Ce traitement prophylactique doit encore succéder au traitement curatif, tant que la courbure a de la tendance à se reproduire.

A l'égard des *circumfusa*, des *ingesta*, des *excreta*, des *percepta*, l'indication unique est de diriger leur influence de manière à favoriser la nutrition générale, et celle de l'appareil locomoteur en particulier. Faire des os forts, dans le jeune âge, au moyen d'un régime et d'un genre de vie imposés aux enfants, n'est peut-être pas, dans certains cas, un problème d'une solution plus difficile que celui de l'*entraînement*, à l'aide duquel on parvient à modifier profondément les formes et la proportion des divers systèmes organiques chez les jeunes animaux.

Les *applicata*, les *gesta*, ou les vêtements et les mouvements musculaires, exercent une action plus directe sur le rachis. Il importe d'en bien régler l'emploi à ce point de vue spécial.

La nécessité de mouvements musculaires fréquents et multipliés, dans l'enfance, est universellement sentie, et cependant les empiètements de l'éducation intellectuelle ont fini par réduire considérablement les exercices musculaires de la jeunesse. Cela peut être sans inconvénients graves pour beaucoup d'enfants heureusement constitués; mais, il faut que les parents en soient avertis, les enfants, et surtout les filles, prédisposés par une cause quelconque à la courbure latérale de l'épine ne peuvent être sans risque soumis à la même règle. Il faut à ceux-là de longues récréations, des jeux actifs en plein air, sinon leurs muscles deviennent plus débiles, leurs os, leurs vertèbres en particulier, moins résistants; des attitudes irrégulières s'établissent, et une scoliose par *flexion* hâte le développement d'une déformation qu'on eût pu éviter en sacrifiant moins complétement le corps à l'esprit.

La gymnastique, si heureusement introduite dans cet hôpital, et dont je vous ai déjà montré les avantages dans les courbures antéro-postérieures, dans la courbure latérale par flexion, doit donc également figurer parmi les moyens de prévenir la scoliose par déformation. Ce n'est assurément pas un préservatif infaillible, mais c'est du moins un des plus efficaces.

Remarquez bien que je comprends ici, sous le nom de *gymnastique*, non-seulement les exercices réguliers enseignés dans un gymnase ou ailleurs, mais encore tous les mouvements capables d'exercer régulièrement le système musculaire. La marche, la course, les mouvements spontanés des enfants dans leurs jeux, tant qu'ils sont conformes aux lois naturelles de l'organisme, ne leur sont pas moins utiles, au point de vue dont je m'occupe, que les tours de force et d'agilité des gymnasiarques.

La direction que l'on donnera aux mouvements, dans tous les instants où ce sera possible, devra tendre à procurer ce qu'on appelle un *bon maintien*, devra habituer les muscles extenseurs de la tête et du rachis à agir avec une force convenable, devra équilibrer à droite et à gauche l'action de ces muscles et de ceux des membres supérieurs et inférieurs. On préviendra ainsi l'influence des attitudes vicieuses, qui, malgré leur rôle secondaire dans la production de la scoliose, n'en favorisent pas moins le développement chez les sujets prédisposés.

Deux écueils sont à éviter dans cette hygiène particulière des attitudes et des mouvements : il ne faut pas pousser les unes jusqu'à une contrainte pénible, ni les autres jusqu'à un excès dangereux. Variez les attitudes, afin qu'elles ne deviennent pas une fatigue intolérable, qui produirait un effet contraire à celui que vous voulez obtenir. Proportionnez les mouvements à l'état des forces, et, sous prétexte de fortifier les muscles, ne les exposez pas à des efforts outrés, capables de nuire à leurs facultés contractiles.

Le repos alterne avec les exercices; il faut y suivre les enfants, s'assurer que leurs attitudes sont encore normales, éloigner de leurs études toutes les causes d'action irrégulière des muscles.

La position horizontale est quelquefois nécessaire pendant une partie des heures de repos; on la met en usage chez les sujets débiles, quand on a de fortes raisons de craindre la déformation de l'épine à cause des antécédents, de l'âge, etc. En déchargeant les vertèbres et leurs ligaments du poids des parties supérieures, la position horizontale les place dans la meilleure condition possible pour croître en ligne droite, et supprime, au moins momentanément, l'une des causes les plus actives d'incurvation.

Les vêtements doivent-ils être serrés, rigides, justes au corps, ou au contraire amples et lâches, chez les jeunes sujets disposés à la courbure latérale de l'épine? Les mouvements sont certainement plus libres, les muscles moins gênés, dans le second cas que dans le premier. Cependant l'usage si général et déjà si ancien des corsets chez les femmes, n'a pas montré que ce vêtement fût nuisible à la rectitude du rachis; on conçoit même que, modérément serré, il agisse comme une ceinture, à la manière des aponévroses d'enveloppe, et qu'il favorise l'action des muscles en exerçant sur eux une douce compression. Mais d'autres inconvénients ont depuis longtemps fait triompher l'opinion de Winslow et de J. J. Rousseau, du moins parmi les médecins. La plupart proscrivent les corsets dans l'hygiène des jeunes filles, et les défendraient même aux femmes, s'ils ne savaient d'avance que leur voix serait étouffée par le désir de plaire, par ce désir que Jean-Jacques déclare légitime et nécessaire dans le sexe féminin.

J'ai déjà dit, en parlant de la cyphose et de la lordose, ce que je pense des corsets (1) : il ne faut les employer que lorsqu'on ne

(1) Voy. pag. 17 et 28; voyez aussi mes *Études historiques et médicales sur les corsets.* Paris, 1853, in-8°.

peut s'en passer, mais il faut se garder de les proscrire. Dans la prophylaxie de la scoliose, on y aura recours avec avantage dans les cas de grande faiblesse musculaire ou de grande laxité des articulations du rachis. Ils soutiendront alors le tronc et préviendront des attitudes vicieuses, une inclinaison permanente des vertèbres, jusqu'à ce que les muscles et les ligaments aient acquis plus de force. Ils seront également utiles à la suite de l'empyème, quand l'épine commencera à s'infléchir dans le sens du demi-thorax rétréci.

Les corsets sont moins efficaces dans les différentes sortes de claudication. Ce qui est alors le plus urgent, c'est d'exhausser la chaussure du membre le plus court pour redresser le bassin, et avec lui le rachis.

(1) Pour compléter ce qui est relatif au traitement prophylactique de la scoliose, j'ajouterai que le traitement de la scoliose par flexion fait naturellement partie du traitement préservatif de la scoliose par déformation, puisque la première tend à produire la seconde. Je renvoie sur ce point à ce que j'ai dit de ce traitement en parlant de la scoliose par flexion.

B. Traitement curatif. — Deux éléments constituent la courbure latérale de l'épine. L'anatomie pathologique nous a appris que la scoliose par déformation doit sa persistance au changement de forme des vertèbres et de leurs ligaments; mais, d'un autre côté, l'observation des sujets vivants nous a montré que l'inclinaison des vertèbres, dans la station du tronc, est due, en outre, à un mouvement qui se passe dans leurs diverses articulations, à une sorte de scoliose par flexion qui s'ajoute à la déformation. De là dérivent les deux indications capitales à remplir pour faire disparaître les courbures latérales du rachis : l'une est de rétablir la forme symétrique des pièces qui le constituent; l'autre, de faire cesser l'inclinaison réciproque de leurs surfaces articulaires.

Je puis le dire par avance, de ces deux indications, la première est beaucoup moins facile à remplir que la seconde.

Nous ne pouvons pas agir immédiatement sur la force de développement des vertèbres; nous ne pouvons pas la modifier directement, par exemple, lorsque l'hérédité la rend inégale à droite et à

(1) Douzième leçon, 7 août 1857.

gauche dans une région de la colonne vertébrale. Les moyens dont nous disposons n'exercent sous ce rapport que deux genres d'influence : 1° ils produisent un surcroît d'activité nutritive favorable à l'accroissement régulier du squelette; 2° ils gênent mécaniquement l'accroissement du rachis à la convexité des courbures, et favorisent mécaniquement la formation osseuse, l'expansion ligamenteuse dans le sens de leur concavité. Ce second ordre de moyens se confond avec ceux qui s'opposent à l'inclinaison des articulations vertébrales.

Il n'y a donc, en définitive, que deux classes de remèdes dans le traitement de la scoliose : 1° des moyens dynamiques destinés à fortifier la constitution, à augmenter l'activité des fonctions; 2° des moyens physiques propres, d'une part, à agir sur les articulations des vertèbres, et, d'autre part, à modifier les conditions mécaniques de l'accroissement des pièces du rachis. Examinons ces deux ordres de moyens.

a. MOYENS DYNAMIQUES. — La constitution généralement peu robuste des sujets atteints de courbure de l'épine, la part de la débilité originelle ou acquise dans l'étiologie de ces déviations, les avantages des fortifiants hygiéniques dans leur traitement prophylactique, conduisent à tenter les toniques à leur début, soit pour suspendre leurs progrès, soit pour rétablir le développement régulier du rachis. Plus tard, ces agents sont considérés à juste titre comme un utile auxiliaire des autres moyens de traitement.

C'est d'après ces données que l'on conseille, dans la scoliose, les bains d'eaux minérales, les bains de mer et de rivière, l'huile de foie de morue, les préparations de fer, le quinquina, les frictions stimulantes le long du dos, le massage de la même région, etc.

Il faut placer sur la même ligne que ces médications la gymnastique, c'est-à-dire l'exercice musculaire en général, pratiqué dans la mesure convenable pour agir comme fortifiant et non comme débilitant. Le choix des exercices est encore plus essentiel ici que dans le traitement prophylactique. Il en est qui peuvent nuire en raison de la conformation nouvelle du rachis; je reviendrai tout à l'heure sur les exercices spécialement applicables dans ce cas.

On ne doit pas s'abuser sur les effets de ces moyens dynamiques;

deux idées théoriques peu exactes leur font souvent accorder plus de confiance qu'ils n'en méritent.

La première de ces théories ne voit dans la scoliose qu'un symptôme de scrofule, devant céder aux anti-scrofuleux. Cette opinion, très-répandue parmi les médecins étrangers, a trouvé un appui dans l'hypothèse de Delpech sur l'affection primitive des ligaments inter-vertébraux, que cet auteur est disposé à rapporter au *vice scrofuleux* (1). Mais, vous l'avez vu, la prétendue intumescence des ligaments intervertébraux, au début de la scoliose, n'a jamais existé que dans l'imagination de Delpech. La scrofule n'est pas plus fréquente dans la courbure latérale de l'épine que dans toute autre circonstance; on voit très-peu de scrofuleux dans les établissements qui réunissent un grand nombre de jeunes sujets scoliotiques, et réciproquement, vous trouverez très-peu de déviations latérales du rachis dans nos salles d'enfants scrofuleux.

La seconde théorie, qui n'a pas moins égaré les médecins, attribue uniquement la courbure de l'épine à une atonie générale, et surtout à la faiblesse des muscles; la conséquence est qu'elle doit guérir par les toniques et par le retour des forces musculaires. Delpech lui-même a très-bien montré le peu de fondement de cette supposition (2). Vous donneriez toute l'énergie possible aux muscles du rachis, que vous ne changeriez rien à la forme des vertèbres et de leurs ligaments; la courbure n'en subsisterait pas moins.

Il est presque aussi rare de voir les bains de mer, la gymnastique, etc., guérir la scoliose, que de la voir disparaître d'elle-même par le seul développement du corps. Il arrive plus souvent que des attitudes vicieuses, qu'une scoliose par flexion, réunies à une légère déformation, s'effacent par l'emploi de ces moyens, ce que l'on prend pour la guérison d'une vraie scoliose.

La méthode dynamique a paru quelquefois suffire pour rendre la déviation stationnaire; mais ce résultat est loin d'être constant, et, même à ce point de vue, il est préférable de ne pas se borner au seul usage de cette méthode.

J'ai vu Larrey appliquer des moxas du côté concave des courbu-

(1) *Orthomorphie*, t. Ier, p. 202.
(2) *Orthomorphie*, t. II, p. 127 et suiv.

res dorsales principales, afin d'activer la nutrition dans ce sens. Vous avez vu, sur un de nos malades, une large cicatrice de cautère sur la gibbosité costale; je me rends moins facilement compte du but qu'on s'était proposé dans ce cas. Un médecin allemand prescrivait, en 1839, d'entretenir longtemps, à la manière de Pott, de larges cautères des deux côtés du rachis, afin d'exciter, disait-il, les *nerfs organiques* et de ramener ainsi la nutrition au type normal, ce qu'on obtient, suivant lui, dans les cas moins graves, à l'aide de simples frictions avec une pommade d'iodure de fer (1). Tous ces procédés curatifs ne reposent sur aucun fait bien observé, et je ne m'arrêterai pas à discuter les idées spéculatives qui leur ont donné naissance.

b. MOYENS PHYSIQUES. — Je vous rappelle leur double but; c'est tout à la fois de remédier à l'inclinaison dépendant de la mobilité des vertèbres dans la station, et de changer, par une influence mécanique, la forme de ces os et de leurs ligaments. Ils comprennent : 1° la position; 2° l'action musculaire; 3° les appareils mécaniques ou les bandages et machines.

aa. POSITION. — Duverney, au commencement du siècle dernier, dans un article où il réunit pêle-mêle toutes les sortes de gibbosités et de courbures de l'épine, dit à propos du traitement: « Le premier de tous les remèdes est une situation convenable, » c'est-à-dire qu'il faut que l'enfant se tienne au lit dans une situation presque horizontale, et couché un peu durement sur une » espèce de planche un peu matelassée (2). » Ce précepte paraît avoir été le point de départ de l'usage des lits dans le traitement de la scoliose, usage spécialement recommandé, à la fin du même siècle, par Wichmann, médecin de Hanovre (3), et par Darwin (4). Shaw (5) nous apprend que le décubitus continuel sur un plan incliné, *planum inclinatum*, était très-usité en Angleterre, au commencement de notre siècle, dans la cure de la courbure latérale

(1) Hannover. Annalen, Bd 4, hft 1, 1839.

(2) Duverney, *Maladies des os*, t. II, p. 127, 1751.

(3) Loder's, journal, 1798.

(4) *Zoonomie ou lois de la vie organique*, trad. par Kluyskens. Gand, 1811, t. III, p. 161.

(5) *Loc. cit.*, p. 156.

de l'épine; on voit encore aujourd'hui, dans des maisons d'éducation, des planches faites à l'instar de ces plans inclinés des Anglais.

La position horizontale diminue les courbures de la scoliose; vous en avez été témoins plusieurs fois. Elle fait cesser sur-le-champ l'inclinaison surajoutée à ces courbures par l'effet de la station. Cette influence est encore plus marquée au bout de quelques heures, sans doute par suite de la réaction progressive des ligaments comprimés dans la station. Cette compression, que les vertèbres partagent, n'est certainement pas une des causes les moins actives de l'atrophie des parties à la concavité des courbures : elle précède et prépare les progrès de cette atrophie, une fois que celle-ci a commencé.

Ainsi, placer le tronc horizontalement, c'est, d'une part, remédier immédiatement à l'excès de courbure dépendant du mouvement des articulations vertébrales, et, d'une autre part, c'est supprimer la pression verticale qui gêne le développement du rachis à la concavité des courbures. C'est donc satisfaire à l'une des indications du traitement de la scoliose, et remplir en partie l'autre indication en modifiant avantageusement les conditions physiques qui influent sur l'accroissement du rachis.

Cependant, la position horizontale constante n'a pas répondu aux espérances qu'elle avait données. Shaw a publié à cet égard des faits péremptoires; j'ai eu moi-même occasion d'en observer d'à peu près semblables.

Cela tient à deux causes : la position horizontale laisse la convexité des courbures libre de se développer comme la concavité; elle n'oblige pas le rachis à changer de direction; il peut continuer de croître en ligne courbe, si cette tendance de l'acte formateur persiste. D'un autre côté, le décubitus continuel pendant des mois, des années, finit presque toujours par nuire à l'exercice régulier des fonctions; il débilite le système musculaire, peut amener le relâchement des articulations, diminuer la solidité et la résistance de la substance osseuse. On peut, à la vérité, suppléer au défaut de locomotion par des exercices pratiqués dans la position horizontale; mais ce n'est là, la plupart du temps, qu'un palliatif insuffisant; il ne remédie pas d'ailleurs aux troubles de la circulation produits à la longue par une attitude qui change complètement la manière d'agir de la pesanteur par rapport au cours du sang.

La position horizontale, malgré ses avantages incontestables, ne peut donc être employée seule, et ne peut, à elle seule, guérir la scoliose : mais, réunie à d'autres moyens, elle rend de grands services dans la cure de cette affection. En laissant les malades levés pendant un nombre d'heures suffisant pour l'activité du système musculaire et pour l'exercice normal des fonctions, on leur procure une grande partie des avantages du décubitus, et on leur en sauve les inconvénients. Il va sans dire qu'il faut alors, pendant la station, suppléer à la position horizontale par des moyens analogues dans leur mode d'action.

Le plan sur lequel le corps repose peut être un lit ordinaire, auquel on donne un peu d'inclinaison de la tête aux pieds, et un peu plus de fermeté qu'aux lits le plus en usage. Le conseil de Duverney de se servir d'une planche peu matelassée, a été pris généralement trop à la lettre; cette dureté est inutile, et elle pourrait être nuisible pendant la nuit. Il suffit que le matelas ne puisse décrire une courbe prononcée en s'affaissant sous le poids inégal du corps. On a égard d'ailleurs, en ceci, aux habitudes, à la tolérance, et on procède par degrés lorsqu'on rencontre une susceptibilité nerveuse qu'il faut ménager. Le crin, la laine et les autres matières usitées servent indifféremment à la confection de ces lits, pourvu que ces matières soient suffisamment tassées et soutenues par des sangles ou des ressorts. Les sommiers élastiques offrent l'avantage de moins se déformer. Les lits de fougère, de plantes aromatiques, sont employés dans les campagnes chez les enfants très-jeunes. En tout cas, on aura soin que ces lits ne soient pas trop froids l'hiver; j'ai vu des rhumatismes articulaires aigus causés par l'oubli de cette précaution.

La disposition et la nature du plan ont moins d'importance pour le coucher du jour. On se sert au besoin d'un banc, d'un canapé, d'une planche, d'un parquet, d'une couverture, d'un tapis sur le carreau, d'un gazon bien sec. Cependant un plan incliné est préférable si on a le choix. Lorsque le plan est horizontal, on élève la tête au moyen d'un coussin, surtout chez les sujets prédisposés aux congestions vers les parties supérieures.

Il est quelquefois avantageux de pouvoir augmenter ou diminuer à volonté l'inclinaison du plan; on a imaginé pour cela divers mécanismes; peu importe celui que l'on adopte, s'il est commode et peu dispendieux.

L'attitude des jeunes malades, dans le décubitus, doit être conforme au but qu'on se propose; le corps sera droit et allongé, placé sur le dos autant que possible, plus rarement sur le ventre ou sur le côté. Dans les courbures uniques ou dominantes, le sujet pourra se coucher sur le côté répondant à la concavité, mais non du côté de la convexité, à moins que le plan ne présente une forme spéciale. La rencontre des épaules et du bassin avec le plan tend, en effet, à diminuer la courbure dans le premier cas et à l'augmenter dans le second. Le décubitus sur le côté ne peut convenir s'il y a deux courbures presque égales, parce que le rachis ne se redresserait dans un sens qu'en se courbant davantage dans l'autre.

L'inclinaison du corps sur les lits et les autres plans fait agir le poids des parties inférieures sur le rachis, retenu par le frottement des parties supérieures, de manière à augmenter quelque peu l'écartement des vertèbres à la concavité des courbures.

Cet effet est bien plus marqué encore dans la position droite, si le corps, au lieu de poser sur les pieds, est suspendu par les parties supérieures; mais cela n'est possible qu'autant que les muscles ou des appareils spéciaux retiennent le haut du tronc.

bb. ACTION MUSCULAIRE. — Au lieu de soustraire les vertèbres à l'action verticale de la pesanteur, on a songé à contrebalancer celle-ci par l'effort des muscles, et même à la faire agir, au moyen de cet effort, dans un sens favorable au redressement des courbures. De là des exercices spéciaux, une gymnastique qu'on peut appeler *orthopédique* ou *orthorachidique*, qui joindrait aux effets généraux, dynamiques, de l'exercice musculaire, aux effets particuliers propres à corriger les attitudes vicieuses ou la scoliose par flexion, une action mécanique remplissant la double indication de prévenir les flexions articulaires dans la station, et de substituer un accroissement symétrique à la malformation du rachis. De pareils avantages appellent toute notre attention.

Mais d'abord, il faut élaguer des vues hypothétiques qui ont fait attribuer à la gymnastique des propriétés qu'elle est loin de posséder.

Un préjugé encore très-répandu, même parmi les médecins, quoique Delpech en ait montré le peu de fondement (1), c'est de croire qu'on remédie à la scoliose commençante en exerçant la main gauche, quand la convexité dorsale est à droite. Les gens du monde y voient un moyen de développer le côté *faible;* vous savez ce que vaut ce raisonnement. Les médecins supposent que les muscles de l'épaule tirent sur les vertèbres déviées et les rapprochent de la ligne médiane, ou que, dans l'action du membre thoracique, les muscles spinaux du côté droit inclinent le rachis de leur côté et redressent ainsi la courbure. Mais, ainsi que je l'ai rappelé dans l'étiologie, si les muscles de l'épaule tirent sur les vertèbres, ils ne les meuvent pas pour cela tant que l'épaule n'est pas fixée; et quant à l'inclinaison opposée du rachis, elle n'a lieu que dans certains efforts où nous étudierons bientôt son influence sur les courbures.

Une opinion qui, sans être plus juste, a des racines plus profondes dans la science, veut que la gymnastique guérisse la scoliose en rétablissant l'équilibre musculaire, et spécialement l'action des muscles inertes. Vous avez vu que la vraie scoliose n'est nullement une affection musculaire, et même en admettant que la contraction des muscles soit inégale, — chose fort peu démontrée, — ce ne serait pas en les amenant à se contracter également à droite et à gauche que l'on remédierait à la déformation de la colonne vertébrale.

Les partisans de la gymnastique dite *suédoise* ont, à cet égard, une théorie assez étrange : c'est la contre-partie de l'hypothèse de la rétraction. Cette théorie place la cause de la courbure latérale de l'épine dans la débilitation ou la *relaxation* de certains muscles (2). Vous comprenez que ce fait de la *relaxation* primitive n'est pas moins imaginaire que celui de la rétraction. Il manque aux inventeurs de cette doctrine ce qui, suivant la remarque de Morgagni, manquait à Hippocrate et à Galien, des dissections de sujets scoliotiques. Est-ce que la déviation latérale du rachis, telle

(1) *Orthomorph.*, t. II, p. 277.

(2) Neumann, *Heilgymnastik*, ou *Gymnastique thérapeutique*. Berlin, 1852; Eulenburg, *Mittheilungen*, etc., ou *Mémoire sur la gymnastique suédoise*. Berlin, 1854.

que vous la connaissez et si peu avancée qu'on la suppose, ne se retrouve pas sur le cadavre? Où serait donc alors cette prétendue inégalité de contraction dans des muscles qui ne se contractent plus? Faute de connaître des faits que vous avez touchés du doigt, tels que la liaison nécessaire de la voussure postéro-latérale, de la torsion du rachis et de sa déformation, même au début de la difformité, on appelle *musculaires* toutes les déviations encore peu prononcées; on croit la déformation osseuse très-tardive. Cette méprise rejaillit inévitablement sur la thérapeutique.

Je distinguerai trois ordres d'exercices gymnastiques orthopédiques : 1° les exercices avec station sur les parties inférieures du corps; 2° les exercices avec suspension par les parties supérieures; 3° les exercices dans la position horizontale du corps.

1° *Exercices avec station sur les membres inférieurs.* — Il en est qui font agir à la fois les extenseurs du rachis droits et gauches. Ils consistent dans des flexions et des extensions alternatives du tronc; ils poussent parfois l'extension jusqu'au renversement en arrière. Ils ne peuvent rien contre la scoliose; car, s'ils produisent quelques différences apparentes dans la direction des apophyses épineuses en les faisant proéminer ou en effaçant plus ou moins leur saillie, ils ne modifient réellement pas les courbures. Vous vous en convaincrez aisément en voyant le dos à nu pendant que nos malades exécuteront devant vous ces mouvements, et en examinant sur les colonnes déviées les effets de la flexion et de l'extension. Ces exercices pourraient convenir dans la cyphose et dans les attitudes vicieuses qui compliqueraient la scoliose; mais ils ont l'inconvénient de laisser subsister toute l'action de la pesanteur sur les courbures latérales, et ils nuisent sous ce rapport. J'ai dû vous les faire apprécier, parce qu'on leur attribue souvent une utilité qu'ils n'ont pas.

Je ne vous parlerai que pour mémoire des exercices qui impriment au tronc des mouvements de torsion, de rotation ou de circumduction, des exercices qui portent une omoplate en avant pour la rendre moins saillante. Les notions anatomo-pathologiques les plus élémentaires sur le mode de rotation des vertèbres dans la scoliose, sur la cause de la saillie de l'omoplate, montrent suffisamment l'inutilité de ces mouvements au point de vue qui nous occupe.

L'élévation du bras gauche, la convexité dorsale étant supposée à droite, tend à fléchir le rachis à droite, en sens inverse de la courbure dorsale, surtout si le membre thoracique est amené près de la tête, s'il se porte à droite au-dessus d'elle, s'il est lancé avec effort par une extension brusque succédant à sa flexion. De là le conseil de faire tirer de la main gauche sur une corde élevée, comme pour sonner une cloche, comme pour tirer de l'eau d'un puits, etc. De là diverses passes du membre supérieur qui se pratiquent dans les gymnases. On produit encore cette flexion du tronc à droite dans les efforts de traction du membre supérieur gauche sur un corps résistant, dans l'action de soulever ou de porter un poids, etc.

Si la flexion du rachis, dans ce cas, ne se produisait que dans la région incurvée, elle aurait pour effet de comprimer son côté convexe, d'étendre son côté concave, de manière à favoriser le retour de ses formes normales; mais il arrive alors ce que vous avez vu sur le cadavre et sur le vivant : la flexion se fait plus aisément au-dessus ou au-dessous de la courbure, et il en résulte la formation de courbures nouvelles, si le rachis n'était dévié que dans un seul sens, ou l'augmentation des courbures inverses qui pouvaient déjà s'être produites.

On évite en partie l'inconvénient que je signale en combinant les mouvements du bassin et du membre inférieur avec ceux du membre thoracique. Par exemple, en même temps que le bras gauche agit, on fait incliner le bassin sur les lombes ou les lombes sur le bassin à l'aide d'un effort des muscles du côté gauche qui s'oppose à l'augmentation de la courbure lombaire, ou même qui la redresse. Ce double mouvement ne permet pas toutefois une flexion latérale aussi étendue, et la diminution des courbures ne dépasse guère le degré de redressement qu'on obtient par la seule position horizontale. N'oubliez pas, en appréciant l'étendue de ce mouvement, que les apophyses épineuses déviées peuvent décrire une courbe inverse sans que cela ait lieu aux corps vertébraux, dont la courbure peut même n'être qu'en partie effacée.

A l'égard de ce redressement, remarquez encore que presque tous ces exercices se composent de mouvements alternatifs opposés; l'un de ces mouvements tend à reproduire les courbes que l'autre redresse; c'est là un désavantage réel. On l'atténue en limitant le plus possible le mouvement qui a lieu dans le sens de la concavité de la courbure ; mais une position fixe du rachis, dans laquelle on fait mouvoir les membres sans déranger le tronc, est préférable sous ce rapport.

On a cherché à provoquer, d'une manière plus constante, une action musculaire propre à redresser les courbures lombaires, en plaçant le bassin dans une situation *oblique* au moyen d'un siége incliné d'un côté à l'autre, d'une chaussure plus haute à un pied qu'à l'autre. Ce moyen exerce peu d'influence dans une véritable *déformation* du rachis; mais il peut être utile dans certaines scolioses par simple *flexion*.

Delpech (1) a rangé parmi les exercices orthopédiques, en en restreignant néanmoins l'usage, les exercices d'équilibre, comme la marche sur un plan étroit et vacillant; son but était de faire contracter tous les muscles à la fois autant que possible. Il n'y a point à cela d'utilité spéciale eu égard à l'état des parties dans la scoliose; ces exercices rentrent donc dans la gymnastique générale, et ne seront admis comme un accessoire, dans le traitement de cette affection, que sur quelque indication particulière, et lorsque l'état de station droite qui les accompagne ne paraîtra pas devoir détruire l'effet des moyens de redressement.

Certains exercices avec station sur les membres inférieurs doivent, au contraire, être interdits dans la courbure latérale de l'épine. Tels sont les sauts de toutes sortes, d'autant plus nuisibles qu'ils sont plus élevés, par l'augmentation de pression qu'ils déterminent à la concavité des courbures. Tels sont encore tous les jeux avec port de fardeaux, dont le poids s'ajoute à celui des parties supérieures. On devine qu'il en est de même de tous les efforts étendus ou prolongés, qui exigent des flexions latérales dans le sens de la concavité des courbures, ou qui, d'une manière quelconque, font appuyer plus fortement les vertèbres les unes sur les autres.

Les membres supérieurs, que nous verrons, dans le deuxième ordre d'exercices, substitués aux membres inférieurs pour la sustentation du corps, peuvent, en prenant un point d'appui sur le bassin du sujet lui-même, soulager le rachis d'une partie du

(1) *Orthom.*, t. II, p. 182 et 211.

poids qu'il supporte dans la station, et diminuer la pression du côté concave des courbures. L'instinct révèle cette propriété aux enfants atteints de mal vertébral, qui manquent rarement, à une certaine période de la maladie, d'appuyer les mains sur les cuisses pour se soustraire au malaise causé par la pression des vertèbres affectées. J'ai particulièrement reconnu que l'inclinaison des lombes à droite, au commencement de la troisième période de la courbure dorsale droite, est singulièrement diminuée par l'effort de la main gauche sur la hanche de ce côté ; sans ce point d'appui, le tronc retombe presque aussitôt à droite, tandis qu'avec l'aide de la main, les muscles du rachis le maintiennent assez longtemps dans une situation plus rapprochée de la rectitude. La courbure lombaire devient alors droite, d'oblique qu'elle était, et la courbure dorsale diminue notablement. Ces effets sont presque aussi marqués que ceux de la position horizontale. Naturellement, c'est la main droite qui fonctionne quand la convexité dorsale est à gauche.

On peut utiliser cette attitude, dans cette forme de déviation, en la faisant répéter très-souvent chaque jour, en la faisant garder pendant d'autres exercices, dans les différentes sortes de marche, par exemple ; car elle remédie à l'inconvénient de la station relativement au poids porté par le rachis, en s'opposant au glissement vertical des facettes articulaires et à l'excès de pression des ligaments intervertébraux.

En somme, sauf quelques applications partielles, on voit que l'effet orthorachidique des exercices accompagnés de station sur les parties inférieures est assez borné, qu'il n'est pas supérieur à celui de la position horizontale, et qu'il ne satisfait pas plus complétement aux indications mécaniques du traitement de la scoliose ; le côté de la convexité n'est guère plus comprimé, et son développement n'est pas plus entravé. Ces exercices sont néanmoins exempts des inconvénients attachés à la position déclive de la tête et à l'inertie musculaire ; ils jouissent, au contraire, des propriétés dynamiques de toute gymnastique. Ce qui les rend surtout inefficaces dans la scoliose par déformation, c'est la brièveté de leur action ; les muscles se fatiguent promptement d'une contraction aussi uniforme, et c'est à peine si ce moyen peut être mis en usage une heure ou deux chaque jour. Il ne peut donc être avantageux, dans ce cas, que si son emploi alterne avec la position horizontale, ou s'il est combiné avec les moyens dont j'ai encore à vous parler.

2° *Exercices avec suspension par les parties supérieures.* — Un médecin allemand, Lentin (1), a conseillé, à la fin du siècle dernier, de faire suspendre par les mains à une perche horizontale, aussi longtemps qu'ils peuvent le supporter, les sujets atteints de courbure de l'épine : c'est là le principe de tous les exercices dont il s'agit maintenant. Delpech, l'un des premiers, de nos jours, dès 1825, s'est efforcé de donner à ce principe toute l'extension possible. Il ne s'agissait de rien moins que de supprimer pour ainsi dire la sustentation du corps par le sol, d'amener les malades à se soutenir dans les airs tout le temps qu'ils passaient hors du lit. De là le déploiement d'appareils nombreux, à l'instar des grands gymnases modernes, mais tous appropriés au but spécial de l'orthorachidie. Ces appareils, qui se voient encore dans la plupart des établissements orthopédiques, sont en effet uniquement destinés à varier les mouvements praticables, sans que les pieds posent à terre, et à les graduer de manière à douer progressivement les enfants de la faculté de suspension prolongée qui leur est nécessaire. Cette suspension a pour effet, comme la position horizontale, de soustraire les vertèbres à la pression exercée sur elles par les parties supérieures. Elle le fait un peu moins complétement, puisque la tête, le cou, le sommet du thorax, pèsent encore sur la région dorsale; mais, d'un autre côté, elle fait plus en soumettant l'épine à la traction, à l'extension produite par le poids des parties inférieures. Il en résulte une diminution très-notable des courbures, un écartement, une tension des tissus à la concavité, une pression variable, le plus souvent faible ou même remplacée par une légère distension, à la convexité. La contraction musculaire peut bien neutraliser en partie ces effets; mais elle ne les détruit pas entièrement, comme on l'a vu. De même que le décubitus, la suspension ne produit pas sur le rachis, du côté de la convexité, une pression capable de modifier sa forme. Ces faits nous serviront à apprécier son degré d'utilité.

Nous allons vérifier, sur ces deux enfants, plusieurs des faits qui précèdent.

(1) *Beiträge*, etc., 1787, p. 266.

Ier *cas.* — Jeune fille de treize ans, d'une constitution scrofuleuse. Elle a une dureté de l'ouïe due à une otorrhée chronique. Cette enfant, et une autre atteinte de courbure rachitique, sont les seuls sujets scoliotiques que nous ayons trouvés parmi nos scrofuleux, ce qui vous montre bien que la scrofule ne saurait être considérée comme la cause de la scoliose. Pour en revenir à notre malade, elle porte une courbure sigmoïde à la seconde période; la courbure lombaire est très-longue, la courbure dorsale assez courte. En appuyant sur les apophyses épineuses, nous formons une trace rouge qui indique la direction du rachis. Je fais courber la malade, puis je la laisse se relever lentement; vous voyez que la courbure n'a pas été modifiée. Je lui fais lever le bras gauche au-dessus de la tête; la courbure dorsale diminue un peu, mais la courbure lombaire est notablement augmentée. Vous savez que, pour éviter cet effet, il faut faire incliner le tronc sur le bassin. Vous voyez que, dans cette position, les courbes des apophyses épineuses deviennent moins marquées. En mettant l'enfant dans une position horizontale, je produis également un redressement, un peu moindre toutefois que le précédent. Enfin, en faisant contracter le bras gauche, vous voyez que le rachis n'est nullement attiré de ce côté, et qu'il ne change pas de direction.

IIe *cas.* — Jeune fille de quatorze ans. Scoliose spontanée dorsale droite, au commencement de la troisième période. En faisant élever le bras et fléchir le tronc sur le bassin, nous obtenons une diminution des courbures. Si l'on exagère ce mouvement, comme pour renverser la courbure lombaire, on voit augmenter la courbure dorsale. En faisant appuyer la main sur la hanche, on diminue la courbure dominante, et on convertit une scoliose du troisième degré en une courbure sigmoïde du deuxième degré. On peut faire marcher les enfants dans cette position. En couchant la malade, on transforme également sa scoliose du troisième degré en courbure du deuxième. Vous voyez encore que lorsqu'elle se courbe en avant et qu'elle se relève lentement, ou lorsqu'elle contracte fortement le bras gauche, il ne se produit aucune diminution des courbures.

(1) J'ai maintenant à vous faire connaître avec plus de détails ces exercices de suspension, qui ont joué un grand rôle dans l'orthorachidie moderne.

Au dire de Frank (2), l'homme, obligé de chercher sa nourriture à la cime des arbres à fruits, semble formé par la nature pour ce genre d'exercice. Je crois toutefois l'homme moins propre à grimper que beaucoup d'animaux, tels que les chats et les singes; il lui faut une sorte d'apprentissage pour y devenir habile; la sustentation et l'ascension au moyen des membres supérieurs seuls exigent surtout une pratique spéciale. Aussi les anciens laissaient-ils à peu près cet exercice aux funambules ou danseurs de corde, aux *schoinobatai* des Grecs. Galien (3) range l'ascension à la corde et à la perche parmi les exercices violents, et, quoique employée dans les palestres comme exercice préparatoire, elle paraît avoir été peu usitée dans les gymnases. Les pierres gravées, dont Mercurialis (4) a reproduit les dessins, ne nous montrent en effet, dans cette partie de l'ancienne gymnastique, que des tours de funambules, les uns en équilibre sur la corde tendue, les autres suspendus le long d'une ou de deux cordes verticales.

Ce sont les modernes qui ont, en quelque sorte, créé cette branche de la gymnastique, en lui donnant une forme pédagogique. C'est surtout aux travaux des Gutsmuths, des Clias, des Amoros, que l'orthopédie a emprunté presque toutes les applications qu'elle a faites de ce moyen.

Ces exercices de suspension offrent à considérer : 1° la matière et la disposition des appareils; 2° les modes de sustentation du corps; 3° les mouvements qui accompagnent la suspension.

On se sert peu des cordes; elles blessent les mains délicates des enfants et surtout des jeunes filles. Le fer n'est employé que dans des circonstances particulières; le bois, dont on fait généralement usage, doit être arrondi, bien uni, mais non glissant; on peut envelopper l'un et l'autre de drap, de peau, de velours. Le volume des supports sera proportionné à l'âge des sujets : trop gros, ils ne

(1) Treizième leçon, 14 août 1857.

(2) *Medicin. Polizei.* Manheim, 1780, t. II, p. 644.

(3) *De sanit. tuendâ*, t. VI de l'édition de Kühn, p. 140.

(4) *De arte gymnasticâ*, p. 198. Amstelod., 1672.

peuvent être saisis solidement; trop minces, ils ne présentent pas aux mains assez de surface, ou ils plissent la face palmaire et l'exposent à s'excorier. On leur donne ordinairement une forme cylindrique; s'ils sont plats ou carrés, on évite au moins les arêtes tranchantes.

Ces supports sont, tantôt une ou deux perches rapprochées et parallèles, tantôt des échelles diverses, d'autres fois des barres d'appui, des mâts, quelquefois enfin des cordes.

Leur direction est horizontale, verticale ou inclinée. Ils sont complétement fixes ou mobiles dans un ou plusieurs sens. Leur élévation est relative à la position que les bras doivent prendre, à la taille des malades, à l'espace qu'on veut leur faire parcourir en hauteur. A ce dernier point de vue, remarquez qu'une grande élévation n'est d'aucune utilité dans les applications orthopédiques; et comme elle rend les chutes plus dangereuses, malgré les matelas et le sable doux, on fera bien de donner peu de hauteur aux appareils. A défaut d'appareils, rien n'est plus facile que d'improviser les instruments nécessaires, et de faire ici ce qu'on appelle de la *gymnastique de chambre;* une échelle, quelques traverses posées sur des meubles, etc., peuvent suffire. Pour les jeunes enfants, il n'est même besoin d'aucun appareil. Les personnes chargées de veiller sur eux, servant en quelque sorte d'instruments de gymnastique, fournissent les points d'appui nécessaires à toutes les manœuvres.

La suspension du corps, dans les exercices, peut avoir lieu de deux manières principales : tantôt les bras sont portés en haut, tantôt ils sont portés en bas, arc-boutés sur les supports, et représentent des colonnes de sustentation entre lesquelles le corps est suspendu. Dans le premier cas, on peut être suspendu par les mains, les avant-bras fléchis, le pli des coudes, par le côté interne des bras, par le dessous des aisselles. Dans le second mode, le corps peut être supporté par la paume des mains, les avant-bras ou les coudes. L'un et l'autre exigent de grands efforts musculaires pour rendre les articulations rigides, inflexibles, et pour faire équilibre au poids du tronc, qui tend à écarter diverses surfaces articulaires ou à les faire glisser les unes sur les autres. Les muscles étendus du bras ou de l'épaule au tronc, trapèze, grand dorsal, grand pectoral, grand dentelé, etc., luttent, en particulier, avec énergie contre l'effort de la pesanteur, afin de maintenir les rapports natu-

11.

rels du tronc avec les membres supérieurs. Je ne reviens pas sur la conséquence qu'on a tirée de cette contraction pour nier l'extension du rachis par le poids des parties inférieures; j'ai montré que ces deux faits n'étaient pas en opposition forcée, et l'observation directe tranche, en effet, la question dans ce sens. Le poids se partage entre le rachis et les muscles; les contractions de ces derniers les font simplement résister à la pesanteur du corps et ne sauraient avoir pour effet de courber le rachis ou même de maintenir ses courbures. Le degré de raccourcissement ou d'allongement de ces muscles suspenseurs du tronc déterminera la position des omoplates dans ce genre d'exercice, et leur action doit être bien dirigée sous ce rapport, afin d'éviter une élévation permanente et disgracieuse des épaules.

Pour habituer peu à peu les enfants aux divers modes de suspension, on les soutient d'abord et on ne confie que par degrés le poids du corps aux membres supérieurs. On leur laisse, dans les premiers temps, la possibilité de s'aider des pieds ou d'atteindre le sol avec la pointe des pieds. On les exerce, dans la position horizontale ou inclinée, à s'aider des membres supérieurs pour déplacer le tronc et les membres inférieurs. On s'attache surtout à développer, par des exercices spéciaux, la force d'*occlusion* des mains, qui les met en état de rester cramponnés aux supports sans les lâcher.

Des mouvements très-variés peuvent être exécutés pendant la suspension; ils sont tout à fait comparables à ceux que l'on exécute dans la station et dans la progression sur les membres inférieurs. Aux exercices sur place des membres inférieurs, connus sous le nom de *pas sur place*, de *piaffer*, correspond un exercice de suspension consistant à détacher ou à *enlever* alternativement chaque main, en la remettant à la même place, ce qui prépare à la *progression* en avant par les mains. Au *plier* sur les membres inférieurs correspond un *plier* des membres supérieurs, c'est-à-dire une flexion suivie d'extension, qui rapproche et éloigne successivement le tronc du support des mains et qui prépare à l'*ascension*. Une espèce de *saut* se pratique sur les mains comme sur les membres inférieurs.

Les progressions ou locomotions se font en ligne horizontale, verticale ou oblique; la progression horizontale, le long d'une perche ou d'une suite de perches, se fait en *dévidant* ou en *au-*

nant, suivant les expressions de Delpech. On *dévide* quand on avance les mains, l'une restant toujours derrière l'autre; on *aune* en passant les mains l'une devant l'autre.

Cette progression se fait sur deux supports parallèles par une suite de *pas* où chaque main avance à son tour, comme le long de deux perches ou des deux côtés d'une échelle horizontale, — premier mode de suspension; — ou le long des barres parallèles, — deuxième mode de suspension. — On peut encore avancer par une suite de sauts sur les mains.

La progression en ligne verticale ou oblique, de bas en haut et de haut en bas, ou l'*ascension* et la *descente*, comprend les différentes manières de monter aux échelles et d'en descendre par les membres supérieurs seuls, l'ascension aux mâts, à deux perches verticales ou inclinées, à une ou deux cordes nues, et l'exercice des bobines décrit par Delpech; cet exercice consiste à monter et à descendre le long de deux cordes obliquement tendues, le corps soutenu sous les aisselles par deux cylindres en forme de bobines traversés par ces cordes.

Dans la plupart de ces mouvements de locomotion, les enfants peu exercés ou peu robustes jettent les jambes de côté et d'autre, portent le bassin de droite et de gauche pour se donner un élan à chaque effort des mains. Ces mouvements désordonnés peuvent nuire à l'effet de la suspension pour la direction du rachis. On doit s'attacher à habituer les malades à tenir le plus possible le bassin et les membres inférieurs dans le prolongement de l'axe du tronc. On ne leur permet, en les régularisant, que deux petits élans alternatifs de tout le corps qui l'élèvent et l'abaissent du côté de la main qui s'élance.

Un vice opposé à l'exagération des mouvements est le défaut de contraction suffisante; les enfants livrent alors le poids du corps aux seuls ligaments et à la tonicité des muscles. Ceci n'a pas moins d'inconvénients; il suffit d'ailleurs d'en être averti pour prévenir ou corriger ce mode vicieux de suspension.

Si les supports sont mobiles, des mouvements passifs s'associent aux mouvements produits par les organes locomoteurs, ce qui ajoute à la variété des exercices et quelquefois à leur action sur la colonne vertébrale. Le triangle de Clias, — un bâton horizontal suspendu par deux cordes réunies à leur point d'attache, — le trapèze d'Amoros, — un bâton semblable dont les cordes restent séparées et éloignées jusqu'à leur attache, — fournissent un grand nombre de ces exercices de suspension à la fois actifs et passifs; ils constituent, entre autres, de véritables balançoires brachiales fonctionnant à la manière de l'escarpolette.

Des perches verticales, pendantes et mobiles à leur point d'attache, procurent des mouvements analogues. Un jeu d'enfant, la bascule brachiale, assez élevée pour qu'on y soit suspendu par les mains, joint ici, comme l'escarpolette, l'attrait du plaisir aux avantages de la suspension. Une échelle que j'ai fait suspendre à des ressorts en bois produit un balancement vertical et des secousses favorables au redressement des courbures, pendant les efforts du sujet pour en atteindre le haut. On comprend que rien n'est plus facile que de diversifier ces sortes de mécanismes.

Quelques enfants vont exécuter devant vous les principaux exercices de cette classe; vous en prendrez ainsi une idée plus complète. De plus, comme nous l'avons fait pour les exercices du premier ordre, le dos, mis à nu, nous permettra de vérifier les effets immédiats des attitudes et des mouvements sur les courbures du rachis. Je marque sur la peau la direction des apophyses épineuses, afin de pouvoir constater facilement les changements survenus dans les courbures du rachis. Chez un des enfants, porteur d'une courbure dorsale inférieure assez légère, la suspension fait disparaître celle-ci presque complétement. Chez cet autre, dont la difformité est plus avancée, la courbure ne disparaît pas complétement; mais elle diminue d'une façon très-remarquable, de manière à ne plus présenter qu'une flèche de cinq ou six millimètres environ. Chez les autres enfants, vous voyez de même les courbures diminuer par l'effet de la suspension.

L'action immédiate des exercices de suspension est donc à peu près la même que celle de la position horizontale; mais, de même que celle des exercices du premier ordre, elle lui est bien inférieure au point de vue de la durée qu'il est permis de lui donner. Ce moyen, employé seul, ne saurait évidemment changer la conformation du rachis, parce qu'il agit à de trop longs intervalles et pendant un espace de temps trop court. Sous ce rapport, les exercices de suspension ne sont, ainsi que les exercices avec station, qu'un adjuvant à peu près impuissant sans les autres moyens curatifs auxquels on l'associe.

3° *Exercices dans la position horizontale.* — Les exercices qui se pratiquent dans une position à peu près horizontale sont en général assez doux, parce que le corps, ordinairement supporté par un plan, ne fatigue pas les membres de son poids. Ils ressemblent aux précédents en ce que l'on a soin, du moins pour l'objet spécial qui nous occupe, de faire peu agir les membres inférieurs, et en ce que l'on donne presque toujours de l'inclinaison au plan, pour produire un degré quelconque de suspension et pour exercer une traction sur le rachis au moyen du poids des parties inférieures. Les membres supérieurs sont alors employés à mouvoir le corps sur le plan, à le lui faire parcourir s'il a une certaine longueur, à mettre en mouvement des mécanismes qui déterminent la locomotion.

Ce genre d'exercice est très-utile chez les petits enfants, qui ne peuvent guère en pratiquer d'autres, et qui, tout habitués qu'ils sont à rester longtemps couchés, recherchent le mouvement et en ont besoin. On les exerce à se traîner, à ramper à plat ventre en s'aidant des mains et même des pieds, le long d'un banc, d'une planche à laquelle on peut adapter des poignées latérales, ou simplement à terre sur le parquet, où ils peuvent se soulever à moitié, marcher, comme l'on dit, à quatre pattes, se rouler en se retournant sur le dos, etc.

De même que dans l'ordre précédent, les mouvements passifs se combinent quelquefois avec les mouvements actifs du sujet. C'est ce qui a lieu, par exemple, dans le balancement d'un plan mobile autour d'un axe transversal, comme dans les lits de Pravaz, dans le petit lit mécanique de Delacroix, dans les diverses sortes de chars de Delpech, de Pravaz et d'autres, roulant sur des cordes ou des rails et mis en mouvement par les malades eux-mêmes.

Ces exercices participent, quant à leurs effets, de la position horizontale et des exercices de suspension. Ils contribuent à compenser l'inaction du décubitus, et reposent des fatigues de la suspension. Lorsqu'ils sont violents, ils favorisent doublement les congestions vers les parties supérieures par l'attitude et par les efforts qui les accompagnent.

L'action musculaire, dont je viens d'examiner les principaux modes orthorachidiques, ne remplit, en dernière analyse, que d'une manière incomplète les indications du traitement de la scoliose par déformation. Elle est principalement utile comme correctif de la position horizontale, quand celle-ci fait la base du traitement. Elle ne peut constituer par elle-même une méthode réellement curative de cette déformation. J'insiste sur ce point, parce que beaucoup de médecins conservent à cet égard des illusions fâcheuses. Delpech a dit qu'il aurait renoncé à l'orthopédie sans la gymnastique (1); il n'avait raison qu'au point de vue des inconvénients d'un repos absolu.

cc. Moyens mécaniques. — Agir par une force extérieure sur le rachis pour changer sa forme vicieuse, est une idée qui a dû se présenter de bonne heure et qu'il était naturel de poursuivre à toutes les époques. Aussi Hippocrate nous fait-il déjà connaître des procédés de ce genre qu'on mettait en usage de son temps et avant lui; c'étaient de singuliers procédés : on attachait, par exemple, le malade sur une échelle par la tête et le haut de la poitrine, ou par les hanches et les membres inférieurs, suivant le siége du mal, et on le précipitait du haut d'un toit ou d'un mât, les pieds en bas ou la tête la première, en lâchant une corde de manière que l'échelle tombât droite sur le sol et éprouvât une secousse qui devait replacer les vertèbres dérangées. C'était l'*extension* ou la *succussion*, *kataseisis*. « Elle n'a jamais redressé personne, que je sache, » dit l'auteur du traité des *articulations* (2). Vous le croyez sans peine; on ne sait pas d'ailleurs bien au juste à quelles lésions du rachis s'appliquait cette manœuvre.

Mais Hippocrate en décrit d'autres qui contiennent le germe de ce qu'on a fait depuis. Ce sont des extensions et des contre-extensions momentanées, dans la position horizontale, accompagnées de pressions sur la gibbosité (3). Cela paraît concerner plutôt la cyphose que la scoliose; mais vous savez que les anciens ne distinguaient pas clairement ces deux formes.

A. Paré a reproduit le procédé d'Hippocrate pour réduire les

(1) *Orthomorphie*, t. II, p. 179.

(2) Œuvres d'Hippocrate, trad. par Littré, t. IV, p. 183.

(3) *Ibid.*, p. 203.

vertèbres, qu'il croyait luxées dans la gibbosité par suite de chute; mais il conseille ailleurs un *corcelet* en fer léger, percé de trous et bien rembourré, pour *dresser un corps tortu* (1). Les corps à baleines, qu'on croit avoir été introduits en France vers le temps de Catherine de Médicis, furent longtemps presque le seul remède qu'on opposât à la scoliose. Cependant, au dix-septième siècle, Glisson revint à la suspension des anciens, mais mieux comprise : il imagina l'*escarpolette anglaise*, qui suspendait les enfants par le dessous des bras, la tête et les mains, pour étendre le rachis par le poids des parties inférieures, quelquefois augmenté par l'addition de plombs aux pieds (2). Le même principe inspira à Nuck, pour les déviations du cou, son collier suspenseur (3) appliqué par d'autres aux courbures dorsales. Mais les préceptes d'Andry (4) montrent que les corsets continuaient de prévaloir vers le milieu du dix-huitième siècle.

Levacher (5), guidé par des essais antérieurs, eut l'idée de pratiquer la suspension et l'extension d'une manière permanente, au moyen d'une tige recourbée au-dessus de la tête et fixée au corset lui-même.

Ce ne fut que plus tard, dans les dernières années du dix-huitième siècle, que le Suisse Venel (6) et Darwin (7) songèrent à appliquer l'extension d'Hippocrate sur des lits; méthode qui se répandit d'abord en Allemagne, puis en France, et qui jouit bientôt d'une grande faveur.

Cette esquisse rapide des efforts de l'art nous indique déjà qu'il y a deux classes de moyens mécaniques employés dans la scoliose : 1° les moyens mécaniques appliqués dans la position horizontale; 2° ceux qu'on met en usage pendant la station.

(1) OEuvres d'A. Paré, édition de J. F. Malgaigne. Paris, 1840, t. II, p. 611.

(2) Glisson, *De rachitide*, cap. 35, 1650.

(3) Nuck, *Operat. et exper. chirurgica.* Leyde, 1692.

(4) *Orthopédie*, t. Ier, p. 123, 125. Bruxelles, 1743.

(5) Levacher, *Nouveau moyen de guérir les courbures de l'épine*, dans les *Mémoires de l'Académie de chirurgie*, t. IV, 1768; et Levacher de la Feutrie, *Du rakitis*, 1772, p. 326.

(6) *Mémoires de la Soc. des sciences physiq. de Lausanne*, t. II, 1788.

(7) *Loc. cit.*

a. MOYENS MÉCANIQUES APPLIQUÉS DANS LA POSITION HORIZONTALE. — Ces moyens sont de deux ordres : les uns produisent l'extension et la contre-extension du rachis; les autres agissent par pression latérale.

1° *Extension et contre-extension.* — Nous allons pratiquer, sur ces enfants, les extensions d'Hippocrate, c'est-à-dire des tractions en sens inverse aux deux extrémités du rachis. Vous voyez qu'elles ajoutent quelque peu au redressement obtenu par la position horizontale.

Si la courbure est légère, comme sur cette enfant, elle disparaît complétement en apparence; la ligne des apophyses est droite, ce qui ne veut pas dire qu'il en soit de même de la ligne des corps vertébraux; on n'obtient pas ici cette courbure inverse des apophyses qui doit correspondre au moins à un redressement à peu près complet des corps, et qui s'est produite sous vos yeux dans certaines attitudes de la station. En revanche, le redressement s'étend à toutes les courbures, ce qui n'était pas aussi facile à obtenir quand les sujets étaient debout.

Si la déviation est forte, à sa troisième période, comme sur ces autres enfants, la courbure principale est seulement diminuée, mais dans une plus forte proportion que par le seul effet du décubitus. L'écartement de ces deux lignes au crayon, marquant la ligne médiane et la courbe des apophyses, déjà moindre, vous le voyez, dans la position horizontale que dans la station, diminue encore par les extensions. La courbure qui persiste répond aux vertèbres du milieu de l'arc, plus déformées, et dont les ligaments, plus raccourcis à la concavité, résistent davantage. Les courbures accessoires diminuent également et peuvent même s'effacer dans la ligne des apophyses épineuses. L'inclinaison de l'arc lombaire disparaît encore plus complétement que dans la simple position horizontale.

Tout le tronc change d'aspect par suite de ce redressement du rachis. Les côtes, soulevées avec les vertèbres à la concavité des courbures dorsales, sont moins déprimées et moins serrées. Les côtes de la convexité se rapprochent et font moins de saillie; cela tient surtout à ce que le redressement se fait en partie dans le sens antéro-postérieur, ce qui relève les côtes supérieures et fait rentrer les côtes moyennes, d'où une voussure moins prononcée. La torsion, en effet, n'est pas sensiblement modifiée. Les épaules, les flancs, les hanches, présentent une situation beaucoup plus régulière que dans la station, parfois presque symétrique. La hauteur du tronc augmente naturellement par le redressement des courbures. On comprend que, si cet effet est continué assez longtemps, le côté concave des courbures, ligaments et os, s'accroisse plus en proportion que le côté convexe, et que les formes s'améliorent ou reviennent à peu près à l'état normal.

On a prétendu que l'extension du rachis allonge les ligaments et relâche les articulations au point de produire un diastasis. Je ne connais pas de fait qui confirme cette assertion.

Mais on peut adresser à l'extension un reproche mieux fondé : si elle agit assez fortement sur le côté concave des courbures, elle ne déprime guère plus les vertèbres et les ligaments, du côté convexe, que ne le font la seule position horizontale et les exercices de suspension. Elle ne remplit donc encore qu'en partie l'une des indications de la scoliose.

De plus, l'extension agit peu sur la partie moyenne des courbures, parce que l'effort ne lui est transmis qu'à travers un plus ou moins grand nombre d'articulations mobiles et extensibles. Lorsque, sur ces enfants, nous ne saisissions que la tête pour pratiquer la contre-extension, l'effet était médiocre; il aurait fallu tirer beaucoup trop sur le cou pour que cet effet fût très-marqué dans la région dorsale. Nous étions obligés de faire la contre-extension par les bras, les épaules ou le haut du thorax.

Enfin l'extension rencontre des difficultés assez graves dans l'application. Vous avez pu voir, dans nos essais sur ces enfants, qu'il faut employer une assez grande force pour modifier les courbures plus que ne le fait la simple position horizontale. Or les bandages, les machines, destinés à remplacer les mains, à continuer leur action, ne pourraient exercer un effort semblable d'une manière continue, sans donner lieu à une gêne insupportable, au trouble de quelque fonction et à des accidents de plus d'un genre. C'est ce que l'on n'a eu que trop souvent l'occasion de constater à une époque où les lits à extension faisaient fureur et où leur application était parfois dirigée par des personnes peu éclairées. On est donc obligé de réduire les forces extensives au degré compatible avec la tolérance des organes, avec les exigences de l'état fonctionnel, qui, pour le médecin, doivent dominer toute autre considération. De là un déchet plus ou moins considérable dans l'effet produit, qui diffère peu, dans beaucoup de cas, de ce qu'on obtient par le seul décubitus.

On a beaucoup varié le mécanisme des lits destinés à l'extension permanente du rachis; je ne vous en exposerai pas le détail; je préfère vous indiquer les règles les plus usuelles de leur construction et de leur emploi.

Il y a trois choses dans ces appareils : 1° leur support ou le lit; 2° les bandages ou liens extenseurs appliqués au corps du malade : 3° les puissances extensives.

Le lit est construit comme je l'ai dit en parlant de la position horizontale. On le fait ordinairement étroit et long pour trouver la place des appareils et pour les manœuvrer plus commodément.

Je ne vous parlerai que pour mémoire d'un sommier à plateaux séparés imaginé par Shaw, modifié par Pravaz, qui avait cru y trouver le moyen de *localiser* l'extension, de la faire agir plus près du milieu de chaque courbure. L'expérience n'a pas confirmé cette supposition.

Les liens extenseurs et contre-extenseurs s'appliquent sous la base du crâne et le menton, sous les bras et autour des hanches. On a renoncé au bonnet de Venel, qui entourait toute la tête, ainsi qu'aux liens placés sur les membres inférieurs.

Une espèce de collier ou de bourrelet ovale, ferme, mais souple et bien matelassé, bouclé sous le menton, sert à retenir la tête et à lui transmettre la force contre-extensive. Cette pièce, dont je vous présente un modèle, doit presser aussi également que possible; mais, pour éviter la pression des arcades dentaires, on la fait porter beaucoup moins en avant, sous la mâchoire inférieure, qu'en arrière; son point d'appui doit se trouver principalement à l'occiput et sur les apophyses mastoïdes. On a soin de surveiller la pression exercée sur la peau de ces parties, pour prévenir les excoriations.

Les liens axillaires, passés sous les bras, sont des courroies douces, matelassées, plates ou en boudins, que l'on fixe sur le sommier ou que l'on fait remonter jusqu'au chevet du lit. Ces liens ont le double inconvénient de comprimer le plexus brachial et de faire trop remonter les épaules. Je ne m'en sers que pour retenir sur le dos les enfants indociles, ou les sujets de tout âge pendant leur sommeil. On les dispose dans ce but, comme vous le voyez ici, de manière à ne pas exercer de pression sous l'aisselle. Ils n'agissent plus alors comme liens contre-extenseurs; tantôt on y supplée par d'autres parties de l'appareil dont nous nous occuperons bientôt, tantôt on se contente de retenir la tête.

La force d'extension agit sur le bassin par l'intermédiaire d'une ceinture telle que celle-ci, qui est en cuir fort afin de ne pas se déformer, garnie d'un coussinet de crin et d'une peau douce, pour ne pas excorier les hanches sur lesquelles elle appuie assez fortement. Il ne faut pas que cette ceinture exerce une constriction pénible sur l'abdomen; on la serre peu à cet effet. La saillie des hanches et des fesses l'empêche de descendre trop bas. Si elle obéissait trop à la traction, on la serrerait davantage en l'écartant de l'abdomen par un demi-cercle d'acier. Les ceintures dites *en cloche*, c'est-à-dire évasées par le bas, seraient également utiles dans ce cas. On peut indifféremment fermer ces ceintures par une ou plusieurs boucles, ou par un lacet; mais, dans ce dernier cas, elles exercent une compression comparable à celle des corsets.

Les puissances extensives ne sont invariables que dans un petit nombre de lits extenseurs. On préfère généralement se servir de ressorts ou de poids qui cèdent dans les mouvements des malades, et réagissent l'instant d'après. Cependant, quand l'extension a plutôt pour but de prévenir une attitude vicieuse que d'exercer de véritables tractions, chez les petits enfants, par exemple, on peut se borner à attacher les courroies des liens axillaires et les courroies de la ceinture à des boucles fixées aux extrémités ou aux bords du lit; on supprime alors le collier.

Les poids ont l'inconvénient de donner des secousses en retombant après avoir été soulevés dans les mouvements. M. Maisonnabe y a remédié en les plaçant sur un plan incliné; M. F. Martin en se servant de rouages d'horlogerie, comme vous le voyez sur ce petit modèle qu'il a bien voulu mettre à ma disposition. Mais ces mécanismes sont un peu compliqués; je préfère les ressorts.

En voici de plusieurs formes, depuis le ressort classique de Wurzbourg jusqu'au dynamomètre à aiguille double, qui permet de constater les plus grands efforts que le sujet a eus à supporter pendant une période de temps. Le plus commode est encore le ressort en spirale renfermé dans ce barillet, ou un simple ressort en boudin.

On fixe ces ressorts à la tête et au pied du lit; on fait aboutir à l'un d'eux les courroies du collier, à l'autre celle de la ceinture. On donne à ces courroies une tension déterminée, qui règle la tension de tout le système et la puissance de l'extension. Il faut seulement tenir compte, pour apprécier cette puissance, de la décomposition des forces de la pesanteur par l'inclinaison du lit, ainsi que de la résistance produite par le frottement, résistance que le ressort des pieds a à surmonter. C'est d'abord au bassin que la traction est la plus forte; mais, quand le corps a glissé vers le pied du lit, elle devient plus forte du côté de la tête. L'enfant se remonte alors et le premier état se reproduit. On a soin de régler l'inclinaison du lit pour que ces variations ne soient pas trop rapides. Le glissement du collier et de la ceinture sur les parties où ils sont appliqués, fait encore varier la tension de l'appareil et l'affaiblit au bout de quelque temps. Enfin d'autres variations résultent des mouvements et des efforts musculaires, qui tendent à rapprocher la tête et le bassin et à augmenter la tension des ressorts. On veille à ce que ces mouvements ne soient pas trop brusques. On s'attache surtout à prévenir un excès de pression du collier, et la tendance aux congestions vers la tête qui pourrait en être la suite.

Cette pièce, qui porte un treuil mu à l'aide d'une manivelle, faisait partie des anciens lits à extension; elle recevait une corde fixée au ressort inférieur. On augmentait et on diminuait ainsi à volonté la tension sans toucher aux courroies de l'appareil.

(1) J'ai posé quelques règles particulières relativement à la disposition qu'il convient de donner à chacune des pièces des appareils à extension; j'ajoute quelques préceptes plus généraux concernant l'emploi de ces appareils.

Pour en retirer quelque avantage, il est à désirer que ces appareils restent appliqués la nuit et une bonne partie du jour; il suffit de quelques heures de lever et d'exercice pour entretenir le

(1) Quatorzième leçon, 21 août 1857.

bon état des forces et de la nutrition. La durée du coucher sera d'ailleurs subordonnée au degré de la déviation, ainsi qu'à la *tolérance* des sujets pour cette position.

On habitue le malade par degrés à coucher sur le lit extenseur dans le jour et ensuite la nuit, d'abord sans aucun appareil, puis avec le collier seul ou avec les liens axillaires, et enfin avec la ceinture, dont on tend très-peu les courroies. On augmente cette tension peu à peu, en lui donnant toujours moins de force la nuit que le jour, en essayant d'abord quelques instants chaque augmentation d'action, et en se guidant constamment d'après les effets observés.

Quand la *tolérance* est bien établie, on veille à ce que l'effort souffre le moins d'interruption possible, en continuant néanmoins à le faire agir d'une manière rémittente, ce qui le rend plus supportable. On peut se servir des mains de plusieurs aides pour pratiquer de fortes extensions momentanées sur les épaules et les hanches. Il est encore plus avantageux d'exercer les malades eux-mêmes à produire des extensions plus puissantes en s'attirant par les mains vers le haut du lit; il résulte de ce mouvement une grande tension des courroies et du ressort inférieurs, sans danger pour la tête et le cou, qui cessent de supporter la contre-extension.

On ne peut fixer d'une manière absolue la force qu'il convient de donner à l'extension; elle varie suivant une foule de circonstances. En général, le maximum de la traction continue, à l'état de repos, ne doit pas dépasser huit à dix kilogrammes du côté de la tête, et dix à quinze du côté du bassin.

2° *Pressions.* — Les pressions latérales, perpendiculaires à l'axe du corps, étaient employées contre la courbure de l'épine, depuis des siècles, dans l'attitude de la station, qu'on n'avait pas encore eu l'idée de les pratiquer dans la position horizontale, quoique déjà Hippocrate, et d'après lui A. Paré, en eussent fait mention.

On ne trouve, au dix-huitième siècle, qu'un exemple d'application des extensions et des pressions hippocratiques dans le décubitus, et c'est un récit qui tient trop du merveilleux pour être de quelque valeur. Un écrivain étranger à la médecine, Carré de Montgeron, racontant avec enthousiasme les miracles du diacre Pâris, dit qu'une bossue, âgée de vingt-sept ans, ayant des membres trèsdifformes et une taille de deux pieds onze pouces, se fit tirer tous les jours par le cou et les pieds pendant sept ou huit mois, et se fit administrer en même temps quelques *centaines de milliers* de coups de bûche sur les parties saillantes, si bien qu'au bout de ce temps, suivant l'auteur, sa taille s'était accrue de sept à huit pouces et sa difformité avait considérablement diminué (1).

Jusqu'à la fin du siècle dernier, les pressions mêmes qu'on pratiquait dans la station étaient peu rationnelles; elles n'avaient d'autre but que de repousser ce qui était saillant. Levacher établit des pressions plus méthodiques, au moyen d'un fauteuil qu'il imagina peu après son corps à tige de suspension (2).

Les premiers lits à extension, tels que celui de Venel, n'avaient pas encore d'appareils de pression. Ce n'est qu'au commencement de ce siècle qu'on imita sur les lits le mécanisme adapté par Levacher à son fauteuil.

Les pressions latérales ont à la fois pour objet de modifier la forme du thorax et de redresser les courbures du rachis, comme on redresse un arc en pressant en sens inverse sur son milieu et sur ses deux extrémités. Ces pressions fournissent en outre un moyen de contre-extension pour la partie supérieure du tronc.

Comme nous l'avons fait pour les extensions, nous allons rechercher, sur ces enfants, quels sont les effets immédiats des pressions latérales, seules ou associées aux extensions.

Si, au lieu de tirer sur les extrémités du rachis dans la position horizontale, nous pressons latéralement sur le milieu de la convexité d'une courbure unique ou principale, en même temps que des aides pressent transversalement sur ses extrémités du côté de la concavité, vous voyez la courbure diminuer ou s'effacer plus facilement que par les extensions parallèles. Nous parvenons, sur certains sujets, à renverser ainsi la courbure des apophyses épineuses, comme dans les attitudes du premier ordre d'exercices; je me suis expliqué sur la signification de ce renversement, je n'y reviens pas. L'effet produit dépend, de même que pour les autres moyens de redressement, du degré de la courbure, de la souplesse

(1) Carré de Montgeron, *La vérité des miracles opérés par l'intercession de M. de Pâris*, in-4°, 1747, t. III, p. 552.

(2) Levacher de la Feutrie, *du Rakitis*, p. 362.

du rachis, par conséquent de l'âge, de l'ancienneté de la déviation, etc.

Chez les jeunes sujets, ces efforts perpendiculaires à l'axe du corps ajoutent presque constamment à l'effet de la position horizontale. Si la déviation ne fait que diminuer par le décubitus, les pressions la diminuent davantage ou la font disparaître aux apophyses. Si la courbure s'efface par le décubitus, comme sur cette enfant que vous avez déjà vue, les pressions courbent en sens inverse la ligne des apophyses épineuses.

On fait une remarque analogue en associant les pressions aux extensions. Après l'effet produit par les tractions parallèles à l'axe du corps, on en obtient un nouveau au moyen des pressions perpendiculaires, le renversement de la courbure, par exemple, quand il est possible; vous savez que ce renversement ne peut avoir lieu par les seules extensions.

L'inclinaison de l'arc lombaire, que vous avez vue disparaître par les extensions, n'est pas seulement effacée par les pressions latérales; on va jusqu'à la *retourner;* après avoir changé la courbure lombaire oblique en une courbure verticale, on la rend oblique en sens contraire. Ce mouvement se passe, à la vérité, en grande partie dans l'articulation du bassin avec le rachis.

Les pressions seraient encore plus puissantes si l'on pouvait saisir la colonne vertébrale comme on saisit le pied ou la jambe. Mais, si l'on veut agir immédiatement sur le rachis, on n'a de prise que sur le sommet des apophyses épineuses. Suivant M. Mellet (1), en agissant sur ces apophyses à l'aide des doigts, qu'il faut alors enfoncer dans les gouttières vertébrales, on parviendrait à exercer un certain effort de redressement; mais, pour obtenir un résultat sensible, il faut que la déformation soit très-peu avancée et que l'épine conserve une très-grande souplesse. Werner, médecin allemand que j'ai déjà cité, me paraît avoir confondu l'effet direct de la pression, qu'il pratiquait *sans aide* à peu près de cette manière, avec l'attitude que les malades sont portés à prendre dans cette manœuvre en se courbant latéralement dans le sens indiqué par l'action des doigts (2). Sans cela il n'aurait

(1) *Manuel d'orthopédie.* Paris, 1835, p. 207.

(2) Werner, *Grundzüge*, etc., ou *Principes d'orthopédie.* Berlin, 1852, 1re partie, p. 133.

pas, à coup sûr, donné autant d'importance à ce procédé manuel.

Dans l'impossibilité où l'on se trouve ordinairement d'agir avec quelque efficacité sur les apophyses épineuses, seule partie des vertèbres accessible à l'extérieur, on est obligé de presser sur le rachis par l'intermédiaire des côtes, des épaules, du bassin, des masses musculaires des lombes, et même des viscères mous de l'abdomen. La mobilité de ces parties affaiblit l'effet des pressions, et la sensibilité de plusieurs d'entre elles, les ménagements nécessaires pour ne pas les léser, réduisent encore les efforts que l'on peut exercer sans risque. Une lésion mortelle du colon iliaque succéda, dans les premiers temps de l'orthopédie moderne, à la pression trop forte et trop continue du flanc gauche chez la fille d'un savant célèbre.

Les courbures multiples et à peu près égales cèdent moins aisément aux pressions qu'une courbure unique ou dominante, parce qu'il est fort difficile d'incliner le rachis deux fois en sens contraire. Vous voyez sur cette enfant, atteinte de courbure sigmoïde, qu'en voulant renverser une courbure, nous ne pouvons en même temps redresser l'autre. Cependant, en équilibrant les pressions vis-à-vis des deux convexités et aux deux extrémités de l'S, on ramène plus ou moins les apophyses des deux courbures vers la ligne médiane, de même que par les extensions, si la déformation n'est pas trop considérable ou trop ancienne; on ajoute même quelque peu aux effets de l'extension, lorsqu'on fait concourir les deux genres d'efforts.

Les pressions ou tractions latérales opposées, considérées au point de vue du redressement du rachis, sont, en définitive, plus efficaces que tous les moyens que j'ai examinés jusqu'ici; elles remplissent particulièrement, d'une manière moins imparfaite, l'indication de déprimer les parties constituantes du rachis du côté de la convexité des courbures.

La plupart des médecins qui se sont occupés d'orthorachidie, ont compris la nécessité de cette dépression mécanique pour obtenir la restauration des formes du rachis; ils ont vu que le moyen de l'effectuer était la *flexion* de l'épine en sens inverse de ses courbures, et plusieurs ont cru parvenir à réaliser cette flexion; leurs procédés se réduisent à des pressions latérales. Mais il faut bien le dire, ce moyen de renverser, de *fléchir* en sens inverse une courbure par déformation du rachis, est encore la *pierre philosophale* de l'orthopédie ; sans renoncer à le découvrir un jour, ne nous abusons pas sur la valeur des procédés connus, ne leur demandons pour le moment que d'amener la colonne vertébrale à la rectitude et de l'y maintenir.

En même temps que les pressions sont dirigées de manière à changer la direction de la colonne vertébrale, on les fait agir de façon à combattre directement la déformation du thorax, déjà diminuée par le redressement du rachis. Si, sur l'un de ces enfants, nous appliquons fortement la main sur la saillie postéro-latérale des côtes droites, pendant que la poitrine repose sur leur saillie antéro-gauche, ou bien si, l'enfant étant sur le dos, nous passons une main sous la gibbosité dorsale en appuyant de l'autre sur la saillie antéro-gauche, vous aurez une idée de ce mode d'action des pressions latérales. Elles placent le thorax déformé, allongé suivant un de ses diamètres obliques, entre deux forces situées aux deux extrémités de ce diamètre ; elles tendent donc à le resserrer dans ce sens et à l'agrandir dans le sens du diamètre oblique opposé, accidentellement réduit. Le poids du corps rend la pression plus forte sur la convexité postéro-droite, et cela est avantageux ; car la saillie des côtes est beaucoup plus prononcée et plus résistante en arrière qu'en avant. Les cartilages cèdent sous la main au niveau de la gibbosité antérieure, tandis qu'on ne voit pas la saillie postérieure modifiée immédiatement par la pression ; ce n'est qu'à la longue que cela peut avoir lieu.

S'il n'existe pas de saillie antérieure ou si elle est médiane, la pression antérieure se pratique sur le sternum ou déborde un peu cet os de chaque côté. On la fait porter spécialement à droite dans les cas rares où la convexité exagérée des côtes est située du même côté en avant et en arrière.

L'efficacité de ces pressions, pour rétablir la forme du thorax, serait certainement très-grande si sa circonférence était homogène et douée partout de la même élasticité. Malheureusement il n'en est pas ainsi ; les articulations des côtes, leurs cartilages, résistent moins que ces os eux-mêmes, et cette disposition anatomique borne le pouvoir des pressions sous ce rapport. N'oublions pas non plus que la déformation des côtes droites et gauches n'est qu'un effet de la courbure de l'épine et surtout de sa torsion, qu'elle ne peut disparaître complétement qu'avec ses causes. Or, quelques tentatives que l'on ait faites, on n'a pas encore trouvé de moyen de remédier directement à la torsion; elle ne diminue qu'avec la courbure du rachis. Ce que nous savons de ses causes anatomiques rend aisément compte de ce fait.

Il est facile de comprendre que les pressions latérales, pratiquées en avant et en arrière au niveau du thorax, viennent en aide à la contre-extension; en fixant la partie supérieure du tronc, elles le retiennent et l'empêchent en partie d'obéir à la traction exercée sur le bassin. Elles diminuent, en conséquence, l'effet de l'extension sur la région cervicale et sur le haut de la région dorsale, et elles parent aux inconvénients d'une traction trop forte sur la tête ou sur les aisselles. Elles font porter plus spécialement l'effort extenseur sur le bas du rachis : c'est en cela uniquement que consiste ce qu'on a nommé *la localisation de l'extension.*

On n'a guère moins varié les appareils de pression et de traction latérales, pendant le décubitus, que les appareils d'extension ou de traction longitudinale.

Deux systèmes sont ici en présence : dans l'un, le tronc est pris dans des entraves fixes, faisant corps avec le plan qui le supporte, et tout à fait inflexibles; dans l'autre, les pièces d'appareil sont simplement posées sur le lit, mobiles et fixées par des ressorts qui se prêtent aux mouvements du malade. Je préfère ce second système ; on lui a reproché sa mobilité ; on peut reprocher au premier son invariabilité.

Obligé de me limiter, je ne m'arrêterai donc pas à vous décrire les appareils à pression fixe, les gouttières de Récamier, de M. Bonnet, etc., espèces d'auges dans lesquelles on *immobilise* les malades, l'appareil dit *à extension sigmoïde*, machine assez complexe, dont l'effet répond peu à sa complication et surtout au nom qu'on lui a donné (1). Je ne vous présenterai, comme exemples des appareils de pression, que ceux dont je fais habituellement usage.

Des pelotes de pression, des bandes de peau ou de cuir mince, de longs ressorts fixés aux bords du lit, telles sont les pièces qui composent ces appareils; vous les avez sous les yeux.

(1) Voy. J. Guérin, *Sur l'extension sigmoïde et la flexion*, dans la *Gazette médicale*, 1838.

Les pelotes remplacent la main qui embrasse la convexité postérieure des côtes ou la saillie répondant à la convexité lombaire. Elles sont plus ou moins fermes, plus ou moins larges, plus ou moins bombées ou excavées, suivant l'âge des sujets, la forme de la partie et son degré de sensibilité. Les plus douces sont supportées par ces plaques doubles dites *à soufflet*, dont la pression est amortie par des ressorts placés entre leurs deux lames métalliques. Les plus dures sont des tampons en crin très-serré, soutenus par une plaque de tôle. On commence au besoin par des pelotes très-douces et très-creuses, et on les change progressivement, s'il y a lieu, pour augmenter leur résistance et leur hauteur. Ces pelotes sont fixées sur le lit de manière qu'on puisse les avancer plus ou moins sous le corps, pour les faire presser avec plus ou moins de force.

On ne met qu'une pelote dans les courbures dorsales principales. Elle doit porter obliquement, et presser à la fois d'arrière en avant et de dehors en dedans. Elle réunit de cette manière les deux modes d'action indiqués, en appuyant sur la convexité exagérée des côtes perpendiculairement à leur surface, et en repoussant, par leur intermédiaire, le milieu de la convexité de la courbure du rachis. Si la pression était tout à fait postérieure, elle agirait très-peu sur cette courbure; si elle était directement latérale, elle tendrait à augmenter la flexion des côtes et leur saillie du côté du dos.

Dans les courbures lombaires principales, la pelote est disposée de la même façon à l'égard des dernières côtes et de la masse charnue des lombes; elle s'étend sur le côté, dans l'espace compris entre les fausses côtes et la crête iliaque. On ne la fera pas presser trop fortement, en raison de la mobilité des fausses côtes et de la sensibilité des parties molles qui la séparent du rachis.

S'il y a deux courbures égales, on emploie deux pelotes; mais on n'en place d'abord qu'une seule, afin d'agir toujours par degrés.

La pression antérieure se fait au moyen de cette large bande de peau douce, solidement fixée sur le lit à une petite distance du corps, et dirigée de manière à presser uniquement dans le point voulu, qui est ordinairement le côté antéro-gauche au-dessous du sein. Si la pression doit s'étendre plus haut, on se sert d'une bande plus large, percée d'une ouverture à la hauteur du sein chez les filles. On n'applique cette bande que lorsque les sujets sont habitués à la pression des pelotes produite par le seul poids du corps.

Les tractions latérales, opposées à la pression de la pelote postéro-latérale dans la déviation dorsale dominante, s'opèrent à l'aide de ces autres bandes de peau. Pour le bassin, rien de plus simple: cette courroie, large dans son milieu, embrasse la hanche du côté concave de la courbure; ses deux extrémités, ramenées du côté opposé, se fixent au bord du lit et, par l'intermédiaire du bassin, tirent en travers sur l'extrémité inférieure de la courbe. Une bande semblable pourrait embrasser l'épaule et le thorax du même côté, et tirer parallèlement à la première courroie sur l'extrémité supérieure de la courbure; mais, afin de laisser plus de liberté aux mouvements du bras, je donne ordinairement à cette seconde bande ou épaulette la forme d'une croupière, dans laquelle on passe le membre supérieur, et qui agit sur le haut du thorax de la même manière.

Si la courbure principale est lombaire, ses extrémités sont repoussées en sens inverse de son milieu au moyen d'une bande pelvienne et de la pelote de la région dorsale ou d'une bande qui en remplit l'office.

Dans la courbure double, les deux pelotes qui agissent sur le milieu des arcs servent en même temps de moyens de répulsion pour leurs extrémités voisines; les extrémités opposées sont tirées par l'épaulette et la bande pelvienne.

Les ressorts sont ceux du lit de Heine, de Wurzbourg, quand les ressorts des plaques à soufflet deviennent insuffisants. Ce sont de longues barres d'acier trempé, un peu recourbées, et pouvant être redressées en vertu de leur élasticité; on les place verticalement dans des douilles plates fixées aux bords du lit. Les longues courroies des plaques à pelote simples, de la large bande pectorale et de l'épaulette, se bouclent à l'extrémité de ces ressorts, qui tendent ou soulèvent plus ou moins ces pièces selon le degré de constriction des courroies.

Les pressions élastiques qui résultent de cette disposition sont évidemment plus douces et plus faciles à supporter que des pressions fixes. Les mouvements respiratoires, en particulier, en sont moins gênés; les ressorts cèdent à l'effort des muscles à chaque inspiration.

Les appareils de pression sont habituellement associés aux extensions; mais on peut aussi les employer seuls. Tout en observant dans leur usage la même gradation que pour les extensions, on tâche de les faire supporter le plus longtemps possible et, s'il se peut, la nuit ou une partie de la nuit, comme aux heures de coucher du jour, en diminuant seulement leur action pendant le sommeil. On veille d'ailleurs avec soin à leurs effets immédiats sur les viscères de la poitrine et de l'abdomen, notamment sur les poumons, le cœur et l'estomac, et l'on n'augmente la pression et la constriction qu'autant que ces organes n'en ressentent aucune atteinte.

6. MOYENS MÉCANIQUES EMPLOYÉS DANS LA STATION. — Ces moyens agissent, comme les précédents, par extension ou par pression, ou bien ils réunissent à la fois ces deux modes d'action.

1° *Suspension verticale.* — L'extension verticale par la suspension passive, comme avec l'escarpolette de Glisson ou le collier de Nuck, est à peu près abandonnée. Ce n'est que chez les très-jeunes enfants qu'il peut être avantageux de soulever souvent le corps par les mains, par les coudes, par-dessous les bras, de le tenir ainsi suspendu, de le balancer de bas en haut ou horizontalement, en faisant de cela un jeu qui devient un exercice passif utile. On peut même soulever l'enfant par la tête, lui faire, comme on dit vulgairement, *voir son grand-père*, pourvu qu'on se rappelle cette mort survenue, au rapport de J. L. Petit (1), chez un enfant qui s'agita violemment dans cette attitude. On n'a pas besoin d'appareil dans ces circonstances; les mains suffisent, et les parents eux-mêmes peuvent pratiquer ces manœuvres.

2° *Extensions et pressions avec les mains dans la station.* — On a cherché à produire, au moyen des appareils, une demi-suspension, celle des parties supérieures, à les attirer en haut, à les soulever dans la station, pour *étendre* et redresser le rachis.

L'action des mains va encore nous permettre de nous rendre compte de l'influence immédiate de cet ordre de moyens.

Nous soulevons avec les mains, sur ces enfants, soit la tête, soit les membres supérieurs et le haut du thorax, sans détacher les pieds du sol ou le bassin du siége, quand le sujet est assis. Il en résulte un léger redressement; l'épine est soulagée d'une partie du

(1) *Maladies des os*, 1741, t. Ier, p. 66.

fardeau dont elle est chargée; mais l'effet est moins marqué que dans la simple position horizontale. Il n'y a pas là d'extension à proprement parler : c'est plutôt une sustentation partielle, qui, en diminuant l'action de la pesanteur, rend un peu moindre l'augmentation des courbures dans la station.

On produit moins d'effet, dans ces expériences, en agissant sur la tête que sur les membres supérieurs. Aussi les appareils à arbre suspenseur de la tête, comme celui de Levacher et les *minerves* modernes, appareils d'ailleurs très-gênants, ne sont-ils en usage que pour la région cervicale ou dans des cas exceptionnels de courbures cervico-dorsales.

Le soulèvement des membres supérieurs par les mains placées sous les aisselles, a l'inconvénient d'élever d'autant plus les épaules que la sustentation est plus complète; la hauteur des épaules devient extrême si l'on veut soulever en même temps le haut du thorax, et produire un commencement d'extension sur la colonne dorsale.

Cherchons à apprécier de la même manière l'effet des pressions dans l'attitude de la station.

Soit, comme sur cette jeune fille de treize ans, une courbure dorsale principale à droite, parvenue à la troisième période, c'est-à-dire accompagnée d'obliquité de l'arc lombaire. Nous faisons agir les mains sur trois points, — comme dans la position horizontale, — sur la convexité des côtes droites, sur la hanche gauche et sur l'épaule gauche ou sur le côté correspondant du thorax, au-dessous de l'aisselle. Nous effaçons en grande partie l'inclinaison de la courbe lombaire ; nous rapprochons de la ligne médiane le milieu de la courbure dorsale ; il se produit en un mot un effet comparable à ce que nous avons déjà vu dans les attitudes du premier ordre d'exercices et dans les pressions pendant le décubitus. Mais il faut de plus grands efforts que dans la position horizontale, et l'effet est moindre. Cela se comprend, puisqu'on lutte ici beaucoup plus désavantageusement contre l'action de la pesanteur.

Sur les sujets souples, sur cette enfant, par exemple, on peut, comme dans la position horizontale, pousser le redressement de la *corde*, — non pas de l'arc, — de la courbure lombaire, jusqu'à donner à cette courbure une obliquité inverse, en inclinant son extrémité supérieure à gauche. Cela change tout l'aspect du tronc :

la courbure dorsale paraît beaucoup diminuée et la lombaire augmentée; la déviation, qui était dorsale principale, semble transformée en une lombaire principale, le plus souvent moins choquante. On a appelé cela *renverser* les courbures, ce qui, vous le voyez, n'est pas tout à fait exact. L'articulation de la dernière lombaire avec le sacrum, quelquefois celle des quatrième et cinquième lombaires, les articulations des vertèbres intermédiaires aux deux courbures, sont seules le siége de ce prétendu renversement, qui ne *retourne* que l'*inclinaison* de la courbure lombaire.

Dans les courbures lombaires principales, les pressions latérales, dans la station, produisent un redressement moins marqué, pour peu que la déviation soit prononcée.

On prévoit que les courbures sigmoïdes cèdent encore plus difficilement; ce n'est que dans les déviations commençantes que des pressions opposées, analogues à celles que l'on pratique sur les lits, diminuent légèrement les deux courbures, comme vous le voyez sur cette enfant.

L'association des extensions aux pressions, dans la station, ajoute peu à l'effet produit.

D'après ces faits, on peut établir *à priori* que les moyens mécaniques employés dans la position verticale, quoique utiles dans certaines limites, satisfont plus imparfaitement que les moyens analogues, appliqués dans la position horizontale, aux indications essentielles du traitement de la scoliose; ils n'opèrent, en particulier, qu'à un degré encore moindre la *flexion inverse* et la dépression du rachis à la convexité des courbures.

Un seul phénomène, l'inclinaison de la courbure lombaire dans les déviations dorsales principales, peut, dans certains cas, céder aux pressions latérales avec la même facilité dans la station et dans le décubitus. On donne même alors plus d'étendue à l'inclinaison inverse par les pressions, dans l'attitude verticale, que par les extensions employées seules dans la position horizontale.

Je suppose, dans cette appréciation, que les appareils agissent comme les mains; mais il s'en faut que, dans la station, il en soit toujours ainsi.

3° *Fauteuils orthorachidiques, supports divers.* — A l'exemple de Levacher et de son homonyme Levacher de la Feutrie (1), quelques modernes ont pris un point d'appui sur des siéges ou fauteuils pour leurs appareils de pression et d'extension ou plutôt de sustentation (2). Ce genre de machines condamne à l'immobilité comme les lits, et il est beaucoup moins supportable; on y a à peu près renoncé. On se sert seulement, avec quelque avantage, de siéges à béquilles qui supportent le tronc sous les aisselles; on ne les emploie que pendant de courts instants, à cause de la compression du plexus brachial qu'ils peuvent produire.

Certains supports mécaniques, quoique ayant un point d'appui hors du corps, accompagnent les sujets dans la progression. Les lisières, les chariots qui soutiennent les enfants sous les bras, agissent de cette manière et conviennent dans la scoliose du bas âge.

Les béquilles portées par les malades eux-mêmes constituent le meilleur support de cette espèce que je connaisse. Vous en jugerez vous-mêmes sur ces enfants, quoique, n'en ayant jamais fait usage, ils sachent à peine s'en servir. Vous voyez qu'en donnant à ces supports une hauteur convenable et non exagérée; en apprenant aux sujets à se soulever sur les poignets, on évite de donner trop d'élévation aux épaules. Vous remarquez, sur le dos à nu, que la suspension sur les mains produit ici une véritable extension, comme dans les exercices du deuxième ordre ou avec suspension du corps. C'est une gymnastique tout à fait appropriée au redressement du rachis, et qui pourrait à la rigueur dispenser de toute autre. Dans la progression seulement, le corps reste sans soutien au moment où les béquilles sont portées en avant; c'est un instant très-rapide, qui rend l'extension intermittente. La compression du plexus brachial n'a pas lieu dans ce cas comme avec le siége à béquilles, parce que la sustentation ne se fait pas sous les aisselles.

4° *Appareils portatifs.* — Mais presque tous les appareils de sustentation ou de pression qui appartiennent à cette catégorie sont fixés, comme les vêtements, sur le corps du malade; ils y prennent leur point d'appui. On les confond généralement sous le nom

(1) *Loc. cit.*, p. 362.

(2) Voy. Mayor, *Déligation chirurgicale*, p. 225, 1832; Delpech, *Orthom.*, t. II, p. 369, et Atlas, p. 104; Humbert et Jacquier, *Traité des difformités*, t. IV; etc.

de *corsets*. Cependant ils forment deux ordres distincts. Les uns sont effectivement des corsets d'étoffe, munis de quelques parties rigides qui changent peu la nature de ce vêtement. Les autres sont de véritables machines orthopédiques; on leur donne souvent le nom de *ceintures*, parce qu'ils ont presque toujours pour base une partie circulaire fixée autour du bassin.

Les *corsets* proprement dits, utiles comme moyen prophylactique, sont un moyen de redressement peu efficace. C'est à peine s'ils s'opposent aux progrès de la déviation. Le tronc glisse, s'affaisse, se déverse sous leur enveloppe trop souple pour résister aux inclinaisons des vertèbres. Cependant on leur donne plus de puissance en y ajoutant des *tuteurs*, lames d'acier peu flexibles, surmontées ou non de petites crosses qui soutiennent le dessous des bras. Au moyen de ces lames et d'autres pièces rigides diversement recourbées, on fait aussi presser les corsets latéralement en sens contraire vis-à-vis le sommet et les extrémités des courbures et, si on les redresse peu, on soutient du moins le rachis et on empêche assez souvent les déviations commençantes de s'accroître.

(1) Les *machines orthorachidiques portatives*, ou les ceintures et corsets orthopédiques, ont pour but, comme l'effort des mains, tantôt de soutenir et de soulever les membres supérieurs et le haut du thorax, tantôt de presser latéralement, d'incliner le tronc en sens inverse des inclinaisons vicieuses du rachis, souvent d'agir tout à la fois suivant l'un et l'autre mode. Je vous ai dit qu'on avait à peu près renoncé à faire agir ces appareils sur la tête et le cou dans la scoliose dorso-lombaire.

Les supports mécaniques du tronc placés sous les vêtements sont ordinairement désignés sous le nom de *tuteurs*, par comparaison avec les supports employés dans le jardinage pour soutenir ou redresser les jeunes arbres.

On s'est servi, comme tuteur, d'une sorte de demi-cuirasse analogue au *corcelet* de A. Paré, modelée sur le dos, les hanches et les aisselles, et faite d'un fort cuir ou de lames d'acier minces croisées les unes sur les autres. Un morceau de cuir semblable est

(1) Quinzième leçon, 28 août 1857.

quelquefois placé sur le côté, entre la hanche et l'aisselle. Joerg (1) faisait cette pièce en bois de tilleul; on préfère généralement des tiges d'acier étroites terminées par des croissants qui soutiennent le dessous des épaules comme dans un appareil décrit par Portal en 1772 (2). C'est la béquille, véritable tuteur du tronc, réduite pour s'appuyer sur le tronc même.

Une autre disposition dérive de la croix de Lorraine, qu'on rapporte à Heister (3), quoiqu'il ne s'en attribue pas l'invention et qu'en effet les croix de fer lui soient antérieures, puisque Dionis (4) en parle déjà comme d'une chose connue. Dans les appareils de ce genre, une lame d'acier règne le long du rachis et porte des branches transversales sur lesquelles les épaules étaient autrefois fixées par des courroies, et qui, aujourd'hui, supportent les croissants placés sous les bras, comme vous le voyez sur ce modèle. On a supprimé le haut de la croix qui portait un collier. M. F. Martin emploie encore habituellement ce genre de tuteur.

Quelle que soit la disposition des tuteurs, leur partie inférieure doit trouver un point d'appui solide sur le bassin. Pour cela, on les fixe sur une ceinture qui embrasse les hanches au-dessous des crêtes iliaques et qui s'attache par devant, plus rarement en arrière. Cette ceinture est quelquefois élastique et souple comme un ressort de bandage herniaire; d'autres fois, c'est une simple bande de cuir matelassée comme la ceinture des lits à extension, ou un cercle métallique étroit, léger, mais assez résistant, garni d'un coussin du côté où il touche le corps. Il est bon qu'elle soit un peu évasée inférieurement pour s'adapter à la forme des hanches. Il faut des soins particuliers, dans sa construction et dans son application, pour éviter de froisser la peau ou les nerfs sous-cutanés vers le bord antérieur de l'ilium, de trop comprimer l'abdomen, et pour lui assurer une position fixe. Il est souvent difficile de l'empêcher de descendre trop bas chez les enfants, surtout chez les garçons; on ajoute alors, vis-à-vis des hanches, des

(1) *Ueber die Verkrümmungen*, etc., ou *Sur les courbures*. Leipzig, 1816, p. 108.

(2) *Mém. de l'Acad. des sciences*, 1772.

(3) *Chirurgie*, etc., en allem., Nüremberg, 1718, et *Instit. de chir.*, trad. franç., Avignon, 1770, t. III, p. 203.

(4) *Cours d'opérations*, 1708, p. 327.

espèces de coques, de goussets en peau douce, tels que ceux-ci, qui appuient sur les crêtes iliaques, ou bien on emploie une ceinture lacée, ou enfin on adapte les tuteurs à un corset. Une précaution essentielle, qui n'est pas toujours observée par les mécaniciens, est de ne pas faire les ceintures métalliques trop massives, de proportionner leur force et leur poids à l'âge et à la force des sujets. Voici deux échantillons de ce que peut produire l'oubli de ce principe. Cette ceinture à tuteurs est du poids de plus de trois kilogrammes; elle était appliquée à des jeunes filles, il y a quelques années, dans un établissement qui a joui d'une certaine vogue.

Les croissants ou crosses des tuteurs sont fixés par des courroies ou épaulettes qui font le tour des épaules; des courroies transversales les maintiennent au besoin d'un côté à l'autre. Ces croissants doivent avoir peu d'épaisseur pour se loger facilement entre le haut du bras et le tronc; leur garniture doit être assez douce ou assez élastique pour ne pas froisser les parties molles de cette région.

Les tuteurs sont ordinairement composés de deux pièces à glissement, à coulisse, pour pouvoir se hausser et se baisser à volonté.

Vous savez déjà, d'après les résultats des efforts avec les mains, ce que l'on peut attendre de ce genre de supports. Ils sont utiles dans certaines limites; ils diminuent la pression du rachis en transmettant directement au bassin une portion du poids des parties supérieures; ils peuvent servir à relever une épaule basse, à abaisser une épaule haute, à soulever un peu les côtes et même les vertèbres du côté concave des courbures. Leur action ne saurait être puissante, parce que les omoplates sont trop mobiles; les muscles s'allongent plutôt que le rachis ne cède, quand on veut faire agir les tuteurs avec trop de force, et les épaules s'élèvent d'une manière disgracieuse. L'excès de pression des croissants a aussi des inconvénients pour les parties molles de l'aisselle, et surtout pour la veine axillaire et le plexus brachial. On ne peut donc exercer par ce moyen que des efforts très-modérés. Les béquilles appuyées au sol, employées comme je l'ai fait voir, ont plus de puissance; les tuteurs ont seulement sur elles l'avantage de la continuité d'action. On se trouve bien, dans certains cas, de l'usage simultané des béquilles et des tuteurs permanents.

On a supposé autrefois que la pression circulaire du bassin par ce genre d'appareils pouvait nuire à son développement chez les jeunes filles. Je ne connais pas de fait qui justifie cette crainte.

Les appareils à pression latérale ont pour principal moyen d'action une ou plusieurs pelotes ou plaques métalliques minces, ou des bandes de toile, de peau, de caoutchouc, appliquées sur les côtes saillantes, vis-à-vis la convexité des courbures. Les pelotes sont fixes sur les tuteurs ou articulées avec eux, de manière que l'on gradue la pression avec des vis. Les bandes, fixées par une de leurs extrémités sur un tuteur ou un montant analogue, ou bien sur un corset, s'attachent par l'autre extrémité sur un tuteur opposé ou sur la ceinture. Ces pressions agissant suivant une double direction, comme les pelotes des lits, il leur faut un point d'appui antérieur, qui leur est fourni par des bandes fixées au-devant de la poitrine et de l'abdomen ou par un demi-corset allant d'un tuteur à l'autre. Les efforts latéraux en sens contraire qui concourent avec l'effort exercé sur la convexité du rachis, sont opérés par les deux extrémités du tuteur correspondant à la concavité, et au moyen de la résistance de la ceinture sur laquelle ce tuteur est fixé.

Dans la courbure dorsale principale à convexité droite, il suffit d'une pièce de pression à droite, avec ou sans tuteur de ce côté, et d'un tuteur à gauche.

Il importe dans ce cas, de même que dans la courbure inverse à convexité gauche, que l'appareil s'oppose à l'inclinaison de l'arc lombaire qui caractérise cette forme dans la troisième période de la scoliose. On ne se contente pas pour cela de ramener à la verticale la corde de cette courbure lombaire, on l'incline autant que possible en sens contraire. Vous savez qu'on y parvient assez facilement, lorsque l'épine n'offre pas trop de résistance, en repoussant fortement le tronc à gauche; on le maintient dans cette position par la pression de l'appareil sur le côté droit.

La ceinture à levier de M. Hossard, dont vous avez sous les yeux plusieurs modèles, a été faite pour ce résultat particulier. Elle presse sur le côté bombé, supposé à droite, à l'aide d'une large courroie en spirale, que supporte du côté du dos une tige médiane inclinée à gauche, qui est le levier. Cette courroie, après avoir contourné le côté droit, vient se boucler en avant sur la ceinture ou sur un petit montant qui lui est adapté.

Tout autre mécanisme produit un effet semblable, pourvu qu'il presse d'une manière quelconque sur le côté droit, de façon à empêcher le tronc de revenir à sa première position. Il y a même quelques inconvénients propres à la ceinture à levier, tels que la pression excessive de la courroie sur le flanc droit, la facilité avec laquelle le levier se déplace, etc. Je préfère incliner simplement le tuteur qui porte la plaque de pression, dont on règle d'ailleurs l'action au moyen d'une vis, de manière à soutenir et à repousser le côté droit du tronc comme avec une main qui lui serait plus ou moins fortement appliquée.

Cependant, il faut le dire, aucun de ces appareils ne remplace parfaitement l'effort de la main. La ceinture, à laquelle ils empruntent en définitive toute leur puissance, cède à l'effort du tronc et se dérange; dès lors l'action s'affaiblit ou s'évanouit, il faut replacer l'appareil. Comme la ceinture éprouve, dans ce cas, un mouvement de bascule qui la fait remonter du côté gauche, on a cherché à la retenir avec des sous-cuisses, déjà employés dans un but analogue par Fabrice de Hilden (1) et par d'autres; mais la constriction d'un sous-cuisse aussi serré qu'il le faudrait n'est pas supportable. On a fixé la ceinture à des tiges métalliques attachées par des courroies le long du membre inférieur; mais, outre qu'il en résulte une assez grande gêne, cette précaution est à peu près sans effet dans la position assise, et l'appareil est encore sujet à se déranger. Ces points d'appui pris sur le membre inférieur sont d'ailleurs insuffisants, parce que la force avec laquelle le tronc s'incline latéralement enlève le membre lui-même et le détache du sol, ce qui ajoute la claudication à la scoliose, sans remédier à cette dernière. Le mieux est de ne pas demander à ces appareils plus qu'ils ne peuvent donner, et de ne les faire agir que dans les limites imposées par le degré de fixité que l'on peut assurer à la ceinture.

Dans la courbure lombaire principale, dans les courbures doubles avec égalité des deux arcs, les tuteurs portent deux pelotes qui pressent en sens inverse et se fournissent un point d'appui mutuel. On les fait agir inégalement dans le premier cas, également dans le second. La ceinture, placée alors entre deux impulsions contraires, a peu de tendance à se déplacer, et l'action de l'appareil

(1) *Observations chirurgiques*, trad. du latin. Genève, 1669, p. 335.

pourrait être portée très-loin, si l'on n'était arrêté par les obstacles que j'ai signalés à l'occasion des pressions pratiquées dans la position horizontale.

Il est clair que la ceinture à levier n'est que d'une médiocre utilité dans ces courbures lombaires et sigmoïdes ; elle peut même nuire en exagérant les courbures inférieures ou en favorisant une inclinaison à droite, si la courroie est appliquée sur la convexité lombaire gauche. Étendre son usage à ces formes spéciales est un contre-sens dont les praticiens n'ont pas toujours su se garantir. Il faudrait deux courroies agissant en sens opposé, et alors l'action de l'appareil ne différerait point de celle de tous les appareils connus. Je ne m'arrête pas à la supposition que la courroie, placée sur la convexité dorsale et attirée à gauche par le levier, redresse la courbure lombaire en renversant le tronc à gauche, et que l'effort des muscles pour reporter le haut du tronc à droite redresse alors la courbure dorsale. Vous avez vu, et vous pouvez constater encore sur ces enfants, qu'il ne se passe rien de pareil dans ce mouvement horizontal du tronc de droite à gauche, qu'il ne faut pas confondre avec la flexion latérale ou le renversement du rachis sur le côté gauche.

On tombe quelquefois dans un défaut contraire à l'égard des courbures doubles, mais non égales, auxquelles on croit devoir appliquer deux pressions vis-à-vis les deux gibbosités. La pression inférieure devient nuisible dans ce cas, pour peu que la courbure dorsale tende à devenir prédominante, comme cela a lieu le plus souvent ; cette pression favorise l'inclinaison de l'arc lombaire. Il faut alors se borner à la pression sur la convexité dorsale ; cette circonstance peut se présenter dans le cours du traitement si, malgré son emploi, la courbure sigmoïde tend à passer à la troisième période, à se convertir en dorsale principale. Il est bon d'être prévenu de ce fait afin de modifier à temps les appareils.

Nous allons faire l'application de ces principes à plusieurs enfants qui portent des ceintures ou des corsets orthopédiques. Nous pourrons nous assurer *de visu* de la manière d'agir de ces appareils, apprécier leur degré d'utilité, et reconnaître en même temps leurs inconvénients et leurs défauts.

Ier *cas.* — Jeune fille affectée de courbure dorsale prédominante. Elle porte depuis cinq mois un appareil à levier fabriqué par M. Lebelleguic, mécanicien orthopédiste du bureau central. Tant qu'elle conserve l'appareil, il y a une amélioration momentanée; mais on n'a pas pu obtenir l'inclinaison en sens inverse qui est si nécessaire. Lorsque l'on ôte l'appareil, l'inclinaison se reproduit tout entière. Vous voyez que la ceinture a de la tendance à remonter du côté gauche; le tuteur, qui s'oppose en partie à ce mouvement, comprime l'aisselle gauche, gêne la circulation du bras, et y détermine des engourdissements et des crampes. En avant, la courroie, qui est bouclée sur la ceinture même, comprime l'abdomen. Il sera nécessaire de modifier cet appareil.

IIe *cas.* — Jeune fille de treize ans et demi, affectée d'une gibbosité dorsale droite avec inclinaison. Cette malade est remarquable par sa souplesse extrême et par la facilité avec laquelle on redresse le tronc. Elle porte son appareil depuis six semaines, et ce n'est pas sans fruit, car l'inclinaison reste notablement diminuée lorsqu'elle le quitte. Celui-ci a été construit, sur mes indications, par M. Jules Martin. Il est léger, ne cause aucune gêne; la bande est remplacée par une plaque; les tuteurs, terminés par des crosses plus molles et élastiques, ne compriment pas douloureusement le creux axillaire. Mais on n'a pu échapper au vice inhérent à tous ces appareils : la ceinture tend à remonter du côté gauche, et l'on ne saurait s'opposer complétement à ce mouvement; il faut que le cercle soit souvent redressé.

IIIe *cas.* — Jeune fille de treize ans, affectée d'une courbure dorsale principale. L'appareil employé est ici un simple corset lacé, garni de tuteurs en acier. Il corrige assez bien l'inclinaison, mais il ne fait pas pencher la région lombaire en sens inverse; dès qu'on ôte l'appareil, la malade reprend son inclinaison primitive.

IVe *cas.* — Jeune fille de quinze ans. Déviation double à courbure dorsale plus prononcée. Cette enfant porte un appareil à levier qui paraît bien fonctionner. Il n'y a pas de douleurs, et l'inclinaison est suffisamment corrigée. Dans ce cas, il ne faudrait pas appliquer de pression sur la convexité lombaire, car il y a déjà un commencement d'inclinaison à droite qui serait augmentée par cette manœuvre.

Je ferai une seule remarque commune à tous ces enfants : c'est que leurs machines n'ont pas une force suffisante pour agir autrement que comme moyen palliatif.

En résumé, quoique inférieurs aux appareils qui agissent dans la position horizontale, les appareils mécaniques employés pendant la station peuvent rendre des services s'ils sont bien construits et convenablement appliqués. Les ceintures à pression et à inclinaison peuvent, dans certains cas, faire la base du traitement ; mais ces appareils sont surtout utiles, associés à d'autres moyens.

Le traitement mécanique de la scoliose est, en effet, presque toujours mixte ; la plupart des méthodes curatives sont une combinaison des différents moyens que je viens de passer en revue. Les meilleures sont celles qui font la plus large part à la position horizontale. Est-ce à dire pour cela qu'il faille condamner tous les jeunes scoliotiques à un genre de vie qui, sans être bien pénible, leur est toujours plus ou moins antipathique? Assurément non. Il faut avoir égard aux circonstances de l'affection : si elle est à son début, il faut s'enquérir de sa marche, considérer les antécédents, l'état général, et proportionner les moyens au danger, à l'imminence des progrès du mal. Telle déviation est facilement arrêtée à sa première période par un léger soutien placé sous les vêtements, joint à des exercices appropriés, à quelques instants de décubitus journalier ; telle autre augmente insensiblement ou s'accroît rapidement malgré tous les supports de la station, malgré les ceintures à pression ou à inclinaison latérale, malgré la gymnastique la plus savante ou la plus vantée. Le traitement mécanique horizontal, mitigé par l'exercice avec supports ou suspension, est alors la seule ancre de salut. Il ne faut pas trop tarder dans cette circonstance, car c'est surtout ici qu'on peut appliquer le précepte : *Venienti occurrite morbo*, allez au-devant du mal qui menace (1).

(1) Je n'ai rien dit ici d'un moyen chirurgical, d'une opération proposée contre la courbure de l'épine, de la myotomie rachidienne. Lorsque la ténotomie se répandit dans la pratique, il y a une vingtaine d'années, une analogie apparente donna l'idée d'appliquer aussi la section des muscles aux difformités du rachis. M. J. Guérin s'assura la priorité de cette idée

C. TRAITEMENT PALLIATIF. — La scoliose devenue incurable par l'âge, le degré, l'ancienneté de la courbure, ne doit pas être

par un paquet cacheté déposé à l'Académie des sciences le 6 mai 1838 (1); et la même année, M. Pauli (de Landau) conseilla, de son côté, cette opération (2). Enfin elle fut pratiquée et enseignée par son auteur, à l'Hôpital des Enfants, pendant plusieurs années. Elle fit des prosélytes à cette époque, et des médecins étrangers la répétèrent en Angleterre, en Allemagne et ailleurs.

On divisait, dans cette opération, le sacro-spinal en totalité ou en partie, d'un côté ou des deux, tantôt plus haut, tantôt plus bas, en ne faisant qu'une petite ouverture à la peau, par la méthode sous-cutanée.

Ce que l'on sait de l'état des muscles dans la scoliose, des véritables obstacles qui résistent au redressement, condamne cette application de la ténotomie, si ce n'est dans des cas rares de courbures dépendant d'une véritable rétraction musculaire sans déformation primitive du rachis; et il n'existait généralement rien de semblable dans les cas où on a opéré. Cependant on a invoqué des preuves cliniques de l'efficacité de ce moyen; on a rapporté des observations de redressement après son emploi. Comment interpréter ces faits? D'une manière bien simple.

En lisant attentivement ces observations de myotomie rachidienne (3), on voit que les choses se sont passées exactement comme si l'opération n'avait pas eu lieu. Les moyens mécaniques employés concurremment avec la ténotomie ont agi comme ils l'auraient fait sans elle; à eux revient tout l'honneur de la guérison, lorsqu'on l'a obtenue. On rapporte bien qu'une diminution *immédiate* des courbures a suivi de près les sections musculaires; mais on ne dit pas quelle diminution ces courbures pouvaient éprouver *instantanément* avant l'opération, et mes auditeurs ont été témoins plus d'une fois de la promptitude de ces modifications immédiates dans la direction du rachis, par le seul effet d'un changement d'attitude du tronc, aidé au besoin de légers efforts manuels.

Je ne m'étendrai pas plus longuement sur une méthode à peu près oubliée; je renverrai le lecteur, pour de plus amples renseignements, au tome X du *Bulletin de l'Académie de médecine*, où se trouvent un *Mémoire* de M. Malgaigne sur ce sujet, un Rapport de M. Velpeau sur ce mémoire, et la discussion qui a suivi ce rapport.

(1) *Gazette médicale*, 1841, p. 476.

(2) F. Pauli, *Ueber den grauen Staar*, etc., ou *De la cataracte et des courbures*. Stuttgard, 1838, p. 377.

(3) Voyez entre autres le *Rapport sur les traitements orthopédiques de l'Hôpital des Enfants*. Paris, 1848.

abandonnée à elle-même; il faut encore s'opposer à ses progrès ultérieurs et remédier, s'il se peut, aux troubles fonctionnels qu'elle entraîne. Il importe de prévenir la cyphose sénile qui peut s'ajouter à la scoliose.

Les fortifiants généraux ne sont certainement pas à négliger dans ce cas; mais il ne faut pas perdre de vue les indications mécaniques. Tout en entretenant le mieux possible la vigueur des muscles, et particulièrement celle des extenseurs du rachis, on est obligé de leur venir en aide au moyen de supports artificiels. L'usage des corsets est généralement indispensable aux sujets gibbeux des deux sexes. Un repos horizontal, prolongé ou répété de temps à autre, leur est souvent fort utile, surtout lorsque l'accroissement du corps en hauteur n'est pas terminé. La pression du squelette sur les viscères, sur les nerfs, sur les parties molles extérieures, cause de gêne, de douleurs, de diverses lésions fonctionnelles, est diminuée par l'emploi de ces moyens. La connaissance de ces faits est déjà ancienne. Marc-Aurèle Séverin (1) rapporte qu'une dame bossue ressentait à une cuisse de vives douleurs dont on la guérit en soutenant son épine. Portal (2) insistait sur ces particularités dès la fin du siècle dernier.

Il va sans dire que les individus gibbeux doivent éviter tout ce qui favorise la flexion du tronc en avant ou de côté, tout ce qui peut distendre les muscles spinaux ou augmenter la pression supportée par les vertèbres dans la station. Il ne faudrait pas non plus, pour soutenir ou allonger le corps, l'étendre, le soulever outre mesure, de manière à tirailler des parties habituées depuis longtemps à leur situation vicieuse; il en résulterait de plus grandes souffrances que celles qu'on voudrait prévenir.

On redoublera de soins chez les femmes, à l'époque de la gestation et de l'accouchement; la position horizontale pendant une partie du jour leur sera prescrite dans les derniers mois de la grossesse et après les couches, jusqu'à ce que l'on suppose que les ligaments ont repris toute leur solidité.

RÉSULTATS DU TRAITEMENT. — J'ai terminé l'exposition du

(1) Portal, *Mémoires de l'Académie des sciences*, 1772, et *Observations sur le rachitisme*, 1797, p. 343.

(2) *Académie des sciences*, 1772.

traitement de la scoliose ; il me reste à vous dire quels sont les résultats de ce traitement.

Deux éléments, vous l'avez compris, donnent naissance aux difformités de la scoliose : la mobilité des vertèbres, le changement de forme des pièces du rachis.

Or, tout ce qui dépend de la mobilité cède facilement aux moyens curatifs ; tout ce qui dépend de la déformation des vertèbres et de leurs annexes cède difficilement et incomplétement.

De là, la rapidité de certaines cures, l'extrême lenteur d'autres guérisons.

M. Maisonabe (1), après avoir pratiqué plusieurs années l'orthopédie, a proclamé l'incurabilité de la courbure latérale de l'épine ; il avait pourtant observé et publié des cas assez nombreux de redressement plus ou moins complet du rachis (2) ; mais l'élément *déformation* ayant toujours plus ou moins persisté, il n'a été frappé que de ce résultat et n'a pas tenu compte de l'autre élément de la difformité.

L'art est tout-puissant contre les inclinaisons vicieuses des vertèbres produites par les mouvements de leurs jointures, et vous allez voir quels services ce seul mode d'influence rend déjà dans la courbure latérale du rachis.

L'inclinaison la plus étendue, la plus commune, la plus grave par ses suites, est celle de l'arc ou plutôt de l'S dorso-lombaire à droite dans la forme ordinaire de courbure dorsale principale. Elle entraîne la partie inférieure du tronc d'un côté, et sa partie supérieure se rejette par compensation du côté opposé, ce qui aggrave considérablement la difformité.

Or, ce genre d'inclinaison diminue ou s'efface immédiatement, — vous l'avez vu dans plusieurs cas, — par l'effet de la seule position horizontale, de la suspension gymnastique, des extensions, des pressions et tractions latérales sur les lits, de la force d'inclinaison des ceintures orthopédiques, par le seul effet même de certains exercices, de certaines attitudes dans la station, par l'action de certains supports. Choisissez parmi ces moyens, combinez-les pour

(1) *Mémoire établissant l'incurabilité de la déviation latérale droite de la colonne vertébrale.* Paris, 1837.

(2) *Journal clinique sur les difformités*, 1825 à 1829.

les employer successivement, pour obtenir ainsi un effet continu, et ce qui n'était d'abord qu'instantané deviendra bientôt durable; les inclinaisons opposées des parties supérieure et inférieure du tronc disparaîtront plus ou moins complétement; le rachis sera plus droit, le thorax moins déprimé d'un côté; l'aspect du torse sera entièrement changé.

Il reste pourtant une courbure dans ce cas, mais elle est *transformée.* Au lieu d'une S à courbures inégales, où la dorsale prédominante entraînait le tronc dans le sens de sa convexité et le défigurait totalement, il n'existe plus qu'une courbure sigmoïde, dont les deux courbes, sensiblement égales, l'une et l'autre peu prononcées, laissent les formes presque intactes ou ne leur portent que faiblement atteinte.

Pour comprendre toute l'importance de ce résultat, il faut se rappeler que, dans la marche progressive, régulière de la scoliose, la déviation, d'abord sigmoïde, ne prend en général un grand accroissement que du moment où la courbure dorsale commence à devenir dominante, que du moment où la courbure lombaire commence à s'incliner à droite, où la troisième période, en un mot, succède à la deuxième. Le plus ordinairement, la courbure sigmoïde reste stationnaire ou n'augmente que très-lentement, lorsque ses deux courbes conservent leur égalité. La transformation qui ramène la déviation de la troisième période à la deuxième, substitue donc à une cause d'aggravation incessante des conditions beaucoup plus favorables au *statu quo.*

Sans doute la déviation qui persiste, si légère qu'elle soit, peut reprendre son allure primitive; l'inclinaison peut se reproduire. Il faut soigner longtemps cette déviation pour prévenir un retour à la troisième période; mais cela se réduit à un traitement prophylactique, très-simple à ce degré du mal.

J'ai supposé dans tout ceci que l'inclinaison était peu ancienne, qu'elle était presque uniquement produite par le mouvement des vertèbres; car, si la troisième période est plus avancée, si l'inclinaison est en partie maintenue par la forme des vertèbres et de leurs annexes, le résultat est beaucoup plus lent et plus imparfait.

Les inclinaisons alternatives, courtes, multiples et assez exactement balancées des courbures doubles égales, et à plus forte raison celles des courbures triples, ne cèdent pas avec la même facilité que l'inclinaison lombaire des courbures dorsales principales, parce que l'élément *déformation* y prend une plus grande part.

Mais là ne se borne pas le pouvoir des moyens orthorachidiques. La déformation elle-même est attaquée avec quelque succès, et au moins modifiée par ceux de ces moyens qui étendent le mieux le côté concave, qui dépriment le mieux le côté convexe des courbures; ce sont surtout les pressions et tractions latérales inverses, combinées avec les extensions dans la position horizontale.

Les ligaments doivent tendre les premiers à reprendre leurs proportions normales, c'est-à-dire leur égalité de hauteur à droite et à gauche; les données anatomiques manquent toutefois pour déterminer jusqu'à quel point leur inégalité disparaît. Il est probable qu'à la longue les vertèbres elles-mêmes deviennent, dans certains cas, plus symétriques. Du moins voit-on pendant la vie une diminution permanente des courbures qui autorise à penser qu'il en est quelquefois ainsi. Ludwig (1), en 1771, a justement appelé l'attention, à ce point de vue, sur les différences du rachis suivant les âges, quoiqu'il n'ait pas assez distingué les cartilages d'ossification des ligaments intervertébraux. Dans l'enfance, le noyau osseux des corps vertébraux a peu de volume par rapport aux lames cartilagineuses épiphysaires de leurs faces supérieure et inférieure. Autour de ce noyau se passent des phénomènes actifs de formation osseuse. Tant que cet état persiste, on a plus de chances de voir la nutrition se modifier et l'harmonie se rétablir entre le développement des deux côtés des vertèbres affectées. Ces chances diminuent et finissent par s'éteindre à mesure que, par les progrès de l'âge, les lames cartilagineuses sont envahies par la substance osseuse, et que le travail ostéogénique devient moins actif.

Il n'arrive que bien rarement que des déformations, même commençantes, s'effacent complétement et qu'on ne trouve plus de traces de la scoliose. On peut même se demander s'il y avait réellement *déformation*, lorsque cela a lieu. Dans la généralité des cas où le changement de forme des vertèbres est démontré par les saillies latérales alternes de la région dorso-lombaire, il reste toujours quelque chose, après le traitement, de cette irrégularité des deux côtés du dos.

(1) *Adversaria med.-pract.*, 1771, t. II, part. 2, p. 333.

La première période de la courbure de l'épine, celle dans laquelle il n'y a point de déviation manifeste des apophyses épineuses, résiste donc généralement, au moins en partie, aux moyens de traitement. Ramener la déviation de la troisième période à la deuxième, de celle-ci à la première, est chose souvent facile; faire disparaître les derniers vestiges de la scoliose est impossible. Nous ne pouvons guère prétendre, dans l'état actuel de la cience, qu'à réduire la courbure au moindre degré possible, et qu'à maintenir ce degré dans un état stationnaire le reste de la vie de l'individu.

Il suit de là que les résultats avantageux du traitement sont souvent moins frappants dans les périodes les moins avancées. Cela semble au premier abord assez singulier; mais on comprend qu'une courbure lombaire principale, que deux courbures égales, réduites d'un quart, d'un tiers ou tout au plus de moitié, contrastent moins avec leur état primitif que la courbure dorsale principale de la troisième période, dont l'*inclinaison* lombaire a pu être complétement effacée en moins de temps qu'il n'en faudrait pour modifier, d'une manière durable, la *déformation* des autres variétés.

Un autre fait résulte de la résistance différente des éléments divers de la difformité : c'est au commencement du traitement que ces effets sont le plus marqués, parce qu'il agit d'abord sur l'élément *mobilité*. Les progrès sont ensuite de plus en plus lents, lorsque la déformation reste seule à combattre. Voilà comment des inventeurs d'appareils ont prétendu faire assaut de vitesse, guérir plus promptement que les autres; ils ne comptaient la durée du traitement que jusqu'aux premiers effets obtenus.

On devine que ces résultats du traitement, que je n'ai exposés que d'une manière générale, doivent varier suivant diverses circonstances. Tout ce qui fait prédominer l'élément *mobilité*, comme l'enfance, la jeunesse, le sexe féminin, un développement encore incomplet, des formes minces et souples, favorise le redressement. Tout ce qui rend l'élément *déformation* prépondérant, comme un âge plus avancé, le sexe masculin, un développement achevé, des formes robustes, y apporte plus d'obstacles. Mais l'état général exerce encore un autre genre d'influence. Les moyens mécaniques, ne l'oublions pas, ne font que créer des conditions plus favorables au développement régulier du squelette; mais c'est la nutrition qui accomplit seule la restauration des formes, et, sous ce rapport, l'état fonctionnel joue un grand rôle dans les changements que provoque le traitement. Un rachitisme actuel, une cachexie quelconque, rendent les résultats à peu près nuls. Une santé florissante, une constitution valide, ajoutent aux chances de succès. La première enfance, favorable au redressement par la souplesse des parties, s'oppose à ce qu'il soit durable en raison même de leur excès de mobilité ; il faut alors continuer le traitement jusqu'à ce que l'âge ait donné plus de consistance au système osseux, jusqu'à ce que le temps ait arrêté définitivement les formes du squelette ; sinon une rechute est inévitable.

La circonstance la plus avantageuse est celle d'une scoliose qui s'est manifestée peu avant la puberté chez une jeune fille, et dont le traitement, appliqué à une époque encore rapprochée du début, coïncide avec l'établissement de la menstruation, avec un développement physique rapide, qui imprime tout à coup aux fonctions nutritives une impulsion des plus favorables à l'action des moyens mécaniques.

Suivant la nature de sa cause, la courbure de l'épine cède plus ou moins facilement aux moyens curatifs. Cette condition rentre toutefois dans les précédentes. Ainsi l'hérédité rend le succès un peu plus difficile en créant une prédisposition à la désharmonie des actes nutritifs. La scoliose rachitique est souvent plus rebelle, parce que l'élément *déformation* y prédomine. Par un motif contraire, la scoliose accidentelle, celle qui succède à de simples flexions latérales, résiste moins quand elle est prise à temps.

Je n'ai presque parlé que des changements qui se produisent dans le rachis, lorsqu'on remédie à ses déviations latérales ; mais il est clair que tout le tronc participe à ces changements. La stature s'élève par le redressement des inclinaisons ou des courbes ; les cavités splanchniques s'agrandissent ; les viscères sont plus à l'aise. Le thorax, en particulier, change de forme comme de dimensions ; ses deux moitiés s'éloignent moins de la symétrie qui leur est naturelle ; elles ne l'atteignent jamais complétement, parce que la torsion du rachis, inséparable des déviations même les plus légères, n'est jamais complétement détruite. La situation, la forme des côtes se modifient avantageusement, soit par suite de la meilleure conformation de la colonne vertébrale, soit par l'effet direct des pressions, qui peuvent influer à la longue sur leur nutrition propre. Dans les cas les plus favorables, il reste toujours des traces de leur convexité exagérée d'un côté du dos, de leur aplatissement du côté opposé.

Le redressement de l'épine est très-souvent accompagné d'une amélioration générale de l'état fonctionnel, qui se montre ordinairement dès les premiers moments de l'emploi des moyens mécaniques. Le bien-être causé par la cessation de la pression des organes rend assez bien raison de ce fait. Le repos de la position horizontale, l'activité des organes locomoteurs dans les exercices gymnastiques, peuvent contribuer à le produire.

La menstruation, chez les jeunes filles, présente des variations singulières. On la voit assez souvent se suspendre plusieurs mois, le plus ordinairement sans trouble dans les autres fonctions, et, d'un autre côté, les premières règles apparaissent souvent pendant le traitement et continuent ensuite régulièrement. D'après les observations faites par M. Brierre de Boismont (1) dans les maisons d'éducation, il y aurait ici des influences en grande partie étrangères au traitement orthorachidique, et dépendant surtout d'un changement dans le régime, le genre de vie, l'habitation, les habitudes, etc.

Comme exemples des résultats du traitement de la scoliose, je vous présente des moules en plâtre tirés de ma collection. Ils représentent avec une parfaite exactitude la partie postérieure du tronc de quatre jeunes filles avant et après le traitement. Deux de ces traitements remontent à plus de vingt ans; les deux autres sont de cette année.

Ier *cas*. — Ces deux moules (2) appartiennent à une jeune fille. Ils ont été pris au commencement et à la fin d'un traitement qui dura trente-trois mois et demi, depuis le 21 décembre 1832 jusqu'au 8 octobre 1835. La déviation datait de l'âge de huit ans; la croissance s'était arrêtée à neuf ans. Lorsque je commençai le traitement, cette jeune fille, âgée de dix-sept ans, présentait cette forte courbure dorsale principale avec gibbosité costale anguleuse. La taille

(1) *Mémoires de l'Académie de médecine*. Paris, 1841, t. IX, p. 132 et 228.

(2) Voy. pl. 19, fig. 1 et 2.

était d'un mètre 22 centimètres. Les fonctions étaient languissantes, la maigreur générale, la vie compromise. A la fin du traitement, la malade jouissait d'une santé florissante ; elle avait pris des forces et de l'embonpoint ; le corps s'était redressé et la taille avait crû de 19 centimètres. Il ne restait plus qu'une difformité peu sensible. En comparant ces deux moules, on a peine à croire qu'ils aient pu être pris sur la même personne. C'est là un beau succès, que j'ai dans le temps mis sous les yeux d'une commission de l'Académie des sciences. Mais aussi jamais traitement ne fut mieux secondé par la malade. Cette jeune fille, qui possédait au plus haut degré l'une des facultés de Gall, la *philogéniture*, désirait vivement guérir afin de pouvoir devenir mère. Pendant les trois années que dura le traitement, elle ne posa pour ainsi dire pas les pieds à terre ; constamment couchée ou suspendue au-dessus du sol, elle ne pensait qu'à hâter le moment de sa guérison.

J'ai pu m'assurer pendant plusieurs années de la persistance du redressement. Malheureusement cette jeune personne, mariée peu de temps après, mourut à sa seconde couche.

IIe *cas.* — Ces deux moules appartiennent encore à une jeune fille (1). Le succès, moins brillant que le précédent, est néanmoins très-satisfaisant. Je vous le présente comme un exemple des résultats que l'on obtient dans les déviations en S verticale ; il s'agissait d'une courbure lombaire principale. Le traitement, commencé le 10 mai 1833, dura seize mois. La déviation avait débuté à l'âge de dix ans, était restée stationnaire pendant deux années, puis avait augmenté considérablement à quatorze ans, lors de l'apparition des menstrues. A seize ans, à l'issue du traitement, la courbure avait diminué à peu près de moitié, comme vous le voyez sur le second moule. La taille avait crû de six centimètres et demi.

IIIe *cas.* — Voici les deux moules d'une jeune fille de quinze ans et demi (2). La déviation remonte à l'âge de douze ans. Le traitement est commencé depuis dix mois. La menstruation s'est établie à quatorze ans ; elle a été accompagnée d'une chlorose de six mois de durée. Depuis lors la santé a été parfaite. La courbure était dorsale principale à convexité droite. Vous voyez que l'*incli-*

(1) Voy. pl. 19, fig. 3 et 4.
(2) Voy. la pl. 20, fig. 1 et 2.

naison lombaire a complétement disparu ; il ne reste qu'une légère déviation sigmoïde, et la conformation générale du tronc est à peu près régulière.

IVe *cas.* — Enfin ces deux derniers moules ont été faits sur une jeune fille de quatorze ans (1). Le traitement a duré vingt-trois mois, du 27 septembre 1855 au 27 août 1857. C'est encore une courbure dorsale principale, mais un peu plus marquée que la précédente. Le résultat est analogue ; il ne reste qu'une trace de l'inclinaison de l'arc lombaire.

En définitive, les moyens curatifs institués de nos jours contre la courbure latérale de l'épine, s'ils ne possèdent pas toute l'efficacité qu'on pourrait désirer, sont néanmoins d'une utilité incontestable. Comparez, je vous prie, une malheureuse enfant abandonnée à elle-même ou livrée à des soins insuffisants dans une scoliose qui finit par en faire une espèce d'avorton, et une jeune fille soumise de bonne heure et aussi longtemps qu'il est nécessaire aux soins que je vous ai retracés, parvenue au même développement que ses compagnes, jouissant de la même santé, sauf une petite imperfection presque imperceptible, et vous sentirez tout le prix des ressources qui sont à notre disposition, et vous reconnaîtrez les progrès réels de cette branche de l'art. Ouvrez un livre un peu oublié, quoique naguère classique, le *Cours d'opérations* de Dionis ; vous y lirez que, sous Louis XIV, une enfant de huit ans qui appartenait à la famille du *grand* roi, commença à se dévier. « On lui fit, dit Dionis, de petits corsets de baleine... et un » fauteuil où il y avait des cordons qui, passant par-dessous les » aisselles, supportaient toute la charge du corps et soulageaient les » vertèbres du poids des parties supérieures. » Mais, ajoute l'auteur, on ne put éviter que la taille ne fût *gâtée.* « Cette *personne de qualité* » fut en effet bossue. Voilà tout ce qu'on put faire dans le *grand siècle* pour une princesse du sang ; on ferait mieux, dans le nôtre, pour la fille du peuple.

(1) Voy. pl. 20, fig. 3 et 4.

FIN.

TABLE DES MATIÈRES.

FIN DE LA TABLE DES MATIÈRES DE LA TROISIÈME ANNÉE.

PARIS. — TYPOGRAPHIE DE HENRI PLON, IMPRIMEUR DE L'EMPEREUR, RUE GARANCIÈRE, 8.

Quelque soin que l'on ait apporté à l'impression de ces feuilles, il s'y est glissé des erreurs typographiques; les plus essentielles sont corrigées dans l'errata suivant :

Page 7, ligne 24, au lieu de : « des extenseurs du tronc; il résulte », etc., lisez : « des extenseurs du tronc ou des muscles abdominaux; dans le premier cas, il résulte », etc.

Page 12, note (1), au lieu de : « pages 283 et 285 », lisez : « pages 283 et 298 ».

Page 16, note (3), au lieu de : *Déviation*, lisez : *Déviations*.

Pages 41, 43 et 44, au lieu de : anormale, lisez : anomale.

Page 64, ligne 8, au lieu de : « deux courbures régulières », lisez : « deux courbures d'abord régulières ».

Page 160, ligne 31, au lieu de : « comme on l'a vu », lisez : « comme on l'a cru ».

Paris. Typographie Henri Plon, rue Garancière, 8.

www.ingramcontent.com/pod-product-compliance
Ingram Content Group UK Ltd.
Pitfield, Milton Keynes, MK11 3LW, UK
UKHW020457200726
13857UKWH00002B/746